妙法蓮華經

妙法蓮華經

묘법연화경

여천 무비(如天 無比) 편찬

담앤북스

불교의 역사는 오래다. 따라서 경전經典과 어록語錄들도 대단히 많다. 수많은 경
전과 어록에 따라서 수많은 종파불교宗派佛敎가 등장하였다. 또한 시대의 변천에
따라 등장한 새로운 불교도 적지 않다. 지금 2017년은 50년 전만을 비교해 보더
라도 세상이 놀라울 만치 변화하였다. 불교도 또한 그 변화에 알맞은 대안代案불
교가 나와야 하리라 생각한다. 근본根本불교는 근본불교대로, 부파部派불교는 부
파불교대로, 대승大乘불교는 대승불교대로, 선禪불교는 역시 선불교대로 그때그
때에 따라서 당시의 세상을 계도啓導하는 역할을 잘하였다.

그러나 지금은 과거의 불교로서는 이와 같이 변화하고 달라진 세상에서 더 이
상 가장 으뜸이 되는 종교며, 돌아가 의지할 만한 종교가 되기는 어렵다. 설사 모
든 불교인들이 다 같이 초연하고 탈속하고 간소하고 청빈한 수행자의 모습을 지
녔다 하더라도 그것은 한 폭의 그림으로서는 매우 아름답고 개인의 삶은 편안할
지 모르지만 "그와 같은 모습과 고준高峻한 교리들이 세상을 위해서, 지역사회를
위해서, 이웃을 위해서 무엇을 하였는가?"라는 불교 밖에서의 물음에는 그들을 흡
족하게 해 줄 마땅한 대답이 못 된다. 세상에 이익을 주지 못하는 종교는 종교로
서의 가치를 상실하고 있기 때문이다.

불교의 근본정신은 지혜와 자비의 실천이다. 지혜로써 사람들의 지극히 고귀한
가치에 눈을 뜨고, 자비로써 모든 사람을 부처님으로 받들어 섬기며, 그들의 고
통과 문제를 잘 보살펴 드리는 일이다. 그것을 한마디로 표현하여 인간불교

人間佛敎라고 한다. 다시 말하면 인간불교는 인간 본래의 진정한 가치를 꿰뚫어 보고 그 가치를 높이 존중하고 받드는 일이다. 이러한 인간불교만이 이 시대의 사람들을 선도先導하고, 나아가서 세상 사람들이 돌아가 의지할 곳으로서의 당당한 불교가 될 수 있을 것이다.

이와 같은 인불사상人佛思想으로써 인간불교를 실현하는 데 가장 알맞은 경전이 곧 묘법연화경妙法蓮華經이다. 묘법연화경은 불교의 이상인 문수보살의 지혜와 관음보살의 자비를 가장 잘 표현하였다. 그러므로 묘법연화경은 인간불교 최고의 원전原典이다. 따라서 묘법연화경을 바르게 전하고 널리 전하여 모든 인류에게 불교의 진정한 가치와 의미를 알리고 세상의 진정한 귀의처가 되게 하여야 할 것이다. 묘법연화경을 모르면 불교를 말할 수 없다. 그래서 부처님은 묘법연화경을 일체 경 가운데서 왕王이라고 하였다. 진실로 묘법연화경은 부처님 교설의 완성이다.

그러므로 우리 불자들은 묘법연화경을 깊이 공부하여야 한다. 이에 묘법연화경을 공부하는 데 마땅한 교과서가 없기에 한글 세대를 위하여 모든 한자漢字에 음音을 달고 토吐를 달고, 또한 단락마다 뜻을 요약한 과목科目을 달아서 경전의 깊은 내용을 이해하는 데 도움이 되도록 새롭게 편찬하였다.

바라는 바는 이 인연으로 불교를 바르게 알고 바르게 실천하는 데 작은 샘물과 같은 역할이라도 하였으면 하는 마음뿐이다. 한량없는 부처님 공덕으로 평소에 여러 면으로 힘이 되어 주신 많은 법우님들의 정성을 작지만 이렇게 회향하여 드린다.

2017년 2월 20일

금정산 범어사 如天 無比 합장

妙法蓮華經

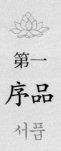

第一

序品

서품

妙法蓮華經
第一 序品

一. 법회의 청중

1. 성문대중

如是我聞_{하사오니} 一時_에 佛_이 住王舍城耆闍崛山中_{하시니라} 與大
여시아문　　　일시　불　　주왕사성기사굴산중　　　　여대

比丘衆萬二千人俱_{하시니} 皆是阿羅漢_{이며} 諸漏已盡_{하야} 無復煩惱
비구중만이천인구　　　개시아라한　　제루이진　　무부번뇌

_{하며} 逮得己利_{하야} 盡諸有結_{하고} 心得自在_{하니라} 其名曰阿若憍陳
　체득기리　진제유결　심득자재　　기명왈아야교진

如_와 摩訶迦葉_과 優樓頻螺迦葉_과 伽耶迦葉_과 那提迦葉_과 舍利
여　마하가섭　우루빈나가섭　가야가섭　나제가섭　사리

弗_과 大目犍連_과 摩訶迦旃延_과 阿㝹樓馱_와 劫賓那_와 憍梵波提_와
불　대목건련　마하가전연　아누루타　겁빈나　교범바제

離婆多_와 畢陵伽婆蹉_와 薄拘羅_와 摩訶俱絺羅_와 難陀_와 孫陀羅
이바다　필릉가바차　박구라　마하구치라　난타　손타라

難陀_와 富樓那彌多羅尼子_와 須菩提_와 阿難_과 羅睺羅_와 如是衆
난타　부루나미다라니자　수보리　아난　라후라　여시중

所知識_인 大阿羅漢等_{이니라} 復有學無學二千人_{하며} 摩訶波闍波
소지식　대아라한등　　부유학무학이천인　　마하파사파

提比丘尼_는 與眷屬六千人俱_{하며} 羅睺羅母耶輸陀羅比丘尼_도
제비구니　여권속육천인구　　라후라모야수다라비구니

亦與眷屬俱하니라
역 여 권 속 구

2. 보살대중

菩薩摩訶薩八萬人이 皆於阿耨多羅三藐三菩提에 不退轉하야
보 살 마 하 살 팔 만 인   개 어 아 뇩 다 라 삼 먁 삼 보 리   불 퇴 전

皆得陀羅尼와 樂說辯才하사 轉不退轉法輪하시며 供養無量百千
개 득 다 라 니   요 설 변 재   전 불 퇴 전 법 륜   공 양 무 량 백 천

諸佛하사 於諸佛所에 植衆德本하야 常爲諸佛之所稱歎하며 以慈
제 불   어 제 불 소   식 중 덕 본   상 위 제 불 지 소 칭 탄   이 자

修身하야 善入佛慧하며 通達大智하야 到於彼岸하며 名稱普聞無量
수 신   선 입 불 혜   통 달 대 지   도 어 피 안   명 칭 보 문 무 량

世界하사 能度無數百千衆生하시니라 其名曰文殊師利菩薩과 觀世
세 계   능 도 무 수 백 천 중 생   기 명 왈 문 수 사 리 보 살   관 세

音菩薩과 得大勢菩薩과 常精進菩薩과 不休息菩薩과 寶掌菩薩과
음 보 살   득 대 세 보 살   상 정 진 보 살   불 휴 식 보 살   보 장 보 살

藥王菩薩과 勇施菩薩과 寶月菩薩과 月光菩薩과 滿月菩薩과 大
약 왕 보 살   용 시 보 살   보 월 보 살   월 광 보 살   만 월 보 살   대

力菩薩과 無量力菩薩과 越三界菩薩과 跋陀婆羅菩薩과 彌勒菩
력 보 살   무 량 력 보 살   월 삼 계 보 살   발 타 바 라 보 살   미 륵 보

薩과 寶積菩薩과 導師菩薩인 如是等菩薩摩訶薩八萬人俱하니라
살   보 적 보 살   도 사 보 살   여 시 등 보 살 마 하 살 팔 만 인 구

3. 천자대중

爾時釋提桓因이 與其眷屬二萬天子俱하며 復有明月天子와 普
이 시 석 제 환 인   여 기 권 속 이 만 천 자 구   부 유 명 월 천 자   보

香天子와 寶光天子와 四大天王이 與其眷屬萬天子俱하며 自在
향천자　보광천자　사대천왕　여기권속만천자구　자재

天子와 大自在天子가 與其眷屬三萬天子俱하며 娑婆世界主梵
천자　대자재천자　여기권속삼만천자구　사바세계주범

天王尸棄大梵과 光明大梵等이 與其眷屬萬二千天子俱하니라
천왕시기대범　광명대범등　여기권속만이천천자구

4. 용왕대중

有八龍王하니 難陀龍王과 跋難陀龍王과 娑伽羅龍王과 和修吉
유팔용왕　난타용왕　발난타용왕　사가라용왕　화수길

龍王과 德叉迦龍王과 阿那婆達多龍王과 摩那斯龍王과 優鉢羅
용왕　덕차가용왕　아나바달다용왕　마나사용왕　우발라

龍王等이 各與若干百千眷屬俱하니라
용왕등　각여약간백천권속구

5. 긴나라대중

有四緊那羅王하니 法緊那羅王과 妙法緊那羅王과 大法緊那羅
유사긴나라왕　법긴나라왕　묘법긴나라왕　대법긴나라

王과 持法緊那羅王이 各與若干百千眷屬俱하니라
왕　지법긴나라왕　각여약간백천권속구

6. 건달바대중

有四乾闥婆王하니 樂乾闥婆王과 樂音乾闥婆王과 美乾闥婆王
유사건달바왕　악건달바왕　악음건달바왕　미건달바왕

과 美音乾闥婆王이 各與若干百千眷屬俱하니라
미 음 건 달 바 왕   각 여 약 간 백 천 권 속 구

7. 아수라대중

有四阿修羅王하니 婆雉阿修羅王과 佉羅騫馱阿修羅王과 毘摩
유 사 아 수 라 왕   바 치 아 수 라 왕   거 라 건 타 아 수 라 왕   비 마

質多羅阿修羅王과 羅睺阿修羅王이 各與若干百千眷屬俱하니라
질 다 라 아 수 라 왕   라 후 아 수 라 왕   각 여 약 간 백 천 권 속 구

8. 가루라대중

有四迦樓羅王하니 大威德迦樓羅王과 大身迦樓羅王과 大滿迦
유 사 가 루 라 왕   대 위 덕 가 루 라 왕   대 신 가 루 라 왕   대 만 가

樓羅王과 如意迦樓羅王이 各與若干百千眷屬俱하니라
루 라 왕   여 의 가 루 라 왕   각 여 약 간 백 천 권 속 구

9. 인왕대중

韋提希子阿闍世王이 與若干百千眷屬俱하야 各禮佛足하고 退
위 제 희 자 아 사 세 왕   여 약 간 백 천 권 속 구   각 예 불 족   퇴

坐一面하니라
좌 일 면

二. 상서(祥瑞)가 나타나다

1. 차토(此土)의 상서

爾時世尊을 四衆圍繞하야 供養恭敬尊重讚歎이러라 爲諸菩薩
이 시 세 존　　사 중 위 요　　공 양 공 경 존 중 찬 탄　　위 제 보 살

하사 說大乘經하시니 名無量義라 教菩薩法이며 佛所護念이니라 佛說
　　설 대 승 경　　명 무 량 의 교 보 살 법　　불 소 호 념　　불 설

此經已에 結跏趺坐하시고 入於無量義處三昧하사 身心不動이러라
차 경 이　　결 가 부 좌　　입 어 무 량 의 처 삼 매　　신 심 부 동

是時天雨曼陀羅華와 摩訶曼陀羅華와 曼殊沙華와 摩訶曼殊沙
시 시 천 우 만 다 라 화　　마 하 만 다 라 화　　만 수 사 화　　마 하 만 수 사

華하야 而散佛上과 及諸大衆하며 普佛世界가 六種震動이러라 爾時
화　　이 산 불 상 급 제 대 중　　보 불 세 계　　육 종 진 동　　이 시

會中에 比丘比丘尼와 優婆塞優婆夷와 天龍夜叉와 乾闥婆와 阿
회 중　　비 구 비 구 니　　우 바 새 우 바 이　　천 룡 야 차　　건 달 바　　아

修羅와 迦樓羅와 緊那羅와 摩睺羅伽人非人과 及諸小王과 轉輪
수 라　　가 루 라　　긴 나 라　　마 후 라 가 인 비 인　　급 제 소 왕　　전 륜

聖王과 是諸大衆이 得未曾有하사 歡喜合掌하고 一心觀佛하더라 爾
성 왕　　시 제 대 중　　득 미 증 유　　환 희 합 장　　일 심 관 불　　이

時佛이 放眉間白毫相光하사 照東方萬八千世界하야 靡不周徧
시 불　　방 미 간 백 호 상 광　　조 동 방 만 팔 천 세 계　　미 부 주 변

하니라

2. 타토(他土)의 상서

下至阿鼻地獄하고 上至阿迦尼吒天하며 於此世界에 盡見彼土
하 지 아 비 지 옥　　상 지 아 가 니 타 천　　어 차 세 계　　진 견 피 토

六趣衆生하며 又見彼土에 現在諸佛하고 及聞諸佛所說經法하며
육 취 중 생   우 견 피 토   현 재 제 불   급 문 제 불 소 설 경 법

幷見彼諸比丘比丘尼와 優婆塞優婆夷의 諸修行得道者하며 復
병 견 피 제 비 구 비 구 니   우 바 새 우 바 이   제 수 행 득 도 자   부

見諸菩薩摩訶薩이 種種因緣과 種種信解와 種種相貌로 行菩薩
견 제 보 살 마 하 살   종 종 인 연   종 종 신 해   종 종 상 모   행 보 살

道하며 復見諸佛이 般涅槃者하며 復見諸佛이 般涅槃後에 以佛舍
도   부 견 제 불   반 열 반 자   부 견 제 불   반 열 반 후   이 불 사

利로 起七寶塔이러라
리   기 칠 보 탑

3. 상서에 대한 의문

爾時彌勒菩薩이 作是念하되 今者世尊이 現神變相하시니 以何因
이 시 미 륵 보 살   작 시 념   금 자 세 존   현 신 변 상   이 하 인

緣으로 而有此瑞하며 今佛世尊이 入于三昧하시니 是不可思議며 現
연   이 유 차 서   금 불 세 존   입 우 삼 매   시 불 가 사 의   현

希有事라 當以問誰며 誰能答者오 復作此念하대 是文殊師利法
희 유 사   당 이 문 수   수 능 답 자   부 작 차 념   시 문 수 사 리 법

王之子는 已曾親近供養過去無量諸佛일새 必應見此希有之相
왕 지 자   이 증 친 근 공 양 과 거 무 량 제 불   필 응 견 차 희 유 지 상

하리니 我今當問하리라 爾時比丘比丘尼와 優婆塞優婆夷와 及諸天
아 금 당 문   이 시 비 구 비 구 니   우 바 새 우 바 이   급 제 천

龍鬼神等이 咸作此念하대 是佛光明神通之相을 今當問誰오하니라
룡 귀 신 등   함 작 차 념   시 불 광 명 신 통 지 상   금 당 문 수

4. 상서에 대한 질문

爾時彌勒菩薩이 欲自決疑하며 又觀四衆인 比丘比丘尼와 優婆
이시미륵보살　욕자결의　　우관사중　비구비구니　우바

塞優婆夷와 及諸天龍鬼神等衆會之心하사 而問文殊師利言하사대
새우바이　급제천룡귀신등중회지심　　이문문수사리언

以何因緣으로 而有此瑞神通之相하시며 放大光明하사 照于東方萬
이하인연　　이유차서신통지상　　　방대광명　조우동방만

八千土하시며 悉見彼佛國界莊嚴이닛고
팔천토　　실견피불국계장엄

5. 게송으로 거듭 설하다

1) 상서에 대한 질문

(1) 차토에 대한 상서

於是彌勒菩薩이 欲重宣此義하사 以偈問曰
어시미륵보살　욕중선차의　이게문왈

文殊師利여　　導師何故로　　眉間白毫에　　大光普照하시며
문수사리　　도사하고　　미간백호　　대광보조

雨曼陀羅와　　曼殊沙華하시며　栴檀香風이　　悅可衆心하니
우만다라　　만수사화　　전단향풍　　열가중심

以是因緣으로　地皆嚴淨하며　而此世界가　　六種震動하니
이시인연　　지개엄정　　이차세계　　육종진동

時四部衆이　　咸皆歡喜하사　身意快然하야　得未曾有닛고
시사부중　　함개환희　　신의쾌연　　득미증유

(2) 타토에 대한 상서

眉間光明이　照于東方　萬八千土하사　皆如金色하시며
미 간 광 명　조 우 동 방　만 팔 천 토　개 여 금 색

從阿鼻獄하야　上至有頂히　諸世界中에　六道衆生의
종 아 비 옥　상 지 유 정　제 세 계 중　육 도 중 생

生死所趣와　善惡業緣과　受報好醜를　於此悉見하며
생 사 소 취　선 악 업 연　수 보 호 추　어 차 실 견

又覩諸佛　聖主獅子가　演說經典이　微妙第一하며
우 도 제 불　성 주 사 자　연 설 경 전　미 묘 제 일

其聲淸淨하야　出柔軟音하야　敎諸菩薩　無數億萬하며
기 성 청 정　출 유 연 음　교 제 보 살　무 수 억 만

梵音深妙하야　令人樂聞하며　各於世界에　講說正法하며
범 음 심 묘　영 인 낙 문　각 어 세 계　강 설 정 법

種種因緣과　以無量喩로　照明佛法하야　開悟衆生하며
종 종 인 연　이 무 량 유　조 명 불 법　개 오 중 생

若人遭苦하야　厭老病死어든　爲說涅槃하야　盡諸苦際하며
약 인 조 고　염 노 병 사　위 설 열 반　진 제 고 제

若人有福하야　曾供養佛하고　志求勝法하면　爲說緣覺하며
약 인 유 복　증 공 양 불　지 구 승 법　위 설 연 각

若有佛子가　修種種行하야　求無上慧하면　爲說淨道하시니
약 유 불 자　수 종 종 행　구 무 상 혜　위 설 정 도

文殊師利여　我住於此하야　見聞若斯하며　及千億事가
문 수 사 리　아 주 어 차　견 문 약 사　급 천 억 사

如是衆多하니　今當略說하리다　我見彼土에　恒沙菩薩이
여 시 중 다　금 당 약 설　아 견 피 토　항 사 보 살

種種因緣으로　而求佛道하니　或有行施하대　金銀珊瑚와
종 종 인 연　이 구 불 도　혹 유 행 시　금 은 산 호

眞珠摩尼와　硨磲瑪瑙와　金剛諸珍과　奴婢車乘과
진 주 마 니　자 거 마 노　금 강 제 진　노 비 거 승

寶飾輦輿로 歡喜布施하야 廻向佛道하고 願得是乘의
보식연여 환희보시 회향불도 원득시승

三界第一인 諸佛所歎이며 或有菩薩은 駟馬寶車와
삼계제일 제불소탄 혹유보살 사마보거

欄楯華蓋와 軒飾布施하며 復見菩薩은 身肉手足과
난순화개 헌식보시 부견보살 신육수족

及妻子施하야 求無上道하며 又見菩薩은 頭目身體로
급처자시 구무상도 우견보살 두목신체

欣樂施與하야 求佛智慧니다 文殊師利여 我見諸王이
흔락시여 구불지혜 문수사리 아견제왕

往詣佛所하야 問無上道하고는 便捨樂土와 宮殿臣妾하고
왕예불소 문무상도 변사낙토 궁전신첩

剃除鬚髮하야 而被法服하며 或見菩薩은 而作比丘하야
체제수발 이피법복 혹견보살 이작비구

獨處閑靜하야 樂誦經典하며 又見菩薩은 勇猛精進하야
독처한정 낙송경전 우견보살 용맹정진

入於深山하야 思惟佛道하며 又見離欲한이는 常處空閑하야
입어심산 사유불도 우견이욕 상처공한

深修禪定하야 得五神通하며 又見菩薩은 安禪合掌하야
심수선정 득오신통 우견보살 안선합장

以千萬偈로 讚諸法王하며 復見菩薩은 智深志固하야
이천만게 찬제법왕 부견보살 지심지고

能問諸佛하고는 聞悉受持하며 又見佛子는 定慧具足하야
능문제불 문실수지 우견불자 정혜구족

以無量喻로 爲衆講法하고 欣樂說法하야 化諸菩薩하며
이무량유 위중강법 흔락설법 화제보살

破魔兵衆하고 而擊法鼓하며 又見菩薩은 寂然宴默하야
파마병중 이격법고 우견보살 적연연묵

天龍恭敬을 不以爲喜하며 又見菩薩은 處林放光으로
천룡공경 불이위희 우견보살 처림방광

濟地獄苦하야　令入佛道하며　又見佛子는　未嘗睡眠하고
제 지 옥 고　　영 입 불 도　　우 견 불 자　　미 상 수 면

經行林中하야　勤求佛道하며　又見具戒한이는　威儀無缺하대
경 행 임 중　　근 구 불 도　　우 견 구 계　　위 의 무 결

淨如寶珠하야　以求佛道하며　又見佛子는　住忍辱力하야
정 여 보 주　　이 구 불 도　　우 견 불 자　　주 인 욕 력

增上慢人이　惡罵捶打라도　皆悉能忍하야　以求佛道하며
증 상 만 인　　악 매 추 타　　개 실 능 인　　이 구 불 도

又見菩薩은　離諸戲笑와　及癡眷屬하고　親近智者하야
우 견 보 살　　이 제 희 소　　급 치 권 속　　친 근 지 자

一心除亂하고　攝念山林을　億千萬歲하야　以求佛道하며
일 심 제 난　　섭 념 산 림　　억 천 만 세　　이 구 불 도

或見菩薩은　餚饍飲食과　百種湯藥으로　施佛及僧하며
혹 견 보 살　　효 선 음 식　　백 종 탕 약　　시 불 급 승

名衣上服이　價值千萬과　或無價衣로　施佛及僧하며
명 의 상 복　　가 치 천 만　　혹 무 가 의　　시 불 급 승

千萬億種인　栴檀寶舍와　衆妙臥具로　施佛及僧하며
천 만 억 종　　전 단 보 사　　중 묘 와 구　　시 불 급 승

清淨園林에　華菓茂盛한　流泉浴池로　施佛及僧하대
청 정 원 림　　화 과 무 성　　유 천 욕 지　　시 불 급 승

如是等施가　種種微妙를　歡喜無厭하야　求無上道하며
여 시 등 시　　종 종 미 묘　　환 희 무 염　　구 무 상 도

或有菩薩은　說寂滅法하야　種種教詔　無數衆生하며
혹 유 보 살　　설 적 멸 법　　종 종 교 조　　무 수 중 생

或見菩薩은　觀諸法性이　無有二相이　猶如虛空하며
혹 견 보 살　　관 제 법 성　　무 유 이 상　　유 여 허 공

又見佛子는　心無所着하야　以此妙慧로　求無上道하니라
우 견 불 자　　심 무 소 착　　이 차 묘 혜　　구 무 상 도

文殊師利여　又有菩薩은　佛滅度後에　供養舍利하며
문 수 사 리　　우 유 보 살　　불 멸 도 후　　공 양 사 리

又見佛子는　造諸塔廟　無數恒沙하야　嚴飾國界하대
우견불자　조제탑묘　무수항사　엄식국계

寶塔高妙하야　五千由旬이며　縱廣正等히　二千由旬이라
보탑고묘　오천유순　종광정등　이천유순

一一塔廟에　各千幢幡이며　珠交露幔에　寶鈴和鳴하면
일일탑묘　각천당번　주교로만　보령화명

諸天龍神과　人及非人이　香華伎樂으로　常以供養하며
제천룡신　인급비인　향화기악　상이공양

文殊師利여　諸佛子等이　爲供舍利하야　嚴飾塔廟하면
문수사리　제불자등　위공사리　엄식탑묘

國界自然히　殊特妙好하대　如天樹王이　其華開敷하나라
국계자연　수특묘호　여천수왕　기화개부

2) 답변을 청하다

佛放一光하시니　我及眾會가　見此國界의　種種殊妙하니
불방일광　아급중회　견차국계　종종수묘

諸佛神力과　智慧希有라　放一淨光하사　照無量國하시니
제불신력　지혜희유　방일정광　조무량국

我等見此하고　得未曾有나다　佛子文殊여　願決眾疑하소서
아등견차　득미증유　불자문수　원결중의

四眾欣仰하사　瞻仁及我나다　世尊何故로　放斯光明이닛고
사중흔앙　첨인급아　세존하고　방사광명

佛子時答하사　決疑令喜하소서　何所饒益으로　演斯光明이닛고
불자시답　결의영희　하소요익　연사광명

佛坐道場하사　所得妙法을　爲欲說此닛가　爲當授記닛가
불좌도량　소득묘법　위욕설차　위당수기

示諸佛土에　眾寶嚴淨하며　及見諸佛하니　此非小緣이니다
시제불토　중보엄정　급견제불　차비소연

文殊當知하소서 四衆龍神이 瞻察仁者하나니 爲說何等이닛고
문수당지   사중용신   첨찰인자   위설하등

三. 문수보살의 답변

1. 생각으로 답변하다

爾時文殊師利가 語彌勒菩薩摩訶薩과 及諸大士하사대 善男子
이시문수사리   어미륵보살마하살   급제대사   선남자

等아 如我惟忖컨대 今佛世尊이 欲說大法하사 雨大法雨하며 吹大
등   여아유촌   금불세존   욕설대법   우대법우   취대

法螺하며 擊大法鼓하며 演大法義시니라
법라   격대법고   연대법의

2. 옛날 일을 간단히 말함

諸善男子야 我於過去諸佛에 曾見此瑞하니 放斯光已에 卽說大
제선남자   아어과거제불   증견차서   방사광이   즉설대

法일새 是故當知하라 今佛現光도 亦復如是하야 欲令衆生으로 咸得
법   시고당지   금불현광   역부여시   욕령중생   함득

聞知一切世間難信之法일새 故現斯瑞니라
문지일체세간난신지법   고현사서

3. 옛날 일을 자세히 말함

1) 최초의 일불(一佛)

諸善男子야 如過去無量無邊不可思議阿僧祇劫에 爾時有佛
제 선 남 자　여 과 거 무 량 무 변 불 가 사 의 아 승 지 겁　이 시 유 불

하시니 號日月燈明如來應供正徧知明行足善逝世間解無上士
호 일 월 등 명 여 래 응 공 정 변 지 명 행 족 선 서 세 간 해 무 상 사

調御丈夫天人師佛世尊이라 演說正法하사대 初善中善後善이라 其
조 어 장 부 천 인 사 불 세 존　연 설 정 법　초 선 중 선 후 선　기

義深遠하며 其語巧妙하야 純一無雜하며 具足淸白梵行之相이라 爲
의 심 원　기 어 교 묘　순 일 무 잡　구 족 청 백 범 행 지 상　위

求聲聞者하야 說應四諦法하야 度生老病死하고 究竟涅槃하며 爲求
구 성 문 자　설 응 사 제 법　도 생 로 병 사　구 경 열 반　위 구

辟支佛者하야 說應十二因緣法하며 爲諸菩薩하야 說應六波羅密
벽 지 불 자　설 응 십 이 인 연 법　위 제 보 살　설 응 육 바 라 밀

하야 令得阿耨多羅三藐三菩提하야 成一切種智니라
영 득 아 녹 다 라 삼 먁 삼 보 리　성 일 체 종 지

2) 중간의 이만불(二萬佛)

次復有佛하시니 亦名日月燈明이며 次復有佛하시니 亦名日月燈
차 부 유 불　역 명 일 월 등 명　차 부 유 불　역 명 일 월 등

明이라 如是二萬佛이 皆同一字시니 號日月燈明이며 又同一姓이시니
명　여 시 이 만 불 개 동 일 자　호 일 월 등 명　우 동 일 성

姓頗羅墮니라 彌勒當知하라 初佛後佛이 皆同一字시니 名日月燈
성 바 라 타　미 륵 당 지　초 불 후 불 개 동 일 자　명 일 월 등

明이며 十號具足하시고 所可說法은 初中後善이니라
명　십 호 구 족　소 가 설 법 초 중 후 선

3) 최후의 일불

(1) 석가의 과거와 동일함

其最後佛이 未出家時에 有八王子하니 一名有意요 二名善意요
기 최후불 미 출 가 시 유 팔 왕 자 일 명 유 의 이 명 선 의

三名無量意요 四名寶意요 五名增意요 六名除疑意요 七名響意요
삼 명 무 량 의 사 명 보 의 오 명 증 의 육 명 제 의 의 칠 명 향 의

八名法意라 是八王子가 威德自在하야 各領四天下러니 是諸王子
팔 명 법 의 시 팔 왕 자 위 덕 자 재 각 령 사 천 하 시 제 왕 자

聞父出家하야 得阿耨多羅三藐三菩提하고 悉捨王位하고 亦隨出
문 부 출 가 득 아 녹 다 라 삼 먁 삼 보 리 실 사 왕 위 역 수 출

家하야 發大乘意하며 常修梵行하야 皆爲法師하대 已於千萬佛所에
가 발 대 승 의 상 수 범 행 개 위 법 사 이 어 천 만 불 소

植諸善本하니라
식 제 선 본

(2) 석가의 현재와 동일함

是時日月燈明佛이 說大乘經하시니 名無量義라 敎菩薩法이며 佛
시 시 일 월 등 명 불 설 대 승 경 명 무 량 의 교 보 살 법 불

所護念이니라 說是經已하시고 卽於大衆中에 結跏趺坐하사 入於無
소 호 념 설 시 경 이 즉 어 대 중 중 결 가 부 좌 입 어 무

量義處三昧하사 身心不動이러라 是時에 天雨曼陀羅華와 摩訶曼
량 의 처 삼 매 신 심 부 동 시 시 천 우 만 다 라 화 마 하 만

陀羅華와 曼殊沙華와 摩訶曼殊沙華하야 而散佛上과 及諸大衆하고
다 라 화 만 수 사 화 마 하 만 수 사 화 이 산 불 상 급 제 대 중

普佛世界가 六種震動이러라 爾時會中에 比丘比丘尼와 優婆塞優
보 불 세 계 육 종 진 동 이 시 회 중 비 구 비 구 니 우 바 새 우

婆夷와 天龍夜叉와 乾闥婆阿修羅와 迦樓羅緊那羅와 摩睺羅伽
바 이 　천 룡 야 차 　건 달 바 아 수 라 　가 루 라 긴 나 라 　마 후 라 가

人非人과 及諸小王과 轉輪聖王等是諸大衆이 得未曾有하야 歡
인 비 인 　급 제 소 왕 　전 륜 성 왕 등 시 제 대 중 　득 미 증 유 　　환

喜合掌하고 一心觀佛이러라 爾時如來가 放眉間白毫相光하사 照東
희 합 장 　일 심 관 불 　이 시 여 래 　방 미 간 백 호 상 광 　　조 동

方萬八千佛土하야 靡不周徧하대 如今所見是諸佛土러라 彌勒當
방 만 팔 천 불 토 　미 부 주 변 　여 금 소 견 시 제 불 토 　미 륵 당

知하라 爾時會中에 有二十億菩薩이 樂欲聽法이러니 是諸菩薩이
지 　이 시 회 중 　유 이 십 억 보 살 　낙 욕 청 법 　시 제 보 살

見此光明의 普照佛土하고 得未曾有하야 欲知此光의 所爲因緣이러라
견 차 광 명 　보 조 불 토 　득 미 증 유 　욕 지 차 광 　소 위 인 연

(3) 석가의 미래와 동일함

時有菩薩하니 名曰妙光이라 有八百弟子러니 是時日月燈明佛이
시 유 보 살 　명 왈 묘 광 　유 팔 백 제 자 　시 시 일 월 등 명 불

從三昧起하사 因妙光菩薩하야 說大乘經하시니 名妙法蓮華라 敎菩
종 삼 매 기 　인 묘 광 보 살 　설 대 승 경 　명 묘 법 연 화 　교 보

薩法이며 佛所護念이니라 六十小劫을 不起于座하며 時會聽者도 亦
살 법 　불 소 호 념 　육 십 소 겁 　불 기 우 좌 　시 회 청 자 　역

坐一處하야 六十小劫을 身心不動하고 聽佛所說을 謂如食頃하대
좌 일 처 　육 십 소 겁 　신 심 부 동 　청 불 소 설 　위 여 식 경

是時衆中에 無有一人도 若身若心에 而生懈倦일러라 日月燈明佛이
시 시 중 중 　무 유 일 인 　약 신 약 심 　이 생 해 권 　일 월 등 명 불

於六十小劫에 說是經已하시고 卽於梵魔와 沙門婆羅門과 及天人
어 육 십 소 겁 　설 시 경 이 　즉 어 범 마 　사 문 바 라 문 　급 천 인

阿修羅衆中에 而宣此言하사대 如來於今日中夜에 當入無餘涅槃
아 수 라 중 중 　이 선 차 언 　여 래 어 금 일 중 야 　당 입 무 여 열 반

하리라하시니라 時有菩薩하니 名曰德藏이라 日月燈明佛이 即授其記
시 유 보 살　　명 왈 덕 장　　일 월 등 명 불　즉 수 기 기

하사 告諸比丘하사대 是德藏菩薩이 次當作佛하리니 號曰淨身多陀
고 제 비 구　　시 덕 장 보 살　차 당 작 불　　호 왈 정 신 다 타

阿伽度阿羅訶三藐三佛陀라 佛授記已하시고 便於中夜에 入無
아 가 도 아 라 하 삼 막 삼 불 타　불 수 기 이　　변 어 중 야　입 무

餘涅槃하시니라 佛滅度後에 妙光菩薩이 持妙法蓮華經하대 滿八十
여 열 반　　불 멸 도 후　묘 광 보 살　지 묘 법 연 화 경　　만 팔 십

小劫을 爲人演說이러니 日月燈明佛八子가 皆師妙光하니 妙光敎
소 겁　위 인 연 설　　일 월 등 명 불 팔 자　개 사 묘 광　　묘 광 교

化하야 令其堅固阿耨多羅三藐三菩提하시니 是諸王子가 供養無量
화　영 기 견 고 아 녹 다 라 삼 막 삼 보 리　　시 제 왕 자　공 양 무 량

百千萬億佛已에 皆成佛道하고 其最後成佛者는 名曰燃燈이니라
백 천 만 억 불 이　개 성 불 도　　기 최 후 성 불 자　명 왈 연 등

(4) 구명(求名)보살과 묘광(妙光)보살

八百弟子中에 有一人하니 號曰求名이라 貪着利養하야 雖復讀誦
팔 백 제 자 중　유 일 인　　호 왈 구 명　탐 착 이 양　　수 부 독 송

衆經이나 而不通利하고 多所忘失일새 故號求名이라 是人이 亦以種
중 경　이 불 통 리　　다 소 망 실　고 호 구 명　　시 인　역 이 종

諸善根因緣故로 得値無量百千萬億諸佛하야 供養恭敬하고 尊重
제 선 근 인 연 고　득 치 무 량 백 천 만 억 제 불　　공 양 공 경　존 중

讚歎일러니라 彌勒當知하라 爾時妙光菩薩이 豈異人乎아 我身是也
찬 탄　　미 륵 당 지　　이 시 묘 광 보 살　기 이 인 호　아 신 시 야

며 求名菩薩은 汝身是也니라 今見此瑞하니 與本無異라 是故惟
구 명 보 살　여 신 시 야　　금 견 차 서　　여 본 무 이　시 고 유

忖컨댄 今日如來가 當說大乘經하시리니 名妙法蓮華라 敎菩薩法이며
촌　금 일 여 래　당 설 대 승 경　　명 묘 법 연 화　교 보 살 법

佛所護念_{이니라}
불 소 호 념

4. 게송으로 거듭 설하다

1) 최초의 일불

爾時文殊師利_가 於大衆中_에 欲重宣此義_{하사} 而說偈言_{하니라}
이 시 문 수 사 리   어 대 중 중   욕 중 선 차 의   이 설 게 언

我念過去世　　無量無數劫_에　有佛人中尊_{하사} 號日月燈明_{이시라}
아 념 과 거 세　　무 량 무 수 겁　　유 불 인 중 존　 호 일 월 등 명

世尊演說法_{하사} 度無量衆生_과　無數億菩薩_{하사} 令入佛智慧_{하니라}
세 존 연 설 법　 도 무 량 중 생　　무 수 억 보 살　 영 입 불 지 혜

2) 최후의 일불

(1) 석가의 과거와 동일함

佛未出家時_에　所生八王子_가　見大聖出家_{하고} 亦隨修梵行_{하며}
불 미 출 가 시　　소 생 팔 왕 자　　견 대 성 출 가　 역 수 수 범 행

(2) 석가의 현재와 동일함

時佛說大乘_{하시니} 經名無量義_라 於諸大衆中_에　而爲廣分別_{하시니라}
시 불 설 대 승　 경 명 무 량 의　 어 제 대 중 중　　이 위 광 분 별

佛說此經已_{하시고} 即於法座上_에　跏趺坐三昧_{하시니} 名無量義處_라
불 설 차 경 이　 즉 어 법 좌 상　　가 부 좌 삼 매　 명 무 량 의 처

天雨曼陀華_{하고} 天鼓自然鳴_{하며} 諸天龍鬼神_이　供養人中尊_{하며}
천 우 만 다 화　 천 고 자 연 명　 제 천 룡 귀 신　　공 양 인 중 존

一切諸佛土가 　即時大震動이라 　佛放眉間光하사 　現諸希有事하시며
일체제불토 　즉시대진동 　불방미간광 　현제희유사

此光照東方 　萬八千佛土하사 　示一切衆生의 　生死業報處하시대
차광조동방 　만팔천불토 　시일체중생 　생사업보처

有見諸佛土는 　以衆寶莊嚴하대 　瑠璃玻瓈色이라 　斯由佛光照시며
유견제불토 　이중보장엄 　유리파려색 　사유불광조

及見諸天人과 　龍神夜叉衆과 　乾闥緊那羅가 　各供養其佛하며
급견제천인 　용신야차중 　건달긴나라 　각공양기불

又見諸如來는 　自然成佛道하사 　身色如金山하사 　端嚴甚微妙하대
우견제여래 　자연성불도 　신색여금산 　단엄심미묘

如淨瑠璃中에 　内現眞金像하며 　世尊在大衆하사 　敷演深法義하시니
여정유리중 　내현진금상 　세존재대중 　부연심법의

一一諸佛土에 　聲聞衆無數어든 　因佛光所照하야 　悉見彼大衆하며
일일제불토 　성문중무수 　인불광소조 　실견피대중

或有諸比丘는 　在於山林中하야 　精進持淨戒하대 　猶如護明珠하며
혹유제비구 　재어산림중 　정진지정계 　유여호명주

又見諸菩薩은 　行施忍辱等하대 　其數如恒沙는 　斯由佛光照며
우견제보살 　행시인욕등 　기수여항사 　사유불광조

又見諸菩薩은 　深入諸禪定하대 　身心寂不動하야 　以求無上道하며
우견제보살 　심입제선정 　신심적부동 　이구무상도

又見諸菩薩은 　知法寂滅相하야 　各於其國土에 　說法求佛道하며
우견제보살 　지법적멸상 　각어기국토 　설법구불도

爾時四部衆은 　見日月燈佛의 　現大神通力하고 　其心皆歡喜하야
이시사부중 　견일월등불 　현대신통력 　기심개환희

各各自相問하대 　是事何因緣인가하니라
각각자상문 　시사하인연

(3) 석가의 미래와 동일함

天人所奉尊이　適從三昧起하야　讚妙光菩薩하사대　汝爲世間眼하야
천인소봉존　적종삼매기　찬묘광보살　여위세간안

一切所歸信이라　能奉持法藏하대　如我所說法은　唯汝能證知니라
일체소귀신　능봉지법장　여아소설법　유여능증지

世尊旣讚歎하사　令妙光歡喜케하시고　說是法華經을　滿六十小劫토록
세존기찬탄　영묘광환희　설시법화경　만육십소겁

不起於此座하시고　所說上妙法을　是妙光法師가　悉皆能受持하나라
불기어차좌　소설상묘법　시묘광법사　실개능수지

佛說是法華하사　令衆歡喜已하시고　尋即於是日에　告於天人衆하사대
불설시법화　영중환희이　심즉어시일　고어천인중

諸法實相義를　已爲汝等說일새　我今於中夜에　當入於涅槃하리라
제법실상의　이위여등설　아금어중야　당입어열반

汝一心精進하야　當離於放逸이니　諸佛甚難値라　億劫時一遇니라
여일심정진　당리어방일　제불심난치　억겁시일우

世尊諸子等이　聞佛入涅槃하고　各各懷悲惱하대　佛滅一何速가하나라
세존제자등　문불입열반　각각회비뇌　불멸일하속

聖主法之王이　安慰無量衆하대　我若滅度時에　汝等勿憂怖니라
성주법지왕　안위무량중　아약멸도시　여등물우포

是德藏菩薩이　於無漏實相에　心已得通達하야　其次當作佛하리니
시덕장보살　어무루실상　심이득통달　기차당작불

號曰爲淨身이라　亦度無量衆하리라하시고　佛此夜滅度하사대　如薪盡火滅이어늘
호왈위정신　역도무량중　불차야멸도　여신진화멸

分布諸舍利하사　而起無量塔하며　比丘比丘尼가　其數如恒沙라
분포제사리　이기무량탑　비구비구니　기수여항사

倍復加精進하야　以求無上道니라　是妙光法師가　奉持佛法藏하사
배부가정진　이구무상도　시묘광법사　봉지불법장

八十小劫中에　廣宣法華經이어늘　是諸八王子는　妙光所開化로
팔십소겁중　광선법화경　시제팔왕자　묘광소개화

堅固無上道하야 當見無數佛하고 供養諸佛己하고 隨順行大道하야
견 고 무 상 도　　당 견 무 수 불　　공 양 제 불 이　　수 순 행 대 도

相繼得成佛하사 轉次而授記하시며 最後天中天은 號曰燃燈佛이라
상 계 득 성 불　　전 차 이 수 기　　최 후 천 중 천　　호 왈 연 등 불

諸仙之導師로 度脫無量衆하시나라 是妙光法師가 是有一弟子하니
제 선 지 도 사　　도 탈 무 량 중　　시 묘 광 법 사　　시 유 일 제 자

心常懷懈怠하야 貪著於名利하며 求名利無厭하야 多遊族姓家하며
심 상 회 해 태　　탐 착 어 명 리　　구 명 리 무 염　　다 유 족 성 가

棄捨所習誦하야 廢忘不通利일새 以是因緣故로 號之爲求名이라
기 사 소 습 송　　폐 망 불 통 리　　이 시 인 연 고　　호 지 위 구 명

亦行衆善業하야 得見無數佛하고 供養於諸佛하야 隨順行大道하며
역 행 중 선 업　　득 견 무 수 불　　공 양 어 제 불　　수 순 행 대 도

具六波羅密일새 今見釋獅子하고 其後當作佛하리니 號名曰彌勒이라
구 육 바 라 밀　　금 견 석 사 자　　기 후 당 작 불　　호 명 왈 미 륵

廣度諸衆生하대 其數無有量하리라 彼佛滅度後에 懈怠者汝是요
광 도 제 중 생　　기 수 무 유 량　　피 불 멸 도 후　　해 태 자 여 시

妙光法師者는 今則我身是니라 我見燈明佛의 本光瑞如此일새
묘 광 법 사 자　　금 즉 아 신 시　　아 견 등 명 불　　본 광 서 여 차

以是知今佛이 欲說法華經이내라 今相如本瑞는 是諸佛方便이시라
이 시 지 금 불　　욕 설 법 화 경　　금 상 여 본 서　　시 제 불 방 편

今佛放光明하사 助發實相義하시니 諸人今當知하고 合掌一心待어다
금 불 방 광 명　　조 발 실 상 의　　제 인 금 당 지　　합 장 일 심 대

佛當雨法雨하사 充足求道者하시리니 諸求三乘人이 若有疑悔者면
불 당 우 법 우　　충 족 구 도 자　　제 구 삼 승 인　　약 유 의 회 자

佛當爲除斷하야 令盡無有餘하리라
불 당 위 제 단　　영 진 무 유 여

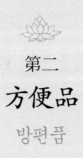

第二

方便品

방편품

妙法蓮華經

第二 方便品

一. 부처님의 지혜를 찬탄하다

1. 제불의 지혜를 찬탄함

爾時世尊이 從三昧安詳而起하사 告舍利弗하사대 諸佛智慧는 甚
이 시 세 존   종 삼 매 안 상 이 기   고 사 리 불   제 불 지 혜   심

深無量이시고 其智慧門은 難解難入이라 一切聲聞辟支佛의 所不能
심 무 량   기 지 혜 문   난 해 난 입   일 체 성 문 벽 지 불   소 불 능

知니라 所以者何오 佛曾親近百千萬億無數諸佛하사 盡行諸佛無
지   소 이 자 하   불 증 친 근 백 천 만 억 무 수 제 불   진 행 제 불 무

量道法하야 勇猛精進하야 名稱普聞하며 成就甚深未曾有法하야 隨
량 도 법   용 맹 정 진   명 칭 보 문   성 취 심 심 미 증 유 법   수

宜所說이 意趣難解니라
의 소 설   의 취 난 해

2. 석가의 지혜를 찬탄함

舍利弗아 吾從成佛已來로 種種因緣과 種種譬喩로 廣演言教
사 리 불   오 종 성 불 이 래   종 종 인 연   종 종 비 유   광 연 언 교

無數方便하야 引導衆生하야 令離諸着하노니 所以者何오 如來는 方
무 수 방 편   인 도 중 생   영 리 제 착   소 이 자 하   여 래   방

便知見波羅密을 皆已具足이니라 舍利弗아 如來知見은 廣大深遠
편지견바라밀 개이구족 사리불 여래지견 광대심원

하사 無量無礙와 力無所畏와 禪定解脫三昧에 深入無際하사 成就
무량무애 역무소외 선정해탈삼매 심입무제 성취

一切未曾有法하니라 舍利弗아 如來가 能種種分別하사 巧說諸法
일체미증유법 사리불 여래 능종종분별 교설제법

하시니 言辭柔軟하야 悅可衆心이니라 舍利弗아 取要言之컨댄 無量
언사유연 열가중심 사리불 취요언지 무량

無邊未曾有法을 佛悉成就니라
무변미증유법 불실성취

3. 삼지삼청장(三止三請章)

1) 제일지(第一止)

止하라 舍利弗아 不須復說이니 所以者何오 佛所成就第一希有難
지 사리불 불수부설 소이자하 불소성취제일희유난

解之法은 唯佛與佛이라사 乃能究盡諸法實相하나니라
해지법 유불여불 내능구진제법실상

2) 십여시장(十如是章)

所謂諸法에 如是相이며 如是性이며 如是體며 如是力이며 如是作이며
소위제법 여시상 여시성 여시체 여시력 여시작

如是因이며 如是緣이며 如是果며 如是報며 如是本末究竟等이니라
여시인 여시연 여시과 여시보 여시본말구경등

3) 게송으로 거듭 설하다

爾時世尊이 欲重宣此義하사 而說偈言하나라
이 시 세 존　욕 중 선 차 의　　이 설 게 언

世雄不可量이라 諸天及世人과 一切衆生類는 無能知佛者나라
세 웅 불 가 량　제 천 급 세 인　일 체 중 생 류　무 능 지 불 자

佛力無所畏와 解脫諸三昧와 及佛諸餘法을 無能測量者나라
불 력 무 소 외　해 탈 제 삼 매　급 불 제 여 법　무 능 측 량 자

本從無數佛로 具足行諸道이신 甚深微妙法은 難見難可了나라
본 종 무 수 불　구 족 행 제 도　심 심 미 묘 법　난 견 난 가 료

於無量億劫에 行此諸道已하시고 道場得成果를 我已悉知見호라
어 무 량 억 겁　행 차 제 도 이　도 량 득 성 과　아 이 실 지 견

如是大果報인 種種性相義는 我及十方佛이 乃能知是事나라
여 시 대 과 보　종 종 성 상 의　아 급 시 방 불　내 능 지 시 사

是法不可示라 言辭相寂滅이나라 諸餘衆生類는 無有能得解요
시 법 불 가 시　언 사 상 적 멸　제 여 중 생 류　무 유 능 득 해

除諸菩薩衆의 信力堅固者나라 諸佛弟子衆이 曾供養諸佛하고
제 제 보 살 중　신 력 견 고 자　제 불 제 자 중　증 공 양 제 불

一切漏已盡하야 住是最後身인 如是諸人等은 其力所不堪이나라
일 체 루 이 진　주 시 최 후 신　여 시 제 인 등　기 력 소 불 감

假使滿世間이 皆如舍利弗하야 盡思共度量이라도 不能測佛智하며
가 사 만 세 간　개 여 사 리 불　진 사 공 탁 량　불 능 측 불 지

正使滿十方이 皆如舍利弗하며 及餘諸弟子가 亦滿十方刹하야
정 사 만 시 방　개 여 사 리 불　급 여 제 제 자　역 만 시 방 찰

盡思共度量이라도 亦復不能知하며 辟支佛利智인 無漏最後身이
진 사 공 탁 량　역 부 불 능 지　벽 지 불 이 지　무 루 최 후 신

亦滿十方界하야 其數如竹林하니 斯等共一心으로 於億無量劫에
역 만 시 방 계　기 수 여 죽 림　사 등 공 일 심　어 억 무 량 겁

欲思佛實智라도 莫能知少分하며 新發意菩薩이 供養無數佛하야
욕 사 불 실 지　막 능 지 소 분　신 발 의 보 살　공 양 무 수 불

了達諸義趣하며 又能善說法한야 如稻麻竹葦하야 充滿十方刹하야
요 달 제 의 취　　우 능 선 설 법　　여 도 마 죽 위　　충 만 시 방 찰

一心以妙智로 於恒河沙劫에 咸皆共思量하야도 不能知佛智하며
일 심 이 묘 지　　어 항 하 사 겁　　함 개 공 사 량　　불 능 지 불 지

不退諸菩薩이 其數如恒沙하야 一心共思求라도 亦復不能知니라
불 퇴 제 보 살　　기 수 여 항 사　　일 심 공 사 구　　역 부 불 능 지

又告舍利弗하노니 無漏不思議인 甚深微妙法을 我今已具得하니
우 고 사 리 불　　무 루 부 사 의　　심 심 미 묘 법　　아 금 이 구 득

唯我知是相하고 十方佛亦然이니라 舍利弗當知하라 諸佛語無異니
유 아 지 시 상　　시 방 불 역 연　　사 리 불 당 지　　제 불 어 무 이

於佛所說法에 當生大信力이라 世尊法久後에 要當說眞實이니라
어 불 소 설 법　　당 생 대 신 력　　세 존 법 구 후　　요 당 설 진 실

告諸聲聞衆과 及求緣覺乘에 我令脫苦縛하야 逮得涅槃者하노니
고 제 성 문 중　　급 구 연 각 승　　아 령 탈 고 박　　체 득 열 반 자

佛以方便力으로 示以三乘敎는 衆生處處着일새 引之令得出하노라
불 이 방 편 력　　시 이 삼 승 교　　중 생 처 처 착　　인 지 영 득 출

4) 대중들의 의문

爾時大衆中에 有諸聲聞漏盡阿羅漢인 阿若憍陳如等千二百
이 시 대 중 중　　유 제 성 문 누 진 아 라 한　　아 야 교 진 여 등 천 이 백

人과 及發聲聞辟支佛心인 比丘比丘尼와 優婆塞優婆夷가 各作
인　급 발 성 문 벽 지 불 심　　비 구 비 구 니　　우 바 새 우 바 이　　각 작

是念하대 今者世尊이 何故慇懃稱歎方便하시고 而作是言하사대 佛所
시 념　　금 자 세 존　　하 고 은 근 칭 탄 방 편　　이 작 시 언　　불 소

得法은 甚深難解하야 有所言說을 意趣難知라 一切聲聞辟支佛의
득 법　　심 심 난 해　　유 소 언 설　　의 취 난 지　　일 체 성 문 벽 지 불

所不能及이라하시는가 佛說一解脫義하시면 我等亦得此法하야 到於涅
소 불 능 급　　　불 설 일 해 탈 의　　아 등 역 득 차 법　　도 어 열

제2 방편품 | 35

槃이어늘 而今不知是義所趣로다하니라
반   이 금 부 지 시 의 소 취

5) 제일청법(第一請法)

爾時舍利弗이 知四衆心疑하며 自亦未了하야 而白佛言하사대 世尊
이 시 사 리 불 지 사 중 심 의 자 역 미 료 이 백 불 언   세 존

하 何因何緣으로 慇懃稱歎諸佛第一方便이 甚深微妙하야 難解之
하 하 인 하 연   은 근 칭 탄 제 불 제 일 방 편 심 심 미 묘   난 해 지

法하시닛고 我自昔來로 未曾從佛聞如是說이니다 今者四衆이 咸皆有
법   아 자 석 래 미 증 종 불 문 여 시 설   금 자 사 중 함 개 유

疑하오니 唯願世尊은 敷演斯事하소서 世尊何故로 慇懃稱歎甚深微
의   유 원 세 존 부 연 사 사   세 존 하 고 은 근 칭 탄 심 심 미

妙難解之法하시닛고 爾時舍利弗이 欲重宣此義하야 而說偈言하니라
묘 난 해 지 법   이 시 사 리 불 욕 중 선 차 의 이 설 게 언

慧日大聖尊이 久乃說是法이로다 自說得如是 力無畏三昧와
혜 일 대 성 존 구 내 설 시 법 자 설 득 여 시 역 무 외 삼 매

禪定解脫等 不可思議法이라하시며 道場所得法을 無能發問者하며
선 정 해 탈 등 불 가 사 의 법 도 량 소 득 법 무 능 발 문 자

我意難可測하야 亦無能問者라하시며 無問而自說하사 稱歎所行道하사대
아 의 난 가 측 역 무 능 문 자 무 문 이 자 설 칭 탄 소 행 도

智慧甚微妙하야 諸佛之所得이라하시니 無漏諸羅漢과 及求涅槃者는
지 혜 심 미 묘 제 불 지 소 득 무 루 제 나 한 급 구 열 반 자

今皆墮疑網이어늘 佛何故說是닛고 其求緣覺者인 比丘比丘尼와
금 개 타 의 망 불 하 고 설 시 기 구 연 각 자 비 구 비 구 니

諸天龍鬼神과 及乾闥婆等이 相視懷猶豫하야 瞻仰兩足尊하나이다
제 천 롱 귀 신 급 건 달 바 등 상 시 회 유 예 첨 앙 양 족 존

是事爲云何닛고 願佛爲解說하소서 於諸聲聞衆에 佛說我第一이나
시 사 위 운 하 원 불 위 해 설 어 제 성 문 중 불 설 아 제 일

我今自於智에 疑惑不能了니다 爲是究竟法애가 爲是所行道닛가
아 금 자 어 지 　 의 혹 불 능 료 　 위 시 구 경 법 　 위 시 소 행 도

佛口所生子로 合掌瞻仰待하니 願出微妙音하사 時爲如實說하소서
불 구 소 생 자 　 합 장 첨 앙 대 　 원 출 미 묘 음 　 시 위 여 실 설

諸天龍神等이 其數如恒沙하며 求佛諸菩薩은 大數有八萬이며
제 천 룡 신 등 　 기 수 여 항 사 　 구 불 제 보 살 　 대 수 유 팔 만

又諸萬億國에 轉輪聖王至하야 合掌以敬心으로 欲聞具足道하나이다
우 제 만 억 국 　 전 륜 성 왕 지 　 합 장 이 경 심 　 욕 문 구 족 도

6) 제이지(第二止)

爾時에 佛告舍利弗하사대 止止하라 不須復說이니 若說是事하면 一
이 시 　 불 고 사 리 불 　 　 지 지 　 불 수 부 설 　 약 설 시 사 　 　 일

切世間에 諸天及人이 皆當驚疑하리라
체 세 간 　 제 천 급 인 　 개 당 경 의

7) 제이청법(第二請法)

舍利弗이 重白佛言하사대 世尊하 唯願說之하시며 唯願說之하소서 所
사 리 불 　 중 백 불 언 　 　 세 존 하 　 유 원 설 지 　 　 유 원 설 지 　 　 소

以者何오 是會無數百千萬億阿僧祇衆生이 曾見諸佛하야 諸根
이 자 하 　 시 회 무 수 백 천 만 억 아 승 지 중 생 　 증 견 제 불 　 　 제 근

猛利하며 智慧明了하야 聞佛所說하면 則能敬信하리다 爾時舍利弗이
맹 리 　 지 혜 명 료 　 　 문 불 소 설 　 　 즉 능 경 신 　 　 이 시 사 리 불

欲重宣此義하사 而說偈言하나라
욕 중 선 차 의 　 이 설 게 언

法王無上尊이시여 唯說願勿慮하소서 是會無量衆이 有能敬信者리다
법 왕 무 상 존 　 　 유 설 원 물 려 　 　 시 회 무 량 중 　 유 능 경 신 자

8) 제삼지(第三止)

佛復止하사대 舍利弗아 若說是事면 一切世間天人阿修羅가 皆當
불부지　　　사리불　약설시사　일체세간천인아수라　개당

驚疑하며 增上慢比丘는 將墜於大坑하리라 爾時世尊이 重說偈言하사대
경의　　증상만비구　장추어대갱　　　이시세존　중설게언

止止不須說이니 我法妙難思라 諸增上慢者는 聞必不敬信하리라
지지불수설　아법묘난사　제증상만자　문필불경신

9) 제삼청법(第三請法)

爾時舍利弗이 重白佛言하사대 世尊하 唯願說之하시며 唯願說之하소서
이시사리불　중백불언　　세존　유원설지　　유원설지

今此會中에 如我等比百千萬億은 世世已曾從佛受化호니 如此人
금차회중　여아등비백천만억　세세이증종불수화　　여차인

等은 必能敬信하고 長夜安隱하야 多所饒益하리다 爾時舍利弗이 欲重
등　필능경신　장야안은　다소요익　　이시사리불　욕중

宣此義하사 而說偈言하니라
선차의　이설게언

無上兩足尊이시여 願說弟一法하소서 我爲佛長子호니 唯垂分別說하소서
무상양족존　원설제일법　아위불장자　유수분별설

是會無量衆이 能敬信此法하리다 佛已曾世世에 敎化如是等일새
시회무량중　능경신차법　불이증세세　교화여시등

皆一心合掌하야 欲聽受佛語하노이다 我等千二百과 及餘求佛者는
개일심합장　욕청수불어　아등천이백　급여구불자

願爲此衆故로 唯垂分別說하소서 是等聞此法하면 則生大歡喜리다
원위차중고　유수분별설　시등문차법　즉생대환희

二. 삼승을 열어 일불승을 보임

1. 오천 퇴석장(五千退席章)

爾時世尊이 告舍利弗하사대 汝已慇懃三請하니 豈得不說이리요 汝
이시세존 고사리불 여이은근삼청 기득불설 여

今諦聽하야 善思念之하라 吾當爲汝하야 分別解說하리라 說此語時에
금체청 선사념지 오당위여 분별해설 설차어시

會中에 有比丘比丘尼와 優婆塞優婆夷五千人等이 即從座起하야
회중 유비구비구니 우바새우바이오천인등 즉종좌기

禮佛而退하니 所以者何오 此輩罪根深重하고 及增上慢일새 未得謂
예불이퇴 소이자하 차배죄근심중 급증상만 미득위

得하고 未證謂證하야 有如此失이라 是以不住어늘 世尊默然하사 而不
득 미증위증 유여차실 시이부주 세존묵연 이부

制止하시니라 爾時佛告舍利弗하사대 我今此衆은 無復枝葉하고 純有
제지 이시불고사리불 아금차중 무부지엽 순유

貞實하니 舍利弗아 如是增上慢人은 退亦佳矣라 汝今善聽하라 當
정실 사리불 여시증상만인 퇴역가의 여금선청 당

爲汝說호리라 舍利弗言하사대 唯然世尊하 願樂欲聞하노이다
위여설 사리불언 유연세존 원요욕문

2. 오불 증명장(五佛證明章)

1) 제불 증명장

佛告舍利弗하사대 如是妙法을 諸佛如來가 時乃說之하시니 如優曇
불고사리불 여시묘법 제불여래 시내설지 여우담

鉢華時一現耳니라 舍利弗아 汝等當信佛之所說이니 言不虛妄이니라
발화시일현이 사리불 여등당신불지소설 언불허망

舍利弗아 諸佛隨宜說法은 意趣難解니라 所以者何오 我以無數方
사리불 제불수의설법 의취난해 소이자하 아이무수방

便과 種種因緣과 譬喩言辭로 演說諸法호니 是法은 非思量分別之
편 종종인연 비유언사 연설제법 시법 비사량분별지

所能解요 唯有諸佛이라사 乃能知之니라 所以者何오 諸佛世尊이 唯
소능해 유유제불 내능지지 소이자하 제불세존 유

以一大事因緣故로 出現於世하시니라 舍利弗아 云何名諸佛世尊이
이일대사인연고 출현어세 사리불 운하명제불세존

唯以一大事因緣故로 出現於世오 諸佛世尊이 欲令衆生으로 開佛
유이일대사인연고 출현어세 제불세존 욕령중생 개불

知見하사 使得淸淨故로 出現於世하시며 欲示衆生의 佛之知見故로
지견 사득청정고 출현어세 욕시중생 불지지견고

出現於世하시며 欲令衆生으로 悟佛知見故로 出現於世하시며 欲令衆
출현어세 욕령중생 오불지견고 출현어세 욕령중

生으로 入佛知見道故로 出現於世하시니라 舍利弗아 是爲諸佛이 唯以
생 입불지견도고 출현어세 사리불 시위제불 유이

一大事因緣故로 出現於世하시니라 佛告舍利弗하사대 諸佛如來가 但
일대사인연고 출현어세 불고사리불 제불여래 단

敎化菩薩하사 諸有所作이 常爲一事시니 唯以佛之知見으로 示悟衆
교화보살 제유소작 상위일사 유이불지지견 시오중

生이니라 舍利弗아 如來但以一佛乘故로 爲衆生說法이요 無有餘乘
생 사리불 여래단이일불승고 위중생설법 무유여승

이 若二若三이니라 舍利弗아 一切十方諸佛도 法亦如是니라
약이약삼 사리불 일체시방제불 법역여시

2) 과거불 증명장

舍利弗아 過去諸佛이 以無量無數方便과 種種因緣과 譬喩言辭로
사리불 과거제불 이무량무수방편 종종인연 비유언사

而爲衆生하야 演說諸法하시니 是法皆爲一佛乘故라 是諸衆生이 從
이위중생　　　연설제법　　　시법개위일불승고　　　시제중생　　종

諸佛聞法하고 究竟皆得一切種智하나라
제불문법　　구경개득일체종지

3) 미래불 증명장

舍利弗아 未來諸佛이 當出於世하야 亦以無量無數方便과 種種
사리불　미래제불　당출어세　　역이무량무수방편　　종종

因緣과 譬喩言辭로 而爲衆生하야 演說諸法하시나라 是法皆爲一佛
인연　비유언사　이위중생　　연설제법　　　　시법개위일불

乘故라 是諸衆生이 從佛聞法하고 究竟皆得一切種智하리라
승고　시제중생　종불문법　　구경개득일체종지

4) 현재불 증명장

舍利弗아 現在十方無量百千萬億佛土中에 諸佛世尊이 多所饒
사리불　현재시방무량백천만억불토중　제불세존　다소요

益하야 安樂衆生하나니 是諸佛도 亦以無量無數方便과 種種因緣과
익　　안락중생　　　시제불　역이무량무수방편　종종인연

譬喩言辭로 而爲衆生하야 演說諸法하시나니 是法皆爲一佛乘故라 是
비유언사　이위중생　　연설제법　　　　시법개위일불승고　시

諸衆生이 從佛聞法하고 究竟皆得一切種智하나라 舍利弗아 是諸佛
제중생　종불문법　　구경개득일체종지　　사리불　시제불

이 但敎化菩薩하사 欲以佛之知見으로 示衆生故며 欲以佛之知見으로
단교화보살　　욕이불지지견　　시중생고　욕이불지지견

悟衆生故며 欲令衆生으로 入佛之知見故니라
오중생고　욕령중생　　입불지지견고

5) 석가불 증명장

舍利弗아 我今亦復如是하야 知諸衆生의 有種種欲과 深心所着일새
사리불 아금역부여시 지제중생 유종종욕 심심소착

隨其本性하야 以種種因緣과 譬喩言辭와 方便力으로 而爲說法하노니
수기본성 이종종인연 비유언사 방편력 이위설법

舍利弗아 如此皆爲得一佛乘과 一切種智故니라 舍利弗아 十方世
사리불 여차개위득일불승 일체종지고 사리불 시방세

界中에 尙無二乘이어늘 何況有三가 舍利弗아 諸佛이 出於五濁惡世
계중 상무이승 하황유삼 사리불 제불 출어오탁악세

하나니 所謂劫濁煩惱濁衆生濁見濁命濁이라 如是舍利弗아 劫濁亂
소위겁탁번뇌탁중생탁견탁명탁 여시사리불 겁탁난

時에 衆生垢重하야 慳貪嫉妬하며 成就諸不善根故로 諸佛以方便
시 중생구중 간탐질투 성취제불선근고 제불이방편

力으로 於一佛乘에 分別說三이니라 舍利弗아 若我弟子가 自謂阿羅
력 어일불승 분별설삼 사리불 약아제자 자위아라

漢辟支佛者가 不聞不知諸佛如來가 但敎化菩薩事면 此非佛弟
한벽지불자 불문부지제불여래 단교화보살사 차비불제

子며 非阿羅漢이며 非辟支佛이니라 又舍利弗아 是諸比丘比丘尼가
자 비아라한 비벽지불 우사리불 시제비구비구니

自謂已得阿羅漢이라 是最後身究竟涅槃이라하야 便不復志求阿耨
자위이득아라한 시최후신구경열반 변불부지구아뇩

多羅三藐三菩提라하면 當知此輩는 皆是增上慢人이니 所以者何오
다라삼막삼보리 당지차배 개시증상만인 소이자하

若有比丘가 實得阿羅漢하고 若不信此法이 無有是處니라 除佛滅
약유비구 실득아라한 약불신차법 무유시처 제불멸

度後現前無佛이니 所以者何오 佛滅度後에 如是等經을 受持讀誦
도후현전무불 소이자하 불멸도후 여시등경 수지독송

解義者는 是人難得이니 若遇餘佛이면 於此法中에 便得決了니라 舍
해의자 시인난득 약우여불 어차법중 변득결료 사

利弗아 汝等當一心信解하야 受持佛語니 諸佛如來가 言無虛妄이라
리불 여등당일심신해   수지불어   제불여래   언무허망

無有餘乘이요 唯一佛乘이니라
무유여승   유일불승

3. 게송으로 거듭 설하다

1) 답변을 허락함

爾時世尊이 欲重宣此義하사 而說偈言하니라
이시세존   욕중선차의   이설게언

比丘比丘尼   有懷增上慢과 優婆塞我慢과 優婆夷不信과
비구비구니   유회증상만   우바새아만   우바이불신

如是四衆等이 其數有五千이라 不自見其過하고 於戒有缺漏어든
여시사중등   기수유오천   부자견기과   어계유결루

護惜其瑕疵하니 是小智已出이라 衆中之糟糠이니 佛威德故去니라
호석기하자   시소지이출   중중지조강   불위덕고거

斯人尠福德하야 不堪受是法이라 此衆無枝葉하고 唯有諸貞實이니라
사인선복덕   불감수시법   차중무지엽   유유제정실

2) 오불 증명장

(1) 제불 증명장

1〉 방편문을 열다

舍利弗善聽하라 諸佛所得法은 無量方便力으로 而爲衆生說하대
사리불선청   제불소득법   무량방편력   이위중생설

衆生心所念과 種種所行道와 若干諸欲性은 先世善惡業이어늘
중생심소념　종종소행도　약간제욕성　선세선악업

佛悉知是已하시고 以諸緣譬喩와 言辭方便力으로 令一切歡喜케하며
불실지시이　이제연비유　언사방편력　영일체환희

或說修多羅와 伽陀及本事와 本生未曾有하시며 亦說於因緣과
혹설수다라　가타급본사　본생미증유　역설어인연

譬喩幷祇夜와 優波提舍經하나라 鈍根樂小法하며 貪着於生死하야
비유병기야　우바제사경　둔근락소법　탐착어생사

於諸無量佛에 不行深妙道하고 衆苦所惱亂일새 爲是說涅槃하나라
어제무량불　불행심묘도　중고소뇌란　위시설열반

2) 진실을 보이다

我設是方便하야 令得入佛慧하고 未曾說汝等이 當得成佛道호니
아설시방편　영득입불혜　미증설여등　당득성불도

所以未曾說은 說時未至故니라 今正是其時일새 決定說大乘하나라
소이미증설　설시미지고　금정시기시　결정설대승

我此九部法은 隨順衆生說하야 入大乘爲本일새 以故說是經하나라
아차구부법　수순중생설　입대승위본　이고설시경

有佛子心淨하야 柔軟亦利根하며 無量諸佛所에 而行深妙道라
유불자심정　유연역이근　무량제불소　이행심묘도

爲此諸佛子하야 說是大乘經호니 我記如是人은 來世成佛道하리라
위차제불자　설시대승경　아기여시인　내세성불도

以深心念佛하고 修持淨戒故로 此等聞得佛하고 大喜充徧身하리니
이심심염불　수지정계고　차등문득불　대희충변신

佛知彼心行일새 故爲說大乘이시니라 聲聞若菩薩이 聞我所說法하대
불지피심행　고위설대승　성문약보살　문아소설법

乃至於一偈하면 皆成佛無疑리라 十方佛土中에 唯有一乘法이요
내지어일게　개성불무의　시방불토중　유유일승법

無二亦無三이니 除佛方便說이니라 但以假名字로 引導於衆生하나니
무 이 역 무 삼　제 불 방 편 설　단 이 가 명 자　인 도 어 중 생

說佛智慧故니라 諸佛出於世에 唯此一事實이요 餘二則非眞이니
설 불 지 혜 고　제 불 출 어 세　유 차 일 사 실　여 이 즉 비 진

終不以小乘으로 濟度於衆生이니라 佛自住大乘하시고 如其所得法하야
종 불 이 소 승　제 도 어 중 생　불 자 주 대 승　여 기 소 득 법

定慧力莊嚴으로 以此度衆生이니 自證無上道 大乘平等法하고
정 혜 력 장 엄　이 차 도 중 생　자 증 무 상 도　대 승 평 등 법

若以小乘化하야 乃至於一人이면 我則墮慳貪이라 此事爲不可니라
약 이 소 승 화　내 지 어 일 인　아 즉 타 간 탐　차 사 위 불 가

3) 믿음을 권함

若人信歸佛하면 如來不欺誑하며 亦無貪嫉意라 斷諸法中惡일새
약 인 신 귀 불　여 래 불 기 광　역 무 탐 질 의　단 제 법 중 악

故佛於十方에 而獨無所畏니라 我以相嚴身하며 光明照世間하야
고 불 어 시 방　이 독 무 소 외　아 이 상 엄 신　광 명 조 세 간

無量衆所尊일새 爲說實相印이니라 舍利弗當知하라 我本立誓願은
무 량 중 소 존　위 설 실 상 인　사 리 불 당 지　아 본 립 서 원

欲令一切衆으로 如我等無異라 如我昔所願을 今者已滿足하니
욕 령 일 체 중　여 아 등 무 이　여 아 석 소 원　금 자 이 만 족

化一切衆生하야 皆令入佛道니라
화 일 체 중 생　개 령 입 불 도

4) 무지인을 위하여 소승을 설함

若我遇衆生하야 盡敎以佛道인댄는 無智者錯亂하야 迷惑不受敎니라
약 아 우 중 생　진 교 이 불 도　무 지 자 착 난　미 혹 불 수 교

我知此衆生이 未曾修善本일새 堅着於五欲하야 癡愛故生惱하며
아 지 차 중 생　미 증 수 선 본　견 착 어 오 욕　치 애 고 생 뇌

以諸欲因緣으로 墜墮三惡道하며 輪廻六趣中하야 備受諸苦毒하며
이 제 욕 인 연　추 타 삼 악 도　윤 회 육 취 중　비 수 제 고 독

受胎之微形으로 世世常增長하야 薄德少福人이라 衆苦所逼迫하며
수 태 지 미 형　세 세 상 증 장　박 덕 소 복 인　중 고 소 핍 박

入邪見稠林 若有若無等일새 依止此諸見하야 具足六十二하며
입 사 견 주 림　약 유 약 무 등　의 지 차 제 견　구 족 육 십 이

深着虛妄法하야 堅受不可捨하며 我慢自矜高하야 諂曲心不實하며
심 착 허 망 법　견 수 불 가 사　아 만 자 긍 고　첨 곡 심 불 실

於千萬億劫에 不聞佛名字하고 亦不聞正法하나니 如是人難度니라
어 천 만 억 겁　불 문 불 명 자　역 불 문 정 법　여 시 인 난 도

是故舍利弗아 我爲設方便하야 說諸盡苦道하야 示之以涅槃호니
시 고 사 리 불　아 위 설 방 편　설 제 진 고 도　시 지 이 열 반

我雖說涅槃이나 是亦非眞滅이와 諸法從本來로 常自寂滅相이니
아 수 설 열 반　시 역 비 진 멸　제 법 종 본 래　상 자 적 멸 상

佛子行道已하면 來世得作佛이니라 我有方便力하야 開示三乘法호니
불 자 행 도 이　내 세 득 작 불　아 유 방 편 력　개 시 삼 승 법

一切諸世尊이 皆說一乘道니라 今此諸大衆은 皆應除疑惑이니
일 체 제 세 존　개 설 일 승 도　금 차 제 대 중　개 응 제 의 혹

諸佛語無異라 唯一無二乘이니라
제 불 어 무 이　유 일 무 이 승

(2) 과거불 증명장

1〉방편문을 열다

過去無數劫에 無量滅度佛이 百千萬億種이라 其數不可量이니
과 거 무 수 겁　무 량 멸 도 불　백 천 만 억 종　기 수 불 가 량

如是諸世尊이 種種緣譬喩와 無數方便力으로 演說諸法相하사나
여 시 제 세 존　종 종 연 비 유　무 수 방 편 력　연 설 제 법 상

2〉 진실을 보이다

是諸世尊等이 皆說一乘法하사 化無量衆生하야 令入於佛道니라
시 제 세 존 등 개 설 일 승 법 화 무 량 중 생 영 입 어 불 도

又諸大聖主가 知一切世間 天人群生類의 深心之所欲하사
우 제 대 성 주 지 일 체 세 간 천 인 군 생 류 심 심 지 소 욕

更以異方便으로 助顯第一義니라 若有衆生類가 値諸過去佛하야
갱 이 이 방 편 조 현 제 일 의 약 유 중 생 류 치 제 과 거 불

若聞法布施하며 或持戒忍辱과 精進禪智等하야 種種修福慧하면
약 문 법 보 시 혹 지 계 인 욕 정 진 선 지 등 종 종 수 복 혜

如是諸人等은 皆已成佛道니라 諸佛滅度後에 若人善軟心하는
여 시 제 인 등 개 이 성 불 도 제 불 멸 도 후 약 인 선 연 심

如是諸衆生은 皆已成佛道니라 諸佛滅度已에 供養舍利者가
여 시 제 중 생 개 이 성 불 도 제 불 멸 도 이 공 양 사 리 자

起萬億種塔하대 金銀及玻瓈와 硨磲與瑪瑙와 玫瑰瑠璃珠로
기 만 억 종 탑 금 은 급 파 려 자 거 여 마 노 매 괴 유 리 주

淸淨廣嚴飾하야 莊校於諸塔하며 或有起石廟하대 栴檀及沈水와
청 정 광 엄 식 장 교 어 제 탑 혹 유 기 석 묘 전 단 급 침 수

木樒幷餘材와 甎瓦泥土等하며 若於曠野中에 積土成佛廟하대
목 밀 병 여 재 전 와 니 토 등 약 어 광 야 중 적 토 성 불 묘

乃至童子戲로 聚沙爲佛塔하는 如是諸人等이 皆已成佛道니라
내 지 동 자 희 취 사 위 불 탑 여 시 제 인 등 개 이 성 불 도

若人爲佛故로 建立諸形像하며 刻雕成衆相하는 皆已成佛道니라
약 인 위 불 고 건 립 제 형 상 각 조 성 중 상 개 이 성 불 도

或以七寶成하며 鍮鉐赤白銅과 白鑞及鉛錫과 鐵木及與泥하며
혹 이 칠 보 성 유 석 적 백 동 백 랍 급 연 석 철 목 급 여 니

或以膠漆布로 嚴飾作佛像하면 如是諸人等은 皆已成佛道니라
혹 이 교 칠 포 엄 식 작 불 상 여 시 제 인 등 개 이 성 불 도

彩畫作佛像하야 百福莊嚴相하대 自作若使人하면 皆已成佛道니라
채 화 작 불 상 백 복 장 엄 상 자 작 약 사 인 개 이 성 불 도

乃至童子戲로 若草木及筆이나 或以指爪甲으로 而畫作佛像하면
내 지 동 자 희　　약 초 목 급 필　　혹 이 지 조 갑　　이 화 작 불 상

如是諸人等이 漸漸積功德하야 具足大悲心일새 皆已成佛道니
여 시 제 인 등　　점 점 적 공 덕　　구 족 대 비 심　　개 이 성 불 도

但化諸菩薩하야 度脫無量衆이니라 若人於塔廟와 寶像及畫像에
단 화 제 보 살　　도 탈 무 량 중　　약 인 어 탑 묘　　보 상 급 화 상

以華香幡蓋로 敬心而供養커나 若使人作樂하대 擊鼓吹角貝하며
이 화 향 번 개　　경 심 이 공 양　　약 사 인 작 악　　격 고 취 각 패

簫笛琴箜篌와 琵琶鐃銅鈸과 如是衆妙音으로 盡持以供養하며
소 적 금 공 후　　비 파 요 동 발　　여 시 중 묘 음　　진 지 이 공 양

或以歡喜心으로 歌唄頌佛德하대 乃至一小音이라도 皆已成佛道니라
혹 이 환 희 심　　가 패 송 불 덕　　내 지 일 소 음　　개 이 성 불 도

若人散亂心으로 乃至以一華를 供養於畫像하면 漸見無數佛하며
약 인 산 란 심　　내 지 이 일 화　　공 양 어 화 상　　점 견 무 수 불

或有人禮拜커나 或復但合掌커나 乃至擧一手하며 或復小低頭하야
혹 유 인 예 배　　혹 부 단 합 장　　내 지 거 일 수　　혹 부 소 저 두

以此供養像하면 漸見無量佛하야 自成無上道하고 廣度無數衆하야
이 차 공 양 상　　점 견 무 량 불　　자 성 무 상 도　　광 도 무 수 중

入無餘涅槃하대 如薪盡火滅이니라 若人散亂心으로 入於塔廟中하야
입 무 여 열 반　　여 신 진 화 멸　　약 인 산 란 심　　입 어 탑 묘 중

一稱南無佛하면 皆已成佛道니라 於諸過去佛의 在世或滅後에
일 칭 나 무 불　　개 이 성 불 도　　어 제 과 거 불　　재 세 혹 멸 후

若有聞是法하면 皆已成佛道니라
약 유 문 시 법　　개 이 성 불 도

(3) 미래불 증명장

1〉 방편문을 열다

未來諸世尊이 其數無有量이라 是諸如來等이 亦方便說法하리니
미래제세존 기수무유량 시제여래등 역방편설법

一切諸如來가 以無量方便으로
일체제여래 이무량방편

2〉 진실을 보이다

度脫諸衆生하야 入佛無漏智케하나니 若有聞法者는 無一不成佛하리라
도탈제중생 입불무루지 약유문법자 무일불성불

諸佛本誓願은 我所行佛道를 普欲令衆生으로 亦同得此道니라
제불본서원 아소행불도 보욕령중생 역동득차도

未來世諸佛이 雖說百千億 無數諸法門이나 其實爲一乘이니라
미래세제불 수설백천억 무수제법문 기실위일승

諸佛兩足尊이 知法常無性이언마는 佛種從緣起일새 是故說一乘하시나니
제불양족존 지법상무성 불종종연기 시고설일승

是法住法位하며 世間相常住하니 於道場知已하고 導師方便說이니라
시법주법위 세간상상주 어도량지이 도사방편설

(4) 현재불 증명장

天人所供養인 現在十方佛이 其數如恒沙라 出現於世間하사
천인소공양 현재시방불 기수여항사 출현어세간

安隱衆生故로 亦說如是法이시니라 知第一寂滅이언마는 以方便力故로
안은중생고 역설여시법 지제일적멸 이방편력고

雖示種種道하사나 其實爲佛乘이니라 知衆生諸行의 深心之所念과
수시종종도 기실위불승 지중생제행 심심지소념

過去所習業의 欲性精進力과 及諸根利鈍하시고 以種種因緣과
과거소습업 욕성정진력 급제근이둔 이종종인연

譬喩亦言辭로 隨應方便說이시니라
비유역언사 수응방편설

(5) 석가불 증명장

1〉중생을 위한 대자비

今我亦如是하야 安隱衆生故로 以種種法門으로 宣示於佛道니라
금아역여시 안은중생고 이종종법문 선시어불도

我以智慧力으로 知衆生性欲하야 方便說諸法하야 皆令得歡喜니라
아이지혜력 지중생성욕 방편설제법 개령득환희

舍利弗當知하라 我以佛眼觀호니 見六道衆生이 貧窮無福慧하야
사리불당지 아이불안관 견육도중생 빈궁무복혜

入生死險道하야 相續苦不斷하며 深着於五欲하대 如犛牛愛尾하야
입생사험도 상속고부단 심착어오욕 여이우애미

以貪愛自蔽하야 盲瞑無所見하며 不求大勢佛과 及與斷苦法하고
이탐애자폐 맹명무소견 불구대세불 급여단고법

深入諸邪見하야 以苦欲捨苦할새 爲是衆生故로 而起大悲心호라
심입제사견 이고욕사고 위시중생고 이기대비심

2〉방편문을 열다

我始坐道場하야 觀樹亦經行하며 於三七日中에 思惟如是事하대
아시좌도량 관수역경행 어삼칠일중 사유여시사

我所得智慧는 微妙最第一이언마는 衆生諸根鈍하야 着樂癡所盲이라
아소득지혜 미묘최제일 중생제근둔 착락치소맹

如斯之等類를 云何而可度어뇨 爾時諸梵王과 及諸天帝釋과
여사지등류 운하이가도 이시제범왕 급제천제석

護世四天王과 及大自在天과 幷餘諸天衆의 眷屬百千萬이
호 세 사 천 왕　　급 대 자 재 천　　병 여 제 천 중　　권 속 백 천 만

恭敬合掌禮하고 請我轉法輪커늘 我卽自思惟하대 若但讚佛乘이면
공 경 합 장 례　　청 아 전 법 륜　　아 즉 자 사 유　　약 단 찬 불 승

衆生沒在苦하야 不能信是法일새 破法不信故로 墜於三惡道리니
중 생 몰 재 고　　불 능 신 시 법　　파 법 불 신 고　　추 어 삼 악 도

我寧不說法하고 疾入於涅槃이라하다가 尋念過去佛의 所行方便力하고
아 녕 불 설 법　　질 입 어 열 반　　심 념 과 거 불　　소 행 방 편 력

我今所得道도 亦應說三乘이로다 作是思惟時에 十方佛皆現하사
아 금 소 득 도　　역 응 설 삼 승　　작 시 사 유 시　　시 방 불 개 현

梵音慰喩我하사대 善哉釋迦文 第一之導師여 得是無上法하고
범 음 위 유 아　　선 재 석 가 문　　제 일 지 도 사　　득 시 무 상 법

隨諸一切佛하야 而用方便力이로다 我等亦皆得 最妙第一法이언마는
수 제 일 체 불　　이 용 방 편 력　　아 등 역 개 득　　최 묘 제 일 법

爲諸衆生類하야 分別說三乘호라 小智樂小法하야 不自信作佛일새
위 제 중 생 류　　분 별 설 삼 승　　소 지 락 소 법　　부 자 신 작 불

是故以方便으로 分別說諸果호니 雖復說三乘이나 但爲敎菩薩이니라
시 고 이 방 편　　분 별 설 제 과　　수 부 설 삼 승　　단 위 교 보 살

舍利弗當知하라 我聞聖獅子의 深淨微妙音하사옵고 稱南無諸佛하며
사 리 불 당 지　　아 문 성 사 자　　심 정 미 묘 음　　칭 나 무 제 불

復作如是念하대 我出濁惡世호니 如諸佛所說하야 我亦隨順行하리라
부 작 여 시 념　　아 출 탁 악 세　　여 제 불 소 설　　아 역 수 순 행

思惟是事已하고 卽趣波羅奈호니 諸法寂滅相을 不可以言宣이언마는
사 유 시 사 이　　즉 취 바 라 나　　제 법 적 멸 상　　불 가 이 언 선

以方便力故로 爲五比丘說호니 是名轉法輪이라 便有涅槃音과
이 방 편 력 고　　위 오 비 구 설　　시 명 전 법 륜　　변 유 열 반 음

及以阿羅漢과 法僧差別名호라 從久遠劫來로 讚示涅槃法하대
급 이 아 라 한　　법 승 차 별 명　　종 구 원 겁 래　　찬 시 열 반 법

生死苦永盡이라하야 我常如是說호라
생 사 고 영 진　　아 상 여 시 설

3〉 진실을 보이다

舍利弗當知하라 我見佛子等의 志求佛道者가 無量千萬億이
사 리 불 당 지　　아 견 불 자 등　　지 구 불 도 자　　무 량 천 만 억

咸以恭敬心으로 皆來至佛所하니 曾從諸佛聞 方便所說法이라
함 이 공 경 심　　개 래 지 불 소　　증 종 제 불 문　　방 편 소 설 법

我即作是念하대 如來所以出은 爲說佛慧故니 今正是其時로다
아 즉 작 시 념　　여 래 소 이 출　　위 설 불 혜 고　　금 정 시 기 시

舍利弗當知하라 鈍根小智人과 着相憍慢者는 不能信是法일새
사 리 불 당 지　　둔 근 소 지 인　　착 상 교 만 자　　불 능 신 시 법

今我喜無畏하야 於諸菩薩中에 正直捨方便하고 但說無上道호라
금 아 희 무 외　　어 제 보 살 중　　정 직 사 방 편　　단 설 무 상 도

菩薩聞是法하고 疑網皆已除하며 千二百羅漢도 悉亦當作佛이니라
보 살 문 시 법　　의 망 개 이 제　　천 이 백 나 한　　실 역 당 작 불

4〉 희유한 법과 사난장(四難章)

如三世諸佛의 說法之儀式하야 我今亦如是하야 說無分別法호라
여 삼 세 제 불　　설 법 지 의 식　　아 금 역 여 시　　설 무 분 별 법

諸佛興出世는 懸遠值遇難이며 正使出于世라도 說是法復難이며
제 불 흥 출 세　　현 원 치 우 난　　정 사 출 우 세　　설 시 법 부 난

無量無數劫에 聞是法亦難이며 能聽是法者가 斯人亦復難이니
무 량 무 수 겁　　문 시 법 역 난　　능 청 시 법 자　　사 인 역 부 난

譬如優曇華를 一切皆愛樂은 天人所希有라 時時乃一出일새니라
비 여 우 담 화　　일 체 개 애 락　　천 인 소 희 유　　시 시 내 일 출

聞法歡喜讚하대 乃至發一言이면 則爲已供養 一切三世佛이라
문 법 환 희 찬　　내 지 발 일 언　　즉 위 이 공 양　　일 체 삼 세 불

是人甚希有는 過於優曇華니라 汝等勿有疑어다 我爲諸法王하야
시 인 심 희 유　　과 어 우 담 화　　여 등 물 유 의　　아 위 제 법 왕

普告諸大衆하나니 但以一乘道로 敎化諸菩薩이요 無聲聞弟子니라
보 고 제 대 중　　단 이 일 승 도　　교 화 제 보 살　　무 성 문 제 자

汝等舍利弗과　聲聞及菩薩이　當知是妙法은　諸佛之秘要니라
여등사리불　　성문급보살　　당지시묘법　　제불지비요

5〉 진위를 가려 믿기를 권함

以五濁惡世에　但樂着諸欲일새　如是等衆生은　終不求佛道하며
이오탁악세　　단락착제욕　　여시등중생　　종불구불도

當來世惡人이　聞佛說一乘하고　迷惑不信受하야　破法墮惡道하리니
당내세악인　　문불설일승　　미혹불신수　　파법타악도

有慚愧清淨하야　志求佛道者어든　當爲如是等하야　廣讚一乘道호라
유참괴청정　　지구불도자　　당위여시등　　광찬일승도

舍利弗當知하라　諸佛法如是하야　以萬億方便으로　隨宜而說法하나니
사리불당지　　제불법여시　　이만억방편　　수의이설법

其不習學者는　不能曉了此니라　汝等旣已知　諸佛世之師의
기불습학자　　불능효료차　　여등기이지　　제불세지사

隨宜方便事하고　無復諸疑惑하며　心生大歡喜하야　自知當作佛이니라
수의방편사　　무부제의혹　　심생대환희　　자지당작불

第三

譬喩品

비유품

妙法蓮華經

第三 譬喩品

一. 사리불의 이해

爾時舍利弗이 踊躍歡喜하야 即起合掌하고 瞻仰尊顏하며 而白佛
이시사리불 용약환희 즉기합장 첨앙존안 이백불

言하니라 今從世尊하와 聞此法音하고 心懷踊躍하야 得未曾有니다 所以
언 금종세존 문차법음 심회용약 득미증유 소이

者何오 我昔從佛하야 聞如是法호니 見諸菩薩은 受記作佛이어니와 而
자하 아석종불 문여시법 견제보살 수기작불 이

我等은 不預斯事라 甚自感傷하야 失於如來無量知見이니다 世尊하
아등 불예사사 심자감상 실어여래무량지견 세존

我常獨處山林樹下하야 若坐若行에 每作是念하대 我等同入法性
아상독처산림수하 약좌약행 매작시념 아등동입법성

이어늘 云何如來가 以小乘法으로 而見濟度어뇨 是我等咎라 非世尊也
운하여래 이소승법 이견제도 시아등구 비세존야

로소이다 所以者何오 若我等이 待說所因하야 成就阿耨多羅三藐三
소이자하 약아등 대설소인 성취아녹다라삼먁삼

菩提者인댄 必以大乘으로 而得度脫이어늘 然이나 我等不解方便과 隨
보리자 필이대승 이득도탈 연 아등불해방편 수

宜所說하고 初聞佛法하고 遇便信受하야 思惟取證하노이다 世尊하 我從
의소설 초문불법 우변신수 사유취증 세존 아종

昔來로 終日竟夜토록 每自剋責이더니 而今從佛하사 聞所未聞未曾
석래　종일경야　　매자극책　　　이금종불　　문소미문미증

有法하사옵고 斷諸疑悔하고 身意泰然하야 快得安隱호니 今日乃知眞
유법　　　단제의회　　신의태연　　쾌득안은　　금일내지진

是佛子라 從佛口生하며 從法化生하야 得佛法分하노이다
시불자　종불구생　　종법화생　　득불법분

二. 게송으로 거듭 설하다

爾時舍利弗이 欲重宣此義하사 而說偈言하니라
이시사리불　욕중선차의　　이설게언

我聞是法音하사옵고 得所未曾有하와 心懷大歡喜하야 疑網皆已除니다
아문시법음　　　득소미증유　　심회대환희　　의망개이제

昔來蒙佛敎하사 不失於大乘이라 佛音甚希有하사 能除衆生惱하시니
석래몽불교　　불실어대승　　불음심희유　　능제중생뇌

我已得漏盡이라 聞亦除憂惱니다 我處於山谷커나 或在林樹下하야
아이득누진　　문역제우뇌　　아처어산곡　　혹재림수하

若坐若經行에 常思惟是事하고 嗚呼深自責하대 云何而自欺어뇨
약좌약경행　　상사유시사　　오호심자책　　운하이자기

我等亦佛子라 同入無漏法이언마는 不能於未來에 演說無上道하며
아등역불자　　동입무루법　　　불능어미래　　연설무상도

金色三十二와 十力諸解脫이 同共一法中이어늘 而不得此事하며
금색삼십이　　십력제해탈　　동공일법중　　이부득차사

八十種妙好와 十八不共法인 如是等功德을 而我皆已失이라
팔십종묘호　　십팔불공법　　여시등공덕　　이아개이실

我獨經行時에 見佛在大衆하니 名聞滿十方하사 廣饒益衆生이시어늘
아 독 경 행 시 견 불 재 대 중 명 문 만 시 방 광 요 익 중 생

自惟失此利호니 我爲自欺誑이나다 我常於日夜에 每思惟是事하고
자 유 실 차 리 아 위 자 기 광 아 상 어 일 야 매 사 유 시 사

欲以問世尊은 爲失爲不失인가하노이다 我常見世尊이 稱讚諸菩薩하시옵고
욕 이 문 세 존 위 실 위 불 실 아 상 견 세 존 칭 찬 제 보 살

以是於日夜에 籌量如此事하노라 今聞佛音聲의 隨宜而說法하니
이 시 어 일 야 주 량 여 차 사 금 문 불 음 성 수 의 이 설 법

無漏難思議라 令衆至道場이나다 我本着邪見하야 爲諸梵志師로니
무 루 난 사 의 영 중 지 도 량 아 본 착 사 견 위 제 범 지 사

世尊知我心하시고 拔邪說涅槃이어시늘 我悉除邪見하야 於空法得證하고는
세 존 지 아 심 발 사 설 열 반 아 실 제 사 견 어 공 법 득 증

爾時心自謂 得至於滅度러니 而今乃自覺 非是實滅度니다
이 시 심 자 위 득 지 어 멸 도 이 금 내 자 각 비 시 실 멸 도

若得作佛時에 具三十二相하며 天人夜叉衆과 龍神等恭敬하야사
약 득 작 불 시 구 삼 십 이 상 천 인 야 차 중 용 신 등 공 경

是時乃可謂 永盡滅無餘니다 佛於大衆中에 說我當作佛하시니
시 시 내 가 위 영 진 멸 무 여 불 어 대 중 중 설 아 당 작 불

聞如是法音하옵고 疑悔悉已除니다 初聞佛所說하고 心中大驚疑하대
문 여 시 법 음 의 회 실 이 제 초 문 불 소 설 심 중 대 경 의

將非魔作佛하야 惱亂我心耶하더니 佛以種種緣과 譬喩巧言說하시니
장 비 마 작 불 뇌 란 아 심 야 불 이 종 종 연 비 유 교 언 설

其心安如海라 我聞疑網斷이나다 佛說過去世에 無量滅度佛이
기 심 안 여 해 아 문 의 망 단 불 설 과 거 세 무 량 멸 도 불

安住方便中하사 亦皆說是法하시며 現在未來佛이 其數無有量하대
안 주 방 편 중 역 개 설 시 법 현 재 미 래 불 기 수 무 유 량

亦以諸方便으로 演說如是法하시며 如今者世尊이 從生及出家하사
역 이 제 방 편 연 설 여 시 법 여 금 자 세 존 종 생 급 출 가

得道轉法輪하시대 亦以方便說하시니 世尊說實道요 波旬無此事니다
득 도 전 법 륜 역 이 방 편 설 세 존 설 실 도 파 순 무 차 사

以是我定知 非是魔作佛이어늘 我墮疑網故로 謂是魔所爲니다
이 시 아 정 지   비 시 마 작 불   아 타 의 망 고   위 시 마 소 위

聞佛柔軟音이 深遠甚微妙하사 演暢清淨法하심고 我心大歡喜하며
문 불 유 연 음   심 원 심 미 묘   연 창 청 정 법   아 심 대 환 희

疑悔永已盡하야 安住實智中이니다 我定當作佛하야 爲天人所敬하며
의 회 영 이 진   안 주 실 지 중   아 정 당 작 불   위 천 인 소 경

轉無上法輪하야 教化諸菩薩이니다
전 무 상 법 륜   교 화 제 보 살

三. 세존이 서술하다

爾時에 佛告舍利弗하사대 吾今於天人沙門婆羅門等大衆中說
이 시   불 고 사 리 불   오 금 어 천 인 사 문 바 라 문 등 대 중 중 설

하노라 我昔曾於二萬億佛所에 爲無上道故로 常教化汝어늘 汝亦長
      아 석 증 어 이 만 억 불 소   위 무 상 도 고   상 교 화 여   여 역 장

夜에 隨我受學일새 我以方便으로 引導汝故로 生我法中이니라 舍利弗아
야   수 아 수 학   아 이 방 편   인 도 여 고   생 아 법 중   사 리 불

我昔教汝志願佛道어늘 汝今悉忘하고 而便自謂已得滅度라할새 我
아 석 교 여 지 원 불 도   여 금 실 망   이 변 자 위 이 득 멸 도   아

今還欲令汝로 億念本願所行道故로 爲諸聲聞하사 說是大乘經
금 환 욕 령 여   억 념 본 원 소 행 도 고   위 제 성 문   설 시 대 승 경

하시니 名妙法蓮華라 教菩薩法이며 佛所護念이니라
      명 묘 법 연 화   교 보 살 법   불 소 호 념

四. 사리불 수기장(授記章)

1. 장문으로 설하다

舍利弗아 汝於未來世에 過無量無邊不可思議劫하야 供養若干
사 리 불　여어미래세　과무량무변불가사의겁　　공양약간

千萬億佛하고 奉持正法하며 具足菩薩所行之道하야 當得作佛하리니
천 만 억 불　봉지정법　구족보살소행지도　　당득작불

號曰華光如來應供正徧知明行足善逝世間解無上士調御丈
호왈화광여래응공정변지명행족선서세간해무상사조어장

夫天人師佛世尊이리니 國名離垢요 其土平正하야 淸淨嚴飾하며 安
부천인사불세존　국명이구요 기토평정　청정엄식　안

隱豊樂하고 天人熾盛하며 瑠璃爲地에 有八交道어든 黃金爲繩하야 以
은 풍 락　천인치성　유리위지　유팔교도　황금위승　이

界其側하며 其傍에 各有七寶行樹하야 常有華菓하며 華光如來가 亦
계 기 측　기방　각유칠보항수　상유화과　화광여래　역

以三乘으로 敎化衆生하리라 舍利弗아 彼佛出時에 雖非惡世나 以本
이 삼 승　교화중생　사리불　피불출시　수비악세　이본

願故로 說三乘法하나니 其劫名大寶莊嚴이라 何故로 名曰大寶莊嚴
원 고　설삼승법　기겁명대보장엄　하고　명왈대보장엄

고 其國中에는 以菩薩로 爲大寶故니라 彼諸菩薩이 無量無邊不可思
기 국 중　이보살　위대보고　피제보살　무량무변불가사

議라 算數譬喩로 所不能及이요 非佛智力이면 無能知者니라 若欲行
의　산수비유　소불능급　비불지력　무능지자　약욕행

時어든 寶華承足하며 此諸菩薩은 非初發意라 皆久植德本하야 於無
시　보화승족　차제보살　비초발의　개구식덕본　어무

量百千萬億佛所에 淨修梵行하야 恒爲諸佛之所稱歎하며 常修佛
량백천만억불소　정수범행　항위제불지소칭탄　상수불

慧하야 具大神通하고 善知一切諸法之門하며 質直無僞하야 志念堅
혜　구대신통　선지일체제법지문　질직무위　지념견

固한 如是菩薩이 充滿其國하리니 舍利弗아 華光佛壽는 十二小劫이니
고   여시보살   충만기국   사리불 화광불수   십이소겁

除爲王子하야 未作佛時며 其國人民의 壽八小劫이니라 華光如來가
제위왕자   미작불시   기국인민   수팔소겁   화광여래

過十二小劫하야 授堅滿菩薩阿耨多羅三藐三菩提記하시고 告諸比
과십이소겁   수견만보살아뇩다라삼먁삼보리기   고제비

丘하대 是堅滿菩薩이 次當作佛하면 號曰華足安行多陀阿伽度阿
구   시견만보살   차당작불   호왈화족안행다타아가도아

羅詞三藐三佛陀라하리니 其佛國土도 亦復如是니라 舍利弗아 是華光
라하삼먁삼불타   기불국토   역부여시   사리불 시화광

佛滅度之後에 正法住世는 三十二小劫이요 像法住世도 亦三十二
불·멸도지후 정법주세   삼십이소겁   상법주세   역삼십이

小劫이니라
소 겁

2. 게송으로 거듭 설하다

爾時世尊이 欲重宣此義하사 而說偈言하니라
이시세존   욕중선차의   이설게언

舍利弗來世에 成佛普智尊하면 號名曰華光이라 當度無量衆하야
사리불내세   성불보지존   호명왈화광   당도무량중

供養無數佛하며 具足菩薩行과 十力等功德하야 證於無上道하리니
공양무수불   구족보살행   십력등공덕   증어무상도

過無量劫已하야 劫名大寶嚴이요 世界名離垢니 清淨無瑕穢하야
과무량겁이   겁명대보엄   세계명이구   청정무하예

以瑠璃爲地하고 金繩界其道하며 七寶雜色樹에 常有華菓實하며
이유리위지   금승계기도   칠보잡색수   상유화과실

彼國諸菩薩은 志念常堅固하고 神通波羅密이 皆已悉具足하며
피국제보살   지념상견고   신통바라밀   개이실구족

於無數佛所에 善學菩薩道하나니 如是等大士는 華光佛所化라
어 무 수 불 소　선 학 보 살 도　여 시 등 대 사　화 광 불 소 화

佛爲王子時에 棄國捨世榮하고 於最末後身에 出家成佛道니라
불 위 왕 자 시　기 국 사 세 영　어 최 말 후 신　출 가 성 불 도

華光佛住世는 壽十二小劫이요 其國人民衆은 壽命八小劫이라
화 광 불 주 세　수 십 이 소 겁　기 국 인 민 중　수 명 팔 소 겁

佛滅度之後에 正法住於世는 三十二小劫이니 廣度諸衆生하리라
불 멸 도 지 후　정 법 주 어 세　삼 십 이 소 겁　광 도 제 중 생

正法滅盡已에 像法三十二라 舍利廣流布하야 天人普供養이니
정 법 멸 진 이　상 법 삼 십 이　사 리 광 유 포　천 인 보 공 양

華光佛所爲가 其事皆如是라 其兩足聖尊이 最勝無倫匹이니
화 광 불 소 위　기 사 개 여 시　기 양 족 성 존　최 승 무 륜 필

彼即是汝身이라 宜應自欣慶이니라
피 즉 시 여 신　의 응 자 흔 경

五. 사중팔부가 환희하다

1. 장문으로 설하다

爾時四部衆인 比丘比丘尼와 優婆塞優婆夷와 天龍夜叉와 乾闥
이 시 사 부 중　비 구 비 구 니　우 바 새 우 바 이　천 룡 야 차　건 달

婆阿修羅와 迦樓羅緊那羅와 摩睺羅加等大衆이 見舍利弗이 於
바 아 수 라　가 루 라 긴 나 라　마 후 라 가 등 대 중　견 사 리 불　어

佛前에 受阿耨多羅三藐三菩提記하고 心大歡喜하야 踊躍無量하며
불 전　수 아 뇩 다 라 삼 먁 삼 보 리 기　심 대 환 희　용 약 무 량

各各脱身所着上衣하야 以供養佛하며 釋提桓因과 梵天王等은 與
각 각 탈 신 소 착 상 의　이 공 양 불　석 제 환 인　범 천 왕 등　여

無數天子로 亦以天妙衣와 天曼陀羅華와 摩訶曼陀羅華等으로 供
무수천자 역이천묘의 천만다라화 마하만다라화등 공

養於佛하니 所散天衣가 住虛空中하야 而自廻轉하며 諸天伎樂百千
양어불 소산천의 주허공중 이자회전 제천기악백천

萬種이 於虛空中에 一時俱作하며 雨衆天華하며 而作是言하사대 佛昔
만종 어허공중 일시구작 우중천화 이작시언 불석

於波羅奈에 初轉法輪하시고 今乃復轉無上最大法輪이로소이다
어바라나 초전법륜 금내부전무상최대법륜

2. 게송으로 거듭 설하다

爾時諸天子가 欲重宣此義하야 而說偈言하니라
이시제천자 욕중선차의 이설게언

昔於波羅奈에 轉四諦法輪하사 分別說諸法의 五衆之生滅이러니
석어바라나 전사제법륜 분별설제법 오중지생멸

今復轉最妙인 無上大法輪하시니 是法甚深奧하야 少有能信者니다
금부전최묘 무상대법륜 시법심심오 소유능신자

我等從昔來로 數聞世尊說이나 未曾聞如是 深妙之上法이러다
아등종석래 삭문세존설 미증문여시 심묘지상법

世尊說是法하시니 我等皆隨喜니다 大智舍利弗이 今得受尊記하시니
세존설시법 아등개수희 대지사리불 금득수존기

我等亦如是하야 必當得作佛하와 於一切世間에 最尊無有上이니다
아등역여시 필당득작불 어일체세간 최존무유상

佛道叵思議라 方便隨宜說이시니 我所有福業과 今世若過世에
불도파사의 방편수의설 아소유복업 금세약과세

及見佛功德을 盡廻向佛道하노이다
급견불공덕 진회향불도

六. 화택(火宅)의 비유

1. 사리불이 법을 청하다

爾時舍利弗이 白佛言하사대 世尊하 我今無復疑悔호니 親於佛前에
이 시 사 리 불 백 불 언 세 존 아 금 무 부 의 회 친 어 불 전

得受阿耨多羅三藐三菩提記니다 是諸千二百心自在者는 昔住
득 수 아 뇩 다 라 삼 먁 삼 보 리 기 시 제 천 이 백 심 자 재 자 석 주

學地에 佛常敎化하사 言我法은 能離生老病死하고 究竟涅槃이라하시거늘
학 지 불 상 교 화 언 아 법 능 리 생 로 병 사 구 경 열 반

是學無學人도 亦各自已離我見과 及有無見等으로 謂得涅槃이러니
시 학 무 학 인 역 각 자 이 리 아 견 급 유 무 견 등 위 득 열 반

而今於世尊前에 聞所未聞하고 皆墮疑惑이니다 善哉世尊하 願爲四
이 금 어 세 존 전 문 소 미 문 개 타 의 혹 선 재 세 존 원 위 사

衆하사 說其因緣하사 令離疑悔케하소서
중 설 기 인 연 영 리 의 회

2. 세존의 설법

爾時에 佛告舍利弗하사대 我先不言諸佛世尊이 以種種因緣과 譬
이 시 불 고 사 리 불 아 선 불 언 제 불 세 존 이 종 종 인 연 비

喩言辭로 方便說法은 皆爲阿耨多羅三藐三菩提耶아 是諸所說이
유 언 사 방 편 설 법 개 위 아 뇩 다 라 삼 먁 삼 보 리 야 시 제 소 설

皆爲化菩薩故니라 然舍利弗아 今當復以譬喩로 更明此義호리니 諸
개 위 화 보 살 고 연 사 리 불 금 당 부 이 비 유 갱 명 차 의 제

有智者는 以譬喩得解니라
유 지 자 이 비 유 득 해

3. 화택의 비유

1) 비유의 강요(綱要)

舍利弗아 若國邑聚落에 有大長者하니 其年衰邁하대 財富無量하고
사리불 약국읍취락 유대장자 기년쇠매 재부무량

多有田宅과 及諸僮僕하며 其家廣大하대 唯有一門하고 多諸人衆하대
다유전택 급제동복 기가광대 유유일문 다제인중

一百二百으로 乃至五百人이 止住其中이러니 堂閣朽故하고 牆壁隤
일백이백 내지오백인 지주기중 당각후고 장벽퇴

落하며 柱根腐敗하고 梁棟傾危라 周帀俱時에 欻然火起하야 焚燒舍
락 주근부패 양동경위 주잡구시 훌연화기 분소사

宅커늘 長者諸子도 若十二十으로 或至三十히 在此宅中하니라
택 장자제자 약십이십 혹지삼십 재차택중

2) 장자가 화택을 보다

長者가 見是大火從四面起하고 即大驚怖하야 而作是念하대 我雖
장자 견시대화종사면기 즉대경포 이작시념 아수

能於此所燒之門에 安隱得出이나 而諸子等이 於火宅内에 樂着嬉
능어차소소지문 안은득출 이제자등 어화택내 낙착희

戲하야 不覺不知하고 不驚不怖하며 火來逼身하야 苦痛切己라도 心不
희 불각부지 불경불포 화래핍신 고통절기 심불

厭患하고 無求出意로다
염환 무구출의

3) 화택과 아이들의 놀이

舍利弗아 是長者作是思惟하대 我身手有力이라 當以衣裓이나 若
사리불 시장자작시사유 아신수유력 당이의극 약

以机案으로 從舍出之호리라 復更思惟하대 是舍唯有一門하고 而復狹
이 궤 안 종 사 출 지   부 갱 사 유   시 사 유 유 일 문   이 부 협

小어늘 諸子幼稚하야 未有所識하고 戀着戲處라가 或當墮落하야 爲火
소   제 자 유 치   미 유 소 식   연 착 희 처   혹 당 타 락   위 화

所燒리니 我當爲說怖畏之事하대 此舍已燒하니 宜時疾出하야 無令
소 소   아 당 위 설 포 외 지 사   차 사 이 소   의 시 질 출   무 령

爲火之所燒害리라하야 作是念已하고 如所思惟하야 具告諸子하대 汝
위 화 지 소 소 해   작 시 념 이   여 소 사 유   구 고 제 자   여

等速出하라 父雖憐愍하야 善言誘喩하나 而諸子等은 樂着嬉戲하야 不
등 속 출   부 수 연 민   선 언 유 유   이 제 자 등   낙 착 희 희   불

肯信受하며 不驚不畏하야 了無出心하며 亦復不知何者是火며 何者
긍 신 수   불 경 불 외   요 무 출 심   역 부 부 지 하 자 시 화   하 자

爲舍며 云何爲失고하고 但東西走戲하야 視父而已러라
위 사   운 하 위 실   단 동 서 주 희   시 부 이 이

4) 세 가지 수레를 사용함

爾時長者가 卽作是念하대 此舍已爲大火所燒하니 我及諸子가 若
이 시 장 자   즉 작 시 념   차 사 이 위 대 화 소 소   아 급 제 자   약

不時出이면 必爲所焚하리니 我今當設方便하야 令諸子等으로 得免斯
불 시 출   필 위 소 분   아 금 당 설 방 편   영 제 자 등   득 면 사

害호리라 父知諸子가 先心各有所好인 種種珍玩奇異之物하고 情必
해   부 지 제 자   선 심 각 유 소 호   종 종 진 완 기 이 지 물   정 필

樂着이라하야 而告之言하대 汝等所可玩好는 希有難得이라 汝若不取
낙 착   이 고 지 언   여 등 소 가 완 호   희 유 난 득   여 약 불 취

하면 後必憂悔하리라 如此種種羊車鹿車牛車가 今在門外하니 可以
후 필 우 회   여 차 종 종 양 거 녹 거 우 거   금 재 문 외   가 이

遊戲라 汝等於此火宅에 宜速出來니 隨汝所欲하야 皆當與汝호리라
유 희   여 등 어 차 화 택   의 속 출 래   수 여 소 욕   개 당 여 여

爾時諸子가 聞父所說珍玩之物이 適其願故로 心各勇銳하야 互相
이시제자 문부소설진완지물 적기원고 심각용예 호상

推排하며 競共馳走하야 爭出火宅하니라
추배 경공치주 쟁출화택

5) 모두에게 큰 수레를 줌

是時長者가 見諸子等이 安隱得出하야 皆於四衢道中에 露地而
시시장자 견제자등 안은득출 개어사구도중 노지이

坐하야 無復障礙하고 其心泰然하야 歡喜踊躍이러라 時諸子等이 各白
좌 무부장애 기심태연 환희용약 시제자등 각백

父言하대 父先所許玩好之具인 羊車鹿車牛車를 願時賜與하소서 舍
부언 부선소허완호지구 양거녹거우거 원시사여 사

利弗아 爾時長者가 各賜諸子에 等一大車하시니 其車高廣하야 衆寶
리불 이시장자 각사제자 등일대거 기거고광 중보

莊校하며 周帀欄楯에 四面懸鈴하고 又於其上에 張設幰蓋하대 亦以
장교 주잡난순 사면현령 우어기상 장설헌개 역이

珍奇雜寶로 而嚴飾之하며 寶繩交絡하고 垂諸華瓔하며 重敷婉筵하고
진기잡보 이엄식지 보승교락 수제화영 중부완연

安置丹枕하며 駕以白牛하니 膚色充潔하며 形體姝好하고 有大筋力하며
안치단침 가이백우 부색충결 형체주호 유대근력

行步平正하고 其疾如風하며 又多僕從하야 而侍衛之러라 所以者何오
행보평정 기질여풍 우다복종 이시위지 소이자하

是大長者가 財富無量하야 種種諸藏이 悉皆充溢이라 而作是念하대
시대장자 재부무량 종종제장 실개충일 이작시념

我財物無極하니 不應以下劣小車로 與諸子等이로다 今此幼童이 皆
아 재물무극 불응이하열소거 여제자등 금차유동 개

是吾子라 愛無偏黨이니 我有如是七寶大車하야 其數無量이라 應當
시오자 애무편당 아유여시칠보대거 기수무량 응당

等心으로 各各與之요 不宜差別이로다 所以者何오 以我此物로 周給
등심 각각여지 불의차별 소이자하 이아차물 주급

一國이라도 猶尙不匱어든 何況諸子리오 是時諸子가 各乘大車하고 得
일국 유상불궤 하황제자 시시제자 각승대거 득

未曾有하야 非本所望이러라
미증유 비본소망

6) 장자는 거짓이 아님

舍利弗아 於汝意云何오 是長者가 等與諸子珍寶大車가 寧有
사리불 어여의운하 시장자 등여제자진보대거 영유

虛妄不아 舍利弗言하대 不也世尊하 是長者가 但令諸子로 得免火
허망부 사리불언 불야세존 시장자 단령제자 득면화

難하야 全其軀命이라도 非爲虛妄이니 何以故오 若全身命이라도 便爲已
난 전기구명 비위허망 하이고 약전신명 변위이

得玩好之具어든 況復方便으로 於彼火宅에 而拔濟之리요 世尊하 若
득완호지구 황부방편 어피화택 이발제지 세존 약

是長者가 乃至不與最小一車라도 猶不虛妄이니 何以故오 是長者가
시장자 내지불여최소일거 유불허망 하이고 시장자

先作是意하대 我以方便으로 令子得出하리라할새 以是因緣으로 無虛妄
선작시의 아이방편 영자득출 이시인연 무허망

也니 何況長者가 自知財富無量하고 欲饒益諸子하야 等與大車이릿가
야 하황장자 자지재부무량 욕요익제자 등여대거

佛告舍利弗하사대 善哉善哉라 如汝所言하나라
불고사리불 선재선재 여여소언

4. 화택 비유의 의미

1) 비유의 강요에 대한 의미

舍利弗아 如來亦復如是하야 則爲一切世間之父어든 於諸怖畏와
사 리 불   여 래 역 부 여 시   즉 위 일 체 세 간 지 부   어 제 포 외

衰惱憂患과 無明闇蔽에 永盡無餘하고 而悉成就無量知見力無所
쇠 뇌 우 환   무 명 암 폐   영 진 무 여   이 실 성 취 무 량 지 견 역 무 소

畏하며 有大神力과 及智慧力하며 具足方便智慧波羅密하야 大慈大
외   유 대 신 력   급 지 혜 력   구 족 방 편 지 혜 바 라 밀   대 자 대

悲로 常無懈倦하고 恒求善事하야 利益一切하려하사 而生三界朽故火
비   상 무 해 권   항 구 선 사   이 익 일 체   이 생 삼 계 후 고 화

宅하야 爲度衆生의 生老病死와 憂悲苦惱와 愚癡闇蔽인 三毒之火하야
택   위 도 중 생   생 로 병 사   우 비 고 뇌   우 치 암 폐   삼 독 지 화

敎化令得阿耨多羅三藐三菩提케하나니라
교 화 영 득 아 녹 다 라 삼 막 삼 보 리

2) 삼계(三界)는 화택

見諸衆生이 爲生老病死憂悲苦惱之所燒煮하며 亦以五欲財利
견 제 중 생   위 생 로 병 사 우 비 고 뇌 지 소 소 자   역 이 오 욕 재 리

故로 受種種苦하며 又以貪着追求故로 現受衆苦하고 後受地獄畜
고   수 종 종 고   우 이 탐 착 추 구 고   현 수 중 고   후 수 지 옥 축

生餓鬼之苦하며 若生天上커나 及在人間에 貧窮困苦와 愛別離苦와
생 아 귀 지 고   약 생 천 상   급 재 인 간   빈 궁 곤 고   애 별 리 고

怨憎會苦인 如是等種種諸苦衆生이 沒在其中하야 歡喜遊戲하며 不
원 증 회 고   여 시 등 종 종 제 고 중 생   몰 재 기 중   환 희 유 희   불

覺不知하고 不驚不怖하며 亦不生厭하고 不求解脫하며 於此三界火
각 부 지   불 경 불 포   역 불 생 염   불 구 해 탈   어 차 삼 계 화

宅에 東西馳走하야 雖遭大苦나 不以爲患이라 舍利弗아 佛見此已하시고
택 동서치주 수조대고 불이위환 사리불 불견차이

便作是念하대 我爲衆生之父라 應拔其苦難하고 與無量無邊佛智
변작시념 아위중생지부 응발기고난 여무량무변불지

慧樂하야 令其遊戱호리라
혜락 영기유희

3) 여래가 방편을 생각함

舍利弗아 如來復作是念하대 若我但以神力及智慧力으로 捨於方
사리불 여래부작시념 약아단이신력급지혜력 사어방

便하고 爲諸衆生하야 讚如來知見力無所畏者면 衆生不能以是得
편 위제중생 찬여래지견력무소외자 중생불능이시득

度리라 所以者何오 是諸衆生이 未免生老病死와 憂悲苦惱하고 而爲
도 소이자하 시제중생 미면생로병사 우비고뇌 이위

三界火宅所燒어니 何由能解佛之智慧리요 舍利弗아 如彼長者가 雖
삼계화택소소 하유능해불지지혜 사리불 여피장자 수

復身手有力이나 而不用之하고 但以慇懃方便으로 勉濟諸子火宅之
부신수유력 이불용지 단이은근방편 면제제자화택지

難然後에 各與珍寶大車인달하니라 如來도 亦復如是하야 雖有力無所
난연후 각여진보대거 여래 역부여시 수유력무소

畏나 而不用之하니라
외 이불용지

4) 삼승법을 만든 까닭

但以智慧方便으로 於三界火宅에 拔濟衆生하야 爲說三乘인 聲聞
단이지혜방편 어삼계화택 발제중생 위설삼승 성문

辟支佛佛乘하리라하고 而作是言하대 汝等은 莫得樂住三界火宅하고 勿
벽지불불승　　　　이작시언　　여등　막득낙주삼계화택　　물

貪麤弊인 色聲香味觸也하라 若貪着生愛면 則爲所燒리라 汝速出
탐추폐　색성향미촉야　　약탐착생애면　즉위소소리라　여속출

三界하야 當得三乘聲聞辟支佛佛乘이어다 我今爲汝하야 保任此事
삼계　　당득삼승성문벽지불불승　　아금위여　　보임차사

하노니 終不虛也니라 汝等但當勤修精進이니 如來以是方便으로 誘進
　　종불허야　여등단당근수정진　　여래이시방편　유진

衆生호라 復作是言하대 汝等當知하라 此三乘法은 皆是聖所稱歎이며
중생　부작시언　　여등당지　　차삼승법　개시성소칭탄

自在無繫라 無所依求니 乘是三乘하야 以無漏根力覺道禪定解脫
자재무계　무소의구　승시삼승　　이무루근력각도선정해탈

三昧等으로 而自娛樂하면 便得無量安隱快樂하리라 舍利弗아 若有
삼매등　이자오락　변득무량안은쾌락　　사리불　약유

衆生이 內有智性하야 從佛世尊하야 聞法信受하고 慇懃精進하며 欲速
중생　내유지성　종불세존　　문법신수　은근정진　욕속

出三界하야 自求涅槃하면 是名聲聞乘이니라 如彼諸子가 爲求羊車
출삼계　자구열반　시명성문승　　여피제자　위구양거

하야 出於火宅하며 若有衆生이 從佛世尊하야 聞法信受하고 慇懃精進
　출어화택　약유중생　종불세존　　문법신수　은근정진

하야 求自然慧하며 樂獨善寂하야 深知諸法因緣하면 是名辟支佛乘
　구자연혜　낙독선적　심지제법인연　시명벽지불승

이니라 如彼諸子가 爲求鹿車하야 出於火宅하며 若有衆生이 從佛世尊
　여피제자　위구녹거　출어화택　약유중생　종불세존

하야 聞法信受하고 勤修精進하야 求一切智와 佛智와 自然智와 無師
　문법신수　근수정진　구일체지　불지　자연지　무사

智와 如來知見과 力無所畏하야 慇念安樂無量衆生하며 利益天人하야
지　여래지견　역무소외　민념안락무량중생　이익천인

度脫一切하면 是名大乘菩薩이니 求此乘故로 名爲摩訶薩이라 如彼
도탈일체　시명대승보살　구차승고　명위마하살　여피

諸子가 爲求牛車하야 出於火宅하나니라
제자 위구우거 출어화택

5) 여래의 마음은 대승

舍利弗아 如彼長者가 見諸子等이 安隱得出火宅하야 到無畏處하고
사리불 여피장자 견제자등 안은득출화택 도무외처

自惟財富無量일새 等以大車로 而賜諸子하나니 如來亦復如是하야 爲
자유재부무량 등이대거 이사제자 여래역부여시 위

一切衆生之父라 若見無量億千衆生이 以佛教門으로 出三界苦怖
일체중생지부 약견무량억천중생 이불교문 출삼계고포

畏險道하야 得涅槃樂하고 如來爾時에 便作是念하대 我有無量無邊
외험도 득열반락 여래이시 변작시념 아유무량무변

智慧力無畏等諸佛法藏하고 是諸衆生은 皆是我子라 等與大乘이요
지혜력무외등제불법장 시제중생 개시아자 등여대승

不令有人으로 獨得滅度니 皆以如來滅度로 而滅度之호리라 是諸衆
불령유인 독득멸도 개이여래멸도 이멸도지 시제중

生의 脫三界者에 悉與諸佛禪定解脫等娛樂之具하나니 皆是一相
생 탈삼계자 실여제불선정해탈등오락지구 개시일상

一種이라 聖所稱歎이며 能生淨妙第一之樂이니라
일종 성소칭탄 능생정묘제일지락

6) 여래는 진실함

舍利弗아 如彼長者가 初以三車로 誘引諸子然後에 但與大車의
사리불 여피장자 초이삼거 유인제자연후 단여대거

寶物莊嚴이 安隱第一하나 然彼長者는 無虛妄之咎인달하야 如來도
보물장엄 안은제일 연피장자 무허망지구 여래

亦復如是하야 無有虛妄이니 初說三乘하야 引導衆生然後에 但以大
역 부 여 시　　무 유 허 망　　초 설 삼 승　　인 도 중 생 연 후　　단 이 대

乘으로 而度脫之시니 何以故오 如來有無量智慧와 力無所畏諸法
승　　이 도 탈 지　　하 이 고　　여 래 유 무 량 지 혜　　역 무 소 외 제 법

之藏하야 能與一切衆生大乘之法이언마는 但不盡能受니라 舍利弗아
지 장　　능 여 일 체 중 생 대 승 지 법　　　　단 부 진 능 수　　　사 리 불

以是因緣으로 當知諸佛의 方便力故로 於一佛乘에 分別說三이니라
이 시 인 연　　당 지 제 불　　방 편 력 고　　어 일 불 승　　분 별 설 삼

5. 게송으로 거듭 설하다

1) 화택의 상황

佛이 欲重宣此義하사 而說偈言하니라
불　 욕 중 선 차 의　　이 설 게 언

譬如長者가	有一大宅커던	其宅久故하고	而復頓弊하며
비 여 장 자	유 일 대 택	기 택 구 고	이 부 돈 폐
堂舍高危하고	柱根摧朽하며	梁棟傾斜하고	基陛隤毁하여
당 사 고 위	주 근 최 후	양 동 경 사	기 폐 퇴 훼
牆壁圮坼하고	泥塗阤落하며	覆苫亂墜하고	椽梠差脫하며
장 벽 비 탁	니 도 치 락	부 점 난 추	연 려 차 탈
周障屈曲하고	雜穢充徧하며	有五百人이	止住其中커던
주 장 굴 곡	잡 예 충 변	유 오 백 인	지 주 기 중
鴟梟鵰鷲와	烏鵲鳩鴿과	蚖蛇蝮蠍과	蜈蚣蚰蜒과
치 효 조 취	오 작 구 합	원 사 복 갈	오 공 유 연
守宮百足과	鼬狸鼷鼠와	諸惡蟲輩가	交橫馳走하며
수 궁 백 족	유 리 혜 서	제 악 충 배	교 횡 치 주
屎尿臭處에	不淨流溢하고	蜣蜋諸蟲이	而集其上하며
시 뇨 취 처	부 정 유 일	강 랑 제 충	이 집 기 상

狐狼野干이 咀嚼踐踏하고 嚌齧死屍하야 骨肉狼藉커던
호 랑 야 간　저 작 천 답　제 설 사 시　골 육 낭 자

由是群狗가 競來搏撮하고 飢羸慞惶하야 處處求食하며
유 시 군 구　경 래 박 촬　기 리 장 황　처 처 구 식

鬪諍搷掣하고 啀喍嗥吠어든 其舍恐怖하야 變狀如是라
투 쟁 자 철　애 재 호 폐　기 사 공 포　변 상 여 시

處處皆有 魑魅魍魎하며 夜叉惡鬼가 食噉人肉하며
처 처 개 유　이 매 망 양　야 차 악 귀　식 담 인 육

毒蟲之屬과 諸惡禽獸는 孚乳産生하야 各自藏護어든
독 충 지 속　제 악 금 수　부 유 산 생　각 자 장 호

夜叉競來하야 爭取食之하며 食之旣飽하나는 惡心轉熾하야
야 차 경 래　쟁 취 식 지　식 지 기 포　악 심 전 치

鬪諍之聲이 甚可怖畏하며 鳩槃荼鬼가 蹲踞土埵하대
투 쟁 지 성　심 가 포 외　구 반 다 귀　준 거 토 타

或時離地를 一尺二尺하며 往返遊行하야 縱逸嬉戲하대
혹 시 이 지　일 척 이 척　왕 반 유 행　종 일 희 희

捉狗兩足하야 撲令失聲하고 以脚加頸하야 怖狗自樂하며
착 구 양 족　박 령 실 성　이 각 가 경　포 구 자 락

復有諸鬼는 其身長大하야 裸形黑瘦가 常住其中하대
부 유 제 귀　기 신 장 대　나 형 흑 수　상 주 기 중

發大惡聲하야 叫呼求食하며 復有諸鬼는 其咽如針하며
발 대 악 성　규 호 구 식　부 유 제 귀　기 인 여 침

復有諸鬼는 首如牛頭하대 或食人肉하고 或復噉狗하며
부 유 제 귀　수 여 우 두　혹 식 인 육　혹 부 담 구

頭髮鬙亂하야 殘害兇險하며 飢渴所逼으로 叫喚馳走하며
두 발 봉 란　잔 해 흉 험　기 갈 소 핍　규 환 치 주

夜叉餓鬼와 諸惡鳥獸가 飢急四向하야 窺看窗牖커던
야 차 아 귀　제 악 조 수　기 급 사 향　규 간 창 유

如是諸難이 恐畏無量이라 是朽故宅이 屬于一人터니
여 시 제 난　공 외 무 량　시 후 고 택　속 우 일 인

其人近出하야　未久之間에　於後宅舍에　忽然火起하야
기 인 근 출　미 구 지 간　어 후 택 사　홀 연 화 기

四面一時에　其燄俱熾하대　棟梁椽柱에　爆聲震裂하야
사 면 일 시　기 염 구 치　동 량 연 주　폭 성 진 열

摧折墮落하고　牆壁崩倒하며　諸鬼神等은　揚聲大叫하고
최 절 타 락　장 벽 붕 도　제 귀 신 등　양 성 대 규

鵰鷲諸鳥와　鳩槃茶等은　周慞惶怖하야　不能自出하며
조 취 제 조　구 반 다 등　주 장 황 포　불 능 자 출

惡獸毒蟲이　藏竄孔穴하며　毗舍闍鬼가　亦住其中하니
악 수 독 충　장 찬 공 혈　비 사 사 귀　역 주 기 중

薄福德故로　爲火所逼하야　共相殘害하고　飮血噉肉하며
박 복 덕 고　위 화 소 핍　공 상 잔 해　음 혈 담 육

野干之屬이　幷已前死어든　諸大惡獸가　競來食噉하며
야 간 지 속　병 이 전 사　제 대 악 수　경 래 식 담

臭烟蓬㶿이　四面充塞하며　蜈蚣蚰蜒과　毒蛇之類는
취 연 봉 발　사 면 충 색　오 공 유 연　독 사 지 류

爲火所燒하야　爭走出穴커던　鳩槃茶鬼가　隨取而食하며
위 화 소 소　쟁 주 출 혈　구 반 다 귀　수 취 이 식

又諸餓鬼는　頭上火燃커던　飢渴熱惱로　周慞悶走하며
우 제 아 귀　두 상 화 연　기 갈 열 뇌　주 장 민 주

其宅如是히　甚可怖畏라　毒害火災로　衆難非一이라라
기 택 여 시　심 가 포 외　독 해 화 재　중 난 비 일

2) 장자가 화택을 보다

是時宅主가　在門外立이러니　聞有人言하대　汝諸子等이
시 시 택 주　재 문 외 립　문 유 인 언　여 제 자 등

先因遊戱하야　來入此宅이나　稚小無知하야　歡娛樂着이러하이늘
선 인 유 희　내 입 차 택　치 소 무 지　환 오 락 착

長者聞已에　驚入火宅하나라
장 자 문 이　　경 입 화 택

3) 화택과 아이들의 놀이

方宜救濟하야　令無燒害호리라하고　告喩諸子하야　說衆患難하대
방 의 구 제　　영 무 소 해　　고 유 제 자　　설 중 환 난

惡鬼毒蟲과　災火蔓延하며　衆苦次第로　相續不絶하며
악 귀 독 충　　재 화 만 연　　중 고 차 제　　상 속 부 절

毒蛇蚖蝮과　及諸夜叉와　鳩槃茶鬼와　野干狐狗와
독 사 원 복　　급 제 야 차　　구 반 다 귀　　야 간 호 구

鵰鷲鴟梟와　百足之屬이　飢渇惱急으로　甚可怖畏어든
조 취 치 효　　백 족 지 속　　기 갈 뇌 급　　심 가 포 외

此苦難處에　況復大火리요　諸子無知하야　雖聞父誨나
차 고 난 처　　황 부 대 화　　제 자 무 지　　수 문 부 회

猶故樂着하야　嬉戲不已어늘
유 고 낙 착　　희 희 불 이

4) 세 가지 수레를 사용함

是時長者가　而作是念하대　諸子如此하니　益我愁惱로다
시 시 장 자　　이 작 시 념　　제 자 여 차　　익 아 수 뇌

今此舍宅이　無一可樂이어늘　而諸子等이　耽湎嬉戲하고
금 차 사 택　　무 일 가 락　　이 제 자 등　　탐 면 희 희

不受我敎하니　將爲火害로다　即便思惟하대　設諸方便호리라하고
불 수 아 교　　장 위 화 해　　즉 변 사 유　　설 제 방 편

告諸子等하대　我有種種　珍玩之具에　妙寶好車인
고 제 자 등　　아 유 종 종　　진 완 지 구　　묘 보 호 거

羊車鹿車_와
양 거 녹 거

大牛之車_가
대 우 지 거

今在門外_{하니}
금 재 문 외

汝等出來_{하라}
여 등 출 래

吾爲汝等_{하야}
오 위 여 등

造作此車_{호니}
조 작 차 거

隨意所樂_{하야}
수 의 소 락

可以遊戲_{니라}
가 이 유 희

諸子聞說
제 자 문 설

如此諸車_{하고}
여 차 제 거

即時奔競_{하야}
즉 시 분 경

馳走而出_{일새}
치 주 이 출

到於空地_{하야}
도 어 공 지

離諸苦難_{하니라}
이 제 고 난

5) 모두에게 큰 수레를 줌

長者見子
장 자 견 자

得出火宅_{하야}
득 출 화 택

住於四衢_{하고}
주 어 사 구

坐獅子座_{하야}
좌 사 자 좌

而自慶言_{하대}
이 자 경 언

我今快樂_{이로다}
아 금 쾌 락

此諸子等_이
차 제 자 등

生育甚難_{이어늘}
생 육 심 난

愚小無知_{하야}
우 소 무 지

而入險宅_{하니}
이 입 험 택

多諸毒蟲_{하고}
다 제 독 충

魑魅可畏_며
이 매 가 외

大火猛燄_이
대 화 맹 염

四面俱起_{어늘}
사 면 구 기

而此諸子_는
이 차 제 자

貪着嬉戲_{일새}
탐 착 희 희

我已救之_{하야}
아 이 구 지

令得脫難_{케호니}
영 득 탈 난

是故諸人_아
시 고 제 인

我今快樂_{이로다}
아 금 쾌 락

爾時諸子_가
이 시 제 자

知父安坐_{하고}
지 부 안 좌

皆詣父所_{하야}
개 예 부 소

而白父言_{하대}
이 백 부 언

願賜我等_의
원 사 아 등

三種寶車_를
삼 종 보 거

如前所許_{하소서}
여 전 소 허

諸子出來_{하면}
제 자 출 래

當以三車_로
당 이 삼 거

隨汝所欲_{이라 하시더니}
수 여 소 욕

今正是時_라
금 정 시 시

唯垂給與_{하소서}
유 수 급 여

長者大富_{하야}
장 자 대 부

庫藏衆多_{하야}
고 장 중 다

金銀瑠璃_와
금 은 유 리

硨磲瑪瑙_{어든}
자 거 마 노

以衆寶物로
이 중 보 물

造諸大車하니
조 제 대 거

莊校嚴飾하고
장 교 엄 식

周帀欄楯에
주 잡 난 순

四面懸鈴하고
사 면 현 령

金繩交絡하며
금 승 교 락

眞珠羅網으로
진 주 나 망

張施其上하며
장 시 기 상

金華諸瓔이
금 화 제 영

處處垂下하며
처 처 수 하

衆綵雜飾이
중 채 잡 식

周帀圍繞하고
주 잡 위 요

柔軟繒纊으로
유 연 증 광

以爲裍褥하며
이 위 인 욕

上妙細氎이
상 묘 세 전

價値千億이라
가 치 천 억

鮮白淨潔로
선 백 정 결

以覆其上하며
이 부 기 상

有大白牛하대
유 대 백 우

肥壯多力하며
비 장 다 력

形體姝好에
형 체 주 호

而駕寶車하며
이 가 보 거

多諸儐從하야
다 제 빈 종

而侍衛之어든
이 시 위 지

以是妙車로
이 시 묘 거

等賜諸子하신대
등 사 제 자

諸子是時에
제 자 시 시

歡喜踊躍하야
환 희 용 약

乘是寶車하고
승 시 보 거

遊於四方하며
유 어 사 방

嬉戲快樂하야
희 희 쾌 락

自在無礙하더라
자 재 무 애

6. 화택 비유의 의미

1) 비유의 강요에 대한 의미

告舍利弗하노니
고 사 리 불

我亦如是하야
아 역 여 시

衆聖中尊이며
중 성 중 존

世間之父라
세 간 지 부

一切衆生이
일 체 중 생

皆是吾子어늘
개 시 오 자

深着世樂하야
심 착 세 락

無有慧心하며
무 유 혜 심

三界無安이
삼 계 무 안

猶如火宅하며
유 여 화 택

衆苦充滿하니
중 고 충 만

甚可怖畏라
심 가 포 외

常有生老
상 유 생 로

病死憂患하야
병 사 우 환

如是等火가
여 시 등 화

熾然不息하나니라
치 연 불 식

2) 삼계는 나의 소유(所有)

如來已離 三界火宅하고 寂然閑居하야 安處林野호니
여래이리 삼계화택 적연한거 안처임야

今此三界가 皆是我有요 其中衆生은 悉是吾子어늘
금차삼계 개시아유 기중중생 실시오자

而今此處에 多諸患難이라 唯我一人이 能爲救護니라
이금차처 다제환난 유아일인 능위구호

3) 삼승법을 설한 까닭

雖復敎詔나 而不信受는 於諸欲染에 貪着深故일새니라
수부교조 이불신수 어제욕염 탐착심고

以是方便으로 爲說三乘하야 令諸衆生으로 知三界苦케하고
이시방편 위설삼승 영제중생 지삼계고

開示演說 出世間道어든 是諸子等이 若心決定하면
개시연설 출세간도 시제자등 약심결정

具足三明과 及六神通하야 有得緣覺과 不退菩薩하리라
구족삼명 급육신통 유득연각 불퇴보살

4) 일불승을 설함

汝舍利弗아 我爲衆生하야 以此譬喩로 說一佛乘하노니
여사리불 아위중생 이차비유 설일불승

汝等若能 信受是語하면 一切皆當 成得佛道하리라
여등약능 신수시어 일체개당 성득불도

是乘微妙하고 淸淨第一이라 於諸世間에 爲無有上일새
시승미묘 청정제일 어제세간 위무유상

佛所悅可며
불 소 열 가

一切衆生의
일 체 중 생

所應稱讚하야
소 응 칭 찬

供養禮拜니
공 양 예 배

無量億千의
무 량 억 천

諸力解脫과
제 력 해 탈

禪定智慧와
선 정 지 혜

及佛餘法이니
급 불 여 법

得如是乘이라사
득 여 시 승

令諸子等으로
영 제 자 등

日夜劫數에
일 야 겁 수

常得遊戱하며
상 득 유 희

與諸菩薩과
여 제 보 살

及聲聞衆이
급 성 문 중

乘此寶乘하면
승 차 보 승

直至道場하나니라
직 지 도 량

以是因緣으로
이 시 인 연

十方諦求하야도
시 방 체 구

更無餘乘이니
갱 무 여 승

除佛方便이니라
제 불 방 편

5) 오직 불지혜(佛智慧)

告舍利弗하사대
고 사 리 불

汝諸人等이
여 제 인 등

皆是吾子요
개 시 오 자

我則是父라
아 즉 시 부

汝等累劫에
여 등 누 겁

衆苦所燒어늘
중 고 소 소

我皆濟拔하야
아 개 제 발

令出三界호라
영 출 삼 계

我雖先說
아 수 선 설

汝等滅度나
여 등 멸 도

但盡生死요
단 진 생 사

而實不滅이니
이 실 불 멸

今所應作은
금 소 응 작

唯佛智慧니라
유 불 지 혜

若有菩薩이
약 유 보 살

於是衆中에
어 시 중 중

能一心聽
능 일 심 청

諸佛實法이니
제 불 실 법

諸佛世尊은
제 불 세 존

雖以方便이나
수 이 방 편

所化衆生은
소 화 중 생

皆是菩薩이니라
개 시 보 살

若人小智하야
약 인 소 지

深着愛欲일새
심 착 애 욕

爲此等故로
위 차 등 고

說於苦諦호니
설 어 고 제

衆生心喜하야
중 생 심 희

得未曾有호되
득 미 증 유

佛說苦諦는
불 설 고 제

眞實無異라하며
진 실 무 이

若有衆生이
약 유 중 생

不知苦本하고
부 지 고 본

深着苦因하야　不能暫捨어던　爲是等故로　方便說道호니
심 착 고 인　　불 능 잠 사　　위 시 등 고　　방 편 설 도

諸苦所因은　貪欲爲本이라　若滅貪欲하면　無所依止니
제 고 소 인　　탐 욕 위 본　　약 멸 탐 욕　　무 소 의 지

滅盡諸苦라사　名第三諦라　爲滅諦故로　修行於道니
멸 진 제 고　　명 제 삼 제　　위 멸 제 고　　수 행 어 도

離諸苦縛하면　名得解脫이니라　是人於何에　而得解脫이어뇨
이 제 고 박　　명 득 해 탈　　시 인 어 하　　이 득 해 탈

但離虛妄이　名爲解脫이나　其實未得　一切解脫이니
단 리 허 망　　명 위 해 탈　　기 실 미 득　　일 체 해 탈

佛說是人은　未實滅度라호니　斯人未得　無上道故로
불 설 시 인　　미 실 멸 도　　사 인 미 득　　무 상 도 고

我意不欲　令至滅度호라　我爲法王하야　於法自在일새
아 의 불 욕　　영 지 멸 도　　아 위 법 왕　　어 법 자 재

安穩衆生호려하야　故現於世니라
안 온 중 생　　고 현 어 세

7. 신중하게 전법하라

汝舍利弗아　我此法印은　爲欲利益　世間故說이니라
여 사 리 불　　아 차 법 인　　위 욕 이 익　　세 간 고 설

在所遊方에　勿妄宣傳이니라　若有聞者가　隨喜頂受하면
재 소 유 방　　물 망 선 전　　약 유 문 자　　수 희 정 수

當知是人은　阿鞞跋致니라　若有信受　此經法者는
당 지 시 인　　아 비 발 치　　약 유 신 수　　차 경 법 자

是人已曾　見過去佛하야　恭敬供養하고　亦聞是法이니
시 인 이 증　　견 과 거 불　　공 경 공 양　　역 문 시 법

若人有能　信汝所說하면　則爲見我며　亦見於汝와
약 인 유 능　　신 여 소 설　　즉 위 견 아　　역 견 어 여

及比丘僧과　幷諸菩薩이니　斯法華經은　爲深智說이라
급 비 구 승　　병 제 보 살　　사 법 화 경　　위 심 지 설

淺識聞之하면　迷惑不解하나니　一切聲聞과　及辟支佛은
천 식 문 지　　미 혹 불 해　　일 체 성 문　　급 벽 지 불

於此經中에　力所不及이라　汝舍利弗도　尚於此經에
어 차 경 중　　역 소 불 급　　여 사 리 불　　상 어 차 경

以信得入이온　況餘聲聞이리요　其餘聲聞도　信佛語故로
이 신 득 입　　황 여 성 문　　기 여 성 문　　신 불 어 고

隨順此經이나　非己智分이니라
수 순 차 경　　비 기 지 분

8. 진리를 등진 사람들

又舍利弗아　憍慢懈怠커나　計我見者에는　莫說此經하며
우 사 리 불　　교 만 해 태　　계 아 견 자　　막 설 차 경

凡夫淺識하야　深着五欲일새　聞不能解하나니　亦勿爲說이니라
범 부 천 식　　심 착 오 욕　　문 불 능 해　　역 물 위 설

若人不信하야　毁謗此經하면　則斷一切　世間佛種이며
약 인 불 신　　훼 방 차 경　　즉 단 일 체　　세 간 불 종

或復顰蹙하며　而懷疑惑하면　汝當聽說　此人罪報하라
혹 부 빈 축　　이 회 의 혹　　여 당 청 설　　차 인 죄 보

若佛在世어나　若滅度後에　其有誹謗　如斯經典커나
약 불 재 세　　약 멸 도 후　　기 유 비 방　　여 사 경 전

見有讀誦　書持經者하고　輕賤憎嫉하야　而懷結恨하면
견 유 독 송　　서 지 경 자　　경 천 증 질　　이 회 결 한

此人罪報를　汝今復聽하라　其人命終에　入阿鼻獄하야
차 인 죄 보　　여 금 부 청　　기 인 명 종　　입 아 비 옥

具足一劫하고　劫盡更生하야　如是展轉을　至無數劫하며
구 족 일 겁　　겁 진 갱 생　　여 시 전 전　　지 무 수 겁

從地獄出하야 當墮畜生하대 若狗野干하면 其形頴瘦하고
종 지 옥 출　당 타 축 생　약 구 야 간　기 형 굴 수

黧黮疥癩하야 人所觸嬈며 又復爲人 之所惡賤하고
이 담 개 라　인 소 촉 요　우 부 위 인　지 소 오 천

常困飢渴하야 骨肉枯竭하며 生受楚毒하고 死被瓦石하나니
상 곤 기 갈　골 육 고 갈　생 수 초 독　사 피 와 석

斷佛種故로 受斯罪報니라 若作駱駝커나 或生驢中이면
단 불 종 고　수 사 죄 보　약 작 낙 타　혹 생 여 중

身常負重하고 加諸杖捶하며 但念水草요 餘無所知니
신 상 부 중　가 제 장 추　단 념 수 초　여 무 소 지

謗斯經故로 獲罪如是니라 有作野干하야 來入聚落에
방 사 경 고　획 죄 여 시　유 작 야 간　내 입 취 락

身體疥癩하고 又無一目하며 爲諸童子 之所打擲하야
신 체 개 라　우 무 일 목　위 제 동 자　지 소 타 척

受諸苦痛에 或時致死하며 於此死已에 更受蟒身하대
수 제 고 통　혹 시 치 사　어 차 사 이　갱 수 망 신

其形長大가 五百由旬이며 聾騃無足하야 蜿轉腹行타가
기 형 장 대　오 백 유 순　농 애 무 족　원 전 복 행

爲諸小蟲 之所咂食하야 晝夜受苦에 無有休息하나니
위 제 소 충　지 소 잡 식　주 야 수 고　무 유 휴 식

謗斯經故로 獲罪如是니라 若得爲人이라도 諸根闇鈍하며
방 사 경 고　획 죄 여 시　약 득 위 인　제 근 암 둔

矬陋攣躄하고 盲聾背傴하며 有所言說을 人不信受하며
좌 누 연 벽　맹 롱 배 구　유 소 언 설　인 불 신 수

口氣常臭하고 鬼魅所着이며 貧窮下賤하야 爲人所使하며
구 기 상 취　귀 매 소 착　빈 궁 하 천　위 인 소 사

多病痟瘦하야 無所依怙하야 雖親附人이라도 人不在意하며
다 병 소 수　무 소 의 호　수 친 부 인　인 부 재 의

若有所得이라도 尋復忘失하며 若修醫道하야 順方治病하야도
약 유 소 득　심 부 망 실　약 수 의 도　순 방 치 병

更增他疾하고 갱증타질
設服良藥이라도 설복양약
如是等罪에 여시등죄
眾聖之王이 중성지왕
狂聾心亂하야 광농심란
生輒聾瘂하야 생첩농아
在餘惡道를 재여악도
謗斯經故로 방사경고
貧窮諸衰로 빈궁제쇠
如是等病으로 여시등병
深着我見하야 심착아견
謗斯經故로 방사경고
若說其罪인댄 약설기죄
無智人中에 무지인중

或復致死하며 혹부치사
而復增劇하며 이부증극
橫罹其殃하나니 횡리기앙
說法敎化라도 설법교화
永不聞法하며 영불문법
諸根不具하며 제근불구
如己舍宅하며 여기사택
獲罪如是니라 획죄여시
以自莊嚴하며 이자장엄
以爲衣服하며 이위의복
增益瞋恚하며 증익진에
獲罪如是니라 획죄여시
窮劫不盡이라 궁겁부진
莫說此經이니라 막설차경

若自有病하면 약자유병
若他反逆과 약타반역
如斯罪人은 여사죄인
如斯罪人은 여사죄인
於無數劫 어무수겁
常處地獄을 상처지옥
駝驢猪狗가 타려저구
若得爲人이라도 약득위인
水腫乾痟와 수종간소
身常臭處하야 신상취처
婬欲熾盛하야 음욕치성
告舍利弗하사대 고사리불
以是因緣으로 이시인연

無人救療하고 무인구료
抄劫竊盜하난 초겁절도
永不見佛하며 영불견불
常生難處하야 상생난처
如恒河沙에 여항하사
如遊園觀하며 여유원관
是其行處라 시기행처
聾盲瘖瘂하고 농맹음아
疥癩癰疽인 개나옹저
垢穢不淨하며 구예부정
不擇禽獸하나니 불택금수
謗斯經者는 방사경자
我故語汝하노니 아고어여

9. 진리를 따르는 사람들

若有利根이요
약 유 이 근

智慧明了하야
지 혜 명 료

多聞强識으로
다 문 강 식

求佛道者라사
구 불 도 자

如是之人에
여 시 지 인

乃可爲說이며
내 가 위 설

若人曾見
약 인 증 견

億百千佛하고
억 백 천 불

植諸善本하야
식 제 선 본

深心堅固어든
심 심 견 고

如是之人에
여 시 지 인

乃可爲說이며
내 가 위 설

若人精進하야
약 인 정 진

常修慈心하대
상 수 자 심

不惜身命하면
불 석 신 명

乃可爲說이며
내 가 위 설

若人恭敬하대
약 인 공 경

無有異心하며
무 유 이 심

離諸凡愚하고
이 제 범 우

獨處山澤하면
독 처 산 택

如是之人에
여 시 지 인

乃可爲說이니라
내 가 위 설

又舍利弗아
우 사 리 불

若見有人이
약 견 유 인

捨惡知識하고
사 악 지 식

親近善友어든
친 근 선 우

如是之人에
여 시 지 인

乃可爲說이며
내 가 위 설

若見佛子가
약 견 불 자

持戒淸潔하대
지 계 청 결

如淨明珠하고
여 정 명 주

求大乘經하면
구 대 승 경

如是之人에
여 시 지 인

乃可爲說이며
내 가 위 설

若人無瞋하야
약 인 무 진

質直柔軟하며
질 직 유 연

常愍一切하고
상 민 일 체

恭敬諸佛하면
공 경 제 불

如是之人에
여 시 지 인

乃可爲說이며
내 가 위 설

復有佛子가
부 유 불 자

於大衆中에
어 대 중 중

以淸淨心으로
이 청 정 심

種種因緣과
종 종 인 연

譬喩言辭로
비 유 언 사

說法無礙하면
설 법 무 애

如是之人에
여 시 지 인

乃可爲說이며
내 가 위 설

若有比丘가
약 유 비 구

爲一切智하야
위 일 체 지

四方求法하야
사 방 구 법

合掌頂受하며
합 장 정 수

但樂受持
단 락 수 지

大乘經典하고
대 승 경 전

乃至不受
내 지 불 수

餘經一偈어든
여 경 일 게

如是之人에
여 시 지 인

乃可爲說이며
내 가 위 설

如人至心으로
여 인 지 심

求佛舍利하며
구 불 사 리

如是求經하야
여 시 구 경

得已頂受하며
득 이 정 수

其人不復
기 인 불 부

志求餘經하고
지 구 여 경

亦未曾念
역 미 증 념

外道典籍하면
외 도 전 적

如是之人에
여 시 지 인

乃可爲說이라
내 가 위 설

告舍利弗하노니
고 사 리 불

我說是相인
아 설 시 상

求佛道者도
구 불 도 자

窮劫不盡이라
궁 겁 부 진

如是等人은
여 시 등 인

則能信解하리니
즉 능 신 해

汝當爲說
여 당 위 설

妙法華經이라
묘 법 화 경

第四
信解品
신해품

妙法蓮華經
第四 信解品

一. 사대성문의 환희

爾時慧命須菩提와 摩訶迦旃延과 摩訶迦葉과 摩訶目犍連이 從
이시혜명수보리 마하가전연 마하가섭 마하목건련 종

佛所聞未曾有法과 世尊이 授舍利弗의 阿耨多羅三藐三菩提記하고
불소문미증유법 세존 수사리불 아뇩다라삼먁삼보리기

發希有心하야 歡喜踊躍하며 卽從座起하야 整衣服하야 偏袒右肩하고
발희유심 환희용약 즉종좌기 정의복 편단우견

右膝着地하며 一心合掌하고 曲躬恭敬하며 瞻仰尊顔하고 而白佛言
우슬착지 일심합장 곡궁공경 첨앙존안 이백불언

하사대 我等居僧之首하야 年竝朽邁하며 自謂已得涅槃이라하야 無所堪
아등거승지수 연병후매 자위이득열반 무소감

任하고 不復進求阿耨多羅三藐三菩提러이다 世尊往昔에 說法旣久
임 불부진구아뇩다라삼먁삼보리 세존왕석 설법기구

일새 我時在座하대 身體疲懈하야 但念空無相無作하고 於菩薩法인 遊
아시재좌 신체피해 단념공무상무작 어보살법 유

戲神通과 淨佛國土와 成就衆生에 心不喜樂이니다 所以者何오 世
희신통 정불국토 성취중생 심불희락 소이자하 세

尊令我等으로 出於三界하사 得涅槃證이라하며 又今我等이 年已朽邁
존영아등 출어삼계 득열반증 우금아등 연이후매

할새 於佛敎化菩薩이신 阿耨多羅三藐三菩提에는 不生一念好樂之
어불교화보살 아뇩다라삼먁삼보리 불생일념호락지

心이니다 我等今於佛前에 聞授聲聞阿耨多羅三藐三菩提記하사옵고
심 아등금어불전 문수성문아뇩다라삼먁삼보리기

心甚歡喜하야 得未曾有니다 不謂於今에 忽然得聞希有之法하옵고 深
심심환희 득미증유 불위어금 홀연득문희유지법 심

自慶幸하야 獲大善利니다
자경행 획대선리

二. 궁자(窮子)의 비유

1. 부자가 서로 헤어짐

無量珍寶를 不求自得이니 世尊하 我等今者에 樂說譬喩하야 以
무량진보 불구자득 세존 아등금자 요설비유 이

明斯義호리다 譬若有人이 年旣幼稚에 捨父逃逝하야 久住他國하대 或
명사의 비약유인 연기유치 사부도서 구주타국 혹

十二十으로 至五十歲러니 年旣長大하야는 加復窮困하야 馳騁四方하야
십이십 지오십세 연기장대 가부궁곤 치빙사방

以求衣食할새 漸漸遊行하야 遇向本國이러이다 其父先來에 求子不得
이구의식 점점유행 우향본국 기부선래 구자부득

하고 中止一城이러니 其家大富라 財寶無量하며 金銀瑠璃珊瑚琥珀
중지일성 기가대부 재보무량 금은유리산호호박

玻瓈珠等이 其諸倉庫에 悉皆盈溢하며 多有僮僕과 臣佐吏民하며 象
파려주등 기제창고 실개영일 다유동복 신좌이민 상

馬車乘과 牛羊無數하며 出入息利가 乃徧他國하고 商估賈客도 亦甚
마거승 우양무수 출입식리 내변타국 상고고객 역심

衆多러니 時貧窮子가 遊諸聚落하며 經歷國邑하야 遂到其父所止之
중 다　시빈궁자　유제취락　경력국읍　수도기부소지지

城이러이다 父每念子하대 與子離別이 五十餘年이로대 而未曾向人하야
성　　　부매념자　여자이별　오십여년　이미증향인

說如此事하고 但自思惟에 心懷悔恨하며 自念老朽하고 多有財物하야
설여차사　단자사유　심회회한　자념노후　다유재물

金銀珍寶가 倉庫盈溢이나 無有子息하니 一旦終沒이면 財物散失이라
금은진보　창고영일　무유자식　일단종몰　재물산실

無所委付라하야 是以慇懃히 每億其子하며 復作是念하대 我若得子하야
무소위부　시이은근　매억기자　부작시념　아약득자

委付財物하면 坦然快樂하야 無復憂慮라하더이다
위부재물　탄연쾌락　무부우려

2. 부자가 서로 만남

1) 아들이 아버지를 보다

世尊하 爾時窮子가 傭賃展轉하며 遇到父舍하야 住立門側이라가 遙
세 존　이시궁자　용임전전　우도부사　주립문측　　　요

見其父호니 踞獅子牀에 寶几承足하고 諸婆羅門과 刹利居士가 皆恭
견 기 부　거사자상　보궤승족　제바라문　찰리거사　개공

敬圍繞하며 以眞珠瓔珞의 價値千萬으로 莊嚴其身하며 吏民僮僕이
경 위 요　이진주영락　가치천만　장엄기신　이민동복

手執白拂하고 侍立左右하며 覆以寶帳하고 垂諸華幡하며 香水灑地
수집백불　시립좌우　부이보장　수제화번　향수쇄지

하고 散衆名華하며 羅列寶物하야 出納取與하며 有如是等種種嚴飾
산중명화　나열보물　출납취여　유여시등종종엄식

하야 威德特尊이라 窮子見父有大力勢하고 即懷恐怖하야 悔來至此
위 덕 특 존　궁자견부유대력세　즉회공포　회래지차

로다 竊作是念하대 此或是王이며 或是王等이니 非我傭力得物之處라
　　　절 작 시 념　　차 혹 시 왕　　혹 시 왕 등　　비 아 용 력 득 물 지 처

不如往至貧里하야 肆力有地하고 衣食易得이라 若久住此라가 或見
불 여 왕 지 빈 리　　사 력 유 지　　의 식 이 득　　약 구 주 차　　혹 견

逼迫하야 强使我作이로다 作是念已하고 疾走而去러이다
핍 박　　강 사 아 작　　작 시 념 이　　질 주 이 거

2) 아버지가 아들을 보다

時富長者가 於獅子座에서 見子便識하고 心大歡喜하야 卽作是念
시 부 장 자　　어 사 자 좌　　견 자 변 식　　심 대 환 희　　즉 작 시 념

하대 我財物庫藏을 今有所付로다 我常思念此子하대 無由見之러니 而
　　아 재 물 고 장　　금 유 소 부　　아 상 사 념 차 자　　무 유 견 지　　이

忽自來하니 甚適我願이로다 我雖年朽나 猶故貪惜이라하니라
홀 자 래　　심 적 아 원　　아 수 년 후　　유 고 탐 석

3) 아들이 기절하다

卽遣傍人하야 急追將還하고 爾時使者가 疾走往捉한대 窮子驚愕
즉 견 방 인　　급 추 장 환　　이 시 사 자　　질 주 왕 착　　궁 자 경 악

하야 稱怨大喚하대 我不相犯이어늘 何爲見捉이어뇨 使者執之逾急하야
　　칭 원 대 환　　아 불 상 범　　하 위 견 착　　사 자 집 지 유 급

强牽將還이어늘 于時窮子가 自念無罪하대 而被囚執하니 此必定死
강 견 장 환　　우 시 궁 자　　자 념 무 죄　　이 피 수 집　　차 필 정 사

라고 轉更惶怖하야 悶絕躄地러라 父遙見之하고 而語使言하대 不須此
　　전 갱 황 포　　민 절 벽 지　　부 요 견 지　　이 어 사 언　　불 수 차

人이니 勿强將來요 以冷水灑面하야 令得醒寤하고 莫復與語하라 所以
인　　물 강 장 래　　이 냉 수 쇄 면　　영 득 성 오　　막 부 여 어　　소 이

者何오 父知其子志意下劣하고 自知豪貴는 爲子所難이라하야 審知
자 하　부 지 기 자 지 의 하 열　　자 지 호 귀　위 자 소 난　　심 지

是子하고 而以方便으로 不語他人云是我子라하고 使者語之하대 我今
시 자　이 이 방 편　　불 어 타 인 운 시 아 자　사 자 어 지　아 금

放汝하노니 隨意所趣하라 窮子歡喜하야 得未曾有하며 從地而起하야 往
방 여　수 의 소 취　궁 자 환 희　　득 미 증 유　종 지 이 기　　왕

至貧里하야 以求衣食이러라
지 빈 리　이 구 의 식

4) 사람을 시켜 유인하다

爾時長者가 將欲誘引其子하야 而設方便할새 密遣二人의 形色憔
이 시 장 자　장 욕 유 인 기 자　이 설 방 편　밀 견 이 인　형 색 초

悴한 無威德者하대 汝可詣彼하야 徐語窮子하대 此有作處하니 倍與汝
췌　무 위 덕 자　여 가 예 피　서 어 궁 자　차 유 작 처　배 여 여

値라하야 窮子若許어든 將來使作하고 若言欲何所作이어든 便可語之
치　궁 자 약 허　장 래 사 작　약 언 욕 하 소 작　변 가 어 지

하대 雇汝除糞이요 我等二人도 亦共汝作이라하라 時二使人이 即求窮
고 여 제 분　아 등 이 인　역 공 여 작　시 이 사 인　즉 구 궁

子하야 旣已得之하고 具陣上事한대 爾時窮子가 先取其價하고 尋與除
자　기 이 득 지　구 진 상 사　이 시 궁 자　선 취 기 가　심 여 제

糞이러니 其父見子하고 愍而怪之러라
분　기 부 견 자　민 이 괴 지

5) 이십 년을 분뇨만 나르다

又以他日於窓牖中에 遙見子身이 羸瘦憔悴하고 糞土塵坌이 汚
우 이 타 일 어 창 유 중　요 견 자 신　이 수 초 췌　분 토 진 분　오

穢不淨_{하고는} 即脫瓔珞細軟上服嚴飾之具_{하고} 更着麤弊垢膩之
예 부 정　　　즉 탈 영 락 세 연 상 복 엄 식 지 구　　　갱 착 추 폐 구 이 지

衣_{하대} 塵土坌身_{하며} 右手執持除糞之器_{하고} 狀有所畏_{하야} 語諸作
의　　진 토 분 신　　우 수 집 지 제 분 지 기　　상 유 소 외　　어 제 작

人_{하대} 汝等勤作_{하야} 勿得懈息_{이라하고} 以方便故_로 得近其子_{하고} 後復
인　　여 등 근 작　　물 득 해 식　　　이 방 편 고　　득 근 기 자　　후 부

告言_{하대} 咄男子_야 汝常此作_{하고} 勿復餘去_면 當加汝價_요 諸有所須
고 언　　돌 남 자　　여 상 차 작　　물 부 여 거　　당 가 여 가　　제 유 소 수

_에 盆器米麪鹽醋之屬_을 莫自疑難_{하라} 亦有老弊使人_{하야} 須者相
　　분 기 미 면 염 초 지 속　　막 자 의 난　　역 유 노 폐 사 인　　수 자 상

給_{하리니} 好自安意_{하라} 我如汝父_{하니} 勿復憂慮_{니라} 所以者何_오 我年
급　　호 자 안 의　　아 여 여 부　　물 부 우 려　　소 이 자 하　　아 년

老大_{하고} 而汝少壯_{하니} 汝常作時_에 無有欺怠瞋恨怨言_{이니} 睹不見
노 대　　이 여 소 장　　여 상 작 시　　무 유 기 태 진 한 원 언　　도 불 견

汝_의 有此諸惡_을 如餘作人_{하며} 自今已後_로 如所生子_{라하고} 即時長
여　　유 차 제 악　　여 여 작 인　　자 금 이 후　　여 소 생 자　　즉 시 장

者_가 更與作字_{하야} 名之爲兒_{러이다} 爾時窮子_가 雖欣此遇_나 猶故自
자　　갱 여 작 자　　명 지 위 아　　이 시 궁 자　　수 흔 차 우　　유 고 자

謂客作賤人_{이라하야} 由是之故_로 於二十年中_에 常令除糞_{하니라}
위 객 작 천 인　　　유 시 지 고　　어 이 십 년 중　　상 령 제 분

6) 아버지가 재산을 알려주다

過是已後_에 心相體信_{하야} 入出無難_{이나} 然其所止_는 猶在本處_{러이다}
과 시 이 후　　심 상 체 신　　입 출 무 난　　연 기 소 지　　유 재 본 처

世尊_하 爾時長者有疾_{하야} 自知將死不久_{하고} 語窮子言_{하대} 我今多
세 존　　이 시 장 자 유 질　　자 지 장 사 불 구　　어 궁 자 언　　아 금 다

有金銀珍寶_{하야} 倉庫盈溢_{하니} 其中多少_와 所應取與_를 汝悉知之_{하라}
유 금 은 진 보　　창 고 영 일　　기 중 다 소　　소 응 취 여　　여 실 지 지

我心如是하니 當體此意니라 所以者何오 今我與汝로 便爲不異니 宜
아 심 여 시   당 체 차 의   소 이 자 하   금 아 여 여   변 위 불 이   의

加用心하야 無令漏失하라 爾時窮子가 即受敎勅하사 領知衆物인 金
가 용 심   무 령 누 실   이 시 궁 자   즉 수 교 칙   영 지 중 물   금

銀珍寶와 及諸庫藏이나 而無希取一餐之意하고 然其所止는 故在
은 진 보   급 제 고 장   이 무 희 취 일 찬 지 의   연 기 소 지   고 재

本處하며 下劣之心은 亦未能捨러니 復經少時하고 父知子意가 漸已
본 처   하 열 지 심   역 미 능 사   부 경 소 시   부 지 자 의   점 이

通泰하야 成就大志에 自鄙先心하니라
통 태   성 취 대 지   자 비 선 심

7) 아버지가 가업을 물려주다

臨欲終時하야 而命其子하야 幷會親族하며 國王大臣과 刹利居士를
임 욕 종 시   이 명 기 자   병 회 친 족   국 왕 대 신   찰 리 거 사

皆悉已集케하고 即自宣言하대 諸君當知하라 此是我子니 我之所生이라
개 실 이 집   즉 자 선 언   제 군 당 지   차 시 아 자   아 지 소 생

於某城中에 捨吾逃走하야 䔖䃼辛苦가 五十餘年이라 其本字某요 我
어 모 성 중   사 오 도 주   영 병 신 고   오 십 여 년   기 본 자 모   아

名某甲이니 昔在本城하야 懷憂推覓하다가 忽於此間에 遇會得之호니
명 모 갑   석 재 본 성   회 우 추 멱   홀 어 차 간   우 회 득 지

此實我子요 我實其父니라 今我所有인 一切財物은 皆是子有며 先
차 실 아 자   아 실 기 부   금 아 소 유   일 체 재 물   개 시 자 유   선

所出納이 是子所知니다 世尊하 是時窮子가 聞父此言하고 即大歡喜
소 출 납   시 자 소 지   세 존 하   시 시 궁 자   문 부 차 언   즉 대 환 희

하야 得未曾有하야 而作是念하대 我本無心有所希求나 今此寶藏이
    득 미 증 유   이 작 시 념   아 본 무 심 유 소 희 구   금 차 보 장

自然而至니다
자 연 이 지

三. 궁자 비유의 의미

世尊하 大富長者는 則是如來시고 我等皆似佛子로니 如來常說我
세존 대부장자 즉시여래 아등개사불자 여래상설아

等爲子니다 世尊하 我等이 以三苦故로 於生死中에 受諸熱惱하야 迷
등위자 세존 아등 이삼고고 어생사중 수제열뇌 미

惑無知하야 樂着小法이니다 今日世尊이 令我等으로 思惟蠲除諸法
혹무지 낙착소법 금일세존 영아등 사유견제제법

戲論之糞케하시니 我等於中에 勤加精進하야 得至涅槃一日之價니다
희론지분 아등어중 근가정진 득지열반일일지가

旣得此已에 心大歡喜하야 自以爲足하고 便自謂言하대 於佛法中에
기득차이 심대환희 자이위족 변자위언 어불법중

勤精進故로 所得弘多로이다 然世尊이 先知我等의 心着弊欲하야 樂
근정진고 소득홍다 연세존 선지아등 심착폐욕 낙

於小法하시고 便見縱捨하사 不爲分別汝等이 當有如來知見寶藏之
어소법 변견종사 불위분별여등 당유여래지견보장지

分이라하시고 世尊以方便力으로 說如來智慧어늘 我等從佛하야 得涅槃
분 세존이방편력 설여래지혜 아등종불 득열반

一日之價하고 以爲大得이라하야 於此大乘에 無有志求니다 我等이 又
일일지가 이위대득 어차대승 무유지구 아등 우

因如來智慧로 爲諸菩薩하야 開示演說하대 而自於此에 無有志願호니
인여래지혜 위제보살 개시연설 이자어차 무유지원

所以者何오 佛知我等의 心樂小法하시고 以方便力으로 隨我等說이언
소이자하 불지아등 심락소법 이방편력 수아등설

마는 而我等不知眞是佛子로이다 今我等은 方知世尊이 於佛智慧에
이아등부지진시불자 금아등 방지세존 어불지혜

無所恪惜이니다 所以者何오 我等昔來로 眞是佛子어늘 而但樂小法
무소인석 소이자하 아등석래 진시불자 이단락소법

이로다 若我等이 有樂大之心이런들 佛則爲我하사 說大乘法일러이다 於此
약아등 유낙대지심 불즉위아 설대승법 어차

經中에 唯說一乘이어늘 而昔於菩薩前어 毀呰聲聞의 樂小法者나 然
경중 유설일승 이석어보살전 훼자성문 낙소법자 연

이나 佛實以大乘敎化나다 是故我等이 說本無心有所希求나 今法
불실이대승교화 시고아등 설본무심유소희구 금법

王大寶가 自然而至로소니 如佛子의 所應得者를 皆已得之나다
왕대보 자연이지 여불자 소응득자 개이득지

四. 게송으로 거듭 설하다

1. 사대성문이 환희하다

爾時摩詞迦葉이 欲重宣此義하야 而說偈言하니라
이 시 마 하 가 섭 욕 중 선 차 의 이 설 게 언

我等今日에 聞佛音敎하옵고 歡喜踊躍하야 得未曾有나다
아 등 금 일 문 불 음 교 환 희 용 약 득 미 증 유

佛說聲聞이 當得作佛이라하시니 無上寶聚를 不求自得이나다
불 설 성 문 당 득 작 불 무 상 보 취 불 구 자 득

2. 궁자의 비유

1) 부자가 서로 헤어짐

譬如童子가 幼稚無識일새 捨父逃逝하야 遠到他土하야
비 여 동 자 유 치 무 식 사 부 도 서 원 도 타 토

周流諸國을
주 류 제 국

五十餘年거늘
오 십 여 년

其父憂念하야
기 부 우 념

四方推求러니
사 방 추 구

求之旣疲에
구 지 기 피

頓止一城하야
돈 지 일 성

造立舍宅하고
조 립 사 택

五欲自娛할새
오 욕 자 오

其家巨富라
기 가 거 부

多諸金銀과
다 제 금 은

硨磲瑪瑙와
자 거 마 노

眞珠瑠璃와
진 주 유 리

象馬牛羊과
상 마 우 양

輦輿車乘과
연 여 거 승

田業僮僕하며
전 업 동 복

人民衆多하고
인 민 중 다

出入息利가
출 입 식 리

乃徧他國하며
내 변 타 국

商估賈人이
상 고 고 인

無處不有하고
무 처 불 유

千萬億衆이
천 만 억 중

圍繞恭敬하며
위 요 공 경

常爲王者
상 위 왕 자

之所愛念하고
지 소 애 념

群臣豪族이
군 신 호 족

皆共宗重하며
개 공 종 중

以諸緣故로
이 제 연 고

往來者衆이라
왕 래 자 중

豪富如是하야
호 부 여 시

有大力勢나
유 대 력 세

而年朽邁하야
이 년 후 매

益憂念子라
익 우 념 자

夙夜惟念하대
숙 야 유 념

死時將至어늘
사 시 장 지

癡子捨我
치 자 사 아

五十餘年하니
오 십 여 년

庫藏諸物을
고 장 제 물

當如之何리요
당 여 지 하

爾時窮子가
이 시 궁 자

求索衣食하야
구 색 의 식

從邑至邑하며
종 읍 지 읍

從國至國하대
종 국 지 국

或有所得하며
혹 유 소 득

或無所得이라
혹 무 소 득

飢餓羸瘦하야
기 아 이 수

體生瘡癬하나라
체 생 창 선

2) 부자가 서로 만남

漸次經歷하야
점 차 경 력

到父住城하는
도 부 주 성

傭賃展轉하야
용 임 전 전

遂至父舍러라
수 지 부 사

爾時長者가　於其門內에　施大寶帳하고　處獅子座하야
이 시 장 자　어 기 문 내　시 대 보 장　처 사 자 좌

眷屬圍繞하고　諸人侍衛하며　或有計算　金銀寶物하고
권 속 위 요　제 인 시 위　혹 유 계 산　금 은 보 물

出納財産을　注記券疏러라　窮子見父의　豪貴尊嚴하고
출 납 재 산　주 기 권 소　궁 자 견 부　호 귀 존 엄

謂是國王이나　若國王等이라하야　驚怖自怪하대　何故至此오
위 시 국 왕　약 국 왕 등　경 포 자 괴　하 고 지 차

復自念言하대　我若久住면　或見逼迫커나　强驅使作이리라
부 자 념 언　아 약 구 주　혹 견 핍 박　강 구 사 작

思惟是已하고는　馳走而去하야　借問貧里하야　欲往傭作터니
사 유 시 이　치 주 이 거　차 문 빈 리　욕 왕 용 작

長者是時에　在獅子座타가　遙見其子하고는　默而識之하니라
장 자 시 시　재 사 자 좌　요 견 기 자　묵 이 식 지

3) 사람을 시켜 유인하다

即勅使者하야　追捉將來러니　窮子驚喚하야　迷悶躄地하며
즉 칙 사 자　추 착 장 래　궁 자 경 환　미 민 벽 지

是人執我는　必當見殺이라　何用衣食하야　使我至此어뇨
시 인 집 아　필 당 견 살　하 용 의 식　사 아 지 차

長者知子의　愚癡狹劣하야　不信我言하며　不信是父하고
장 자 지 자　우 치 협 열　불 신 아 언　불 신 시 부

即以方便으로　更遣餘人을　眇目矬陋인　無威德者하대
즉 이 방 편　갱 견 여 인　묘 목 좌 누　무 위 덕 자

汝可語之하야　云當相雇니　除諸糞穢하면　倍與汝價호라라
여 가 어 지　운 당 상 고　제 제 분 예　배 여 여 가

窮子聞之하고　歡喜隨來하야　爲除糞穢하며　淨諸房舍러라
궁 자 문 지　환 희 수 래　위 제 분 예　정 제 방 사

長者於牖에
장 자 어 유

常見其子하고
상 견 기 자

念子愚劣로
염 자 우 열

樂爲鄙事하고는
낙 위 비 사

於是長者가
어 시 장 자

着弊垢衣하며
착 폐 구 의

執除糞器하고
집 제 분 기

往到子所할새
왕 도 자 소

方便附近하야
방 편 부 근

語令勤作케하고
어 령 근 작

旣益汝價와
기 익 여 가

幷塗足油하며
병 도 족 유

飮食充足하고
음 식 충 족

薦席厚暖하며
천 석 후 난

如是苦言하대
여 시 고 언

汝當勤作하라
여 당 근 작

又以軟語하대
우 이 연 어

若如我子로라
약 여 아 자

4) 재산을 알려주고 가업을 물려주다

長者有智하야
장 자 유 지

漸令入出을
점 령 입 출

經二十年토록
경 이 십 년

執作家事하며
집 작 가 사

示其金銀과
시 기 금 은

眞珠玻瓈인
진 주 파 려

諸物出入하야
제 물 출 입

皆使令知하대
개 사 령 지

猶處門外하야
유 처 문 외

止宿草庵하고
지 숙 초 암

自念貧事하야
자 념 빈 사

我無此物이러니
아 무 차 물

父知子心이
부 지 자 심

漸已曠大하고
점 이 광 대

欲與財物하야
욕 여 재 물

卽聚親族과
즉 취 친 족

國王大臣과
국 왕 대 신

刹利居士하고
찰 리 거 사

於此大衆에
어 차 대 중

說是我子로서
설 시 아 자

捨我他行을
사 아 타 행

經五十歲러니
경 오 십 세

自見子來로
자 견 자 래

已二十年이라
이 이 십 년

昔於某城에
석 어 모 성

而失是子하고
이 실 시 자

周行求索타가
주 행 구 색

遂來至此호니
수 래 지 차

凡我所有인
범 아 소 유

舍宅人民을
사 택 인 민

悉已付之하야
실 이 부 지

恣其所用케호리라
자 기 소 용

子念昔貧하야 志意下劣터니 今於父所에 大獲珍寶와
자 념 석 빈   지 의 하 열   금 어 부 소   대 획 진 보

幷及舍宅과 一切財物하고 甚大歡喜하야 得未曾有라라
병 급 사 택   일 체 재 물   심 대 환 희   득 미 증 유

3. 궁자 비유의 의미

佛亦如是하야 知我樂小하사 未曾說言 汝等作佛하시고
불 역 여 시   지 아 낙 소   미 증 설 언   여 등 작 불

而說我等이 得諸無漏라하사 成就小乘인 聲聞弟子이나다
이 설 아 등   득 제 무 루   성 취 소 승   성 문 제 자

佛勅我等하사 說最上道하시대 修習此者는 當得成佛이라하사늘
불 칙 아 등   설 최 상 도   수 습 차 자   당 득 성 불

我承佛敎하고 爲大菩薩하야 以諸因緣과 種種譬喩와
아 승 불 교   위 대 보 살   이 제 인 연   종 종 비 유

若干言辭로 說無上道호니 諸佛子等이 從我聞法하고
약 간 언 사   설 무 상 도   제 불 자 등   종 아 문 법

日夜思惟하야 精勤修習이어늘 是時諸佛이 卽授其記하시대
일 야 사 유   정 근 수 습   시 시 제 불   즉 수 기 기

汝於來世에 當得作佛이라하시니 一切諸佛의 秘藏之法을
여 어 래 세   당 득 작 불   일 체 제 불   비 장 지 법

但爲菩薩하사 演其實事하시고 而不爲我하야 說斯眞要호니
단 위 보 살   연 기 실 사   이 불 위 아   설 사 진 요

如彼窮子가 得近其父하야 雖知諸物이나 心不希取일새
여 피 궁 자   득 근 기 부   수 지 제 물   심 불 희 취

我等雖說 佛法寶藏하나 自無志願도 亦復如是나다
아 등 수 설   불 법 보 장   자 무 지 원   역 부 여 시

我等內滅하고는 自謂爲足하야 唯了此事하고 更無餘事나다
아 등 내 멸   자 위 위 족   유 료 차 사   갱 무 여 사

我等若聞 아등약문
淨佛國土와 정불국토
敎化衆生에는 교화중생
都無欣樂호니 도무흔락

所以者何오 소이자하
一切諸法이 일체제법
皆悉空寂하야 개실공적
無生無滅하며 무생무멸

無大無小하며 무대무소
無漏無爲라하야 무루무위
如是思惟하고는 여시사유
不生喜樂이니다 불생희락

我等長夜를 아등장야
於佛智慧에 어불지혜
無貪無着하며 무탐무착
無復志願하고 무부지원

而自於法에 이자어법
謂是究竟이라하노이다 위시구경
我等長夜에 아등장야
修習空法하야 수습공법

得脫三界 득탈삼계
苦惱之患하고 고뇌지환
住最後身인 주최후신
有餘涅槃하야 유여열반

佛所敎化에 불소교화
得道不虛라 득도불허
則爲已得 즉위이득
報佛之恩이라호니 보불지은

我等雖爲 아등수위
諸佛子等하야 제불자등
說菩薩法하야 설보살법
以求佛道나 이구불도

而於是法에 이어시법
永無願樂이니다 영무원락
導師見捨하사 도사견사
觀我心故로 관아심고

初不勸進하사 초불권진
說有實利하시니 설유실리
如富長者가 여부장자
知子志劣하야 지자지열

以方便力으로 이방편력
柔伏其心하고 유복기심
然後乃付 연후내부
一切財物이라 일체재물

佛亦如是하야 불역여시
現希有事하사 현희유사
知樂小者하시고 지낙소자
以方便力으로 이방편력

調伏其心하고는 조복기심
乃敎大智니다 내교대지
我等今日에사 아등금일
得未曾有호니 득미증유

非先所望을 비선소망
而今自得이라 이금자득
如彼窮子가 여피궁자
得無量寶니다 득무량보

世尊我今에 세존아금
得道得果하며 득도득과
於無漏法에 어무루법
得淸淨眼이니다 득청정안

我等長夜에 持佛淨戒나 始於今日에 得其果報니다
아 등 장 야　　지 불 정 계　　시 어 금 일　　득 기 과 보

法王法中에 久修梵行하다가 今得無漏인 無上大果이니다
법 왕 법 중　　구 수 범 행　　금 득 무 루　　무 상 대 과

我等今者에 眞是聲聞이라 以佛道聲으로 令一切聞이니다
아 등 금 자　　진 시 성 문　　이 불 도 성　　영 일 체 문

我等今者에 眞阿羅漢이라 於諸世間과 天人魔梵인
아 등 금 자　　진 아 라 한　　어 제 세 간　　천 인 마 범

普於其中에 應受供養이니다
보 어 기 중　　응 수 공 양

4. 세존의 은혜를 찬탄하다

世尊大恩이시여 以希有事로 憐愍教化하야 利益我等하시니
세 존 대 은　　이 희 유 사　　연 민 교 화　　이 익 아 등

無量億劫에 誰能報者리요 手足供給하고 頭頂禮敬하며
무 량 억 겁　　수 능 보 자　　수 족 공 급　　두 정 예 경

一切供養이라도 皆不能報하며 若以頂戴하고 兩肩荷負하야
일 체 공 양　　개 불 능 보　　약 이 정 대　　양 견 하 부

於恒沙劫에 盡心恭敬하며 又以美饍과 無量寶衣와
어 항 사 겁　　진 심 공 경　　우 이 미 선　　무 량 보 의

及諸臥具와 種種湯藥이며 牛頭栴檀과 及諸珍寶로
급 제 와 구　　종 종 탕 약　　우 두 전 단　　급 제 진 보

以起塔廟하고 寶衣布地하야 如斯等事로 以用供養을
이 기 탑 묘　　보 의 포 지　　여 사 등 사　　이 용 공 양

於恒沙劫이라도 亦不能報니다 諸佛希有하사 無量無邊
어 항 사 겁　　역 불 능 보　　제 불 희 유　　무 량 무 변

不可思議이신 大神通力과 無漏無爲이신 諸法之王으로
불 가 사 의　　대 신 통 력　　무 루 무 위　　제 법 지 왕

能爲下劣_{하사}
능 위 하 열

忍于斯事_{하시고}
인 우 사 사

取相凡夫_에
취 상 범 부

隨宜而說_{하시니}
수 의 이 설

諸佛於法_에
제 불 어 법

得最自在_{하사}
득 최 자 재

知諸衆生_의
지 제 중 생

種種欲樂_과
종 종 욕 락

及其志力_의
급 기 지 력

隨所堪任_{하사}
수 소 감 임

以無量喩_로
이 무 량 유

而爲說法_{하시며}
이 위 설 법

隨諸衆生_의
수 제 중 생

宿世善根_{하며}
숙 세 선 근

又知成熟_과
우 지 성 숙

未成熟者_{하야}
미 성 숙 자

種種籌量_{하사}
종 종 주 량

分別知已_{하시고}
분 별 지 이

於一乘道_에
어 일 승 도

隨宜說三_{이로소이다}
수 의 설 삼

第五

藥草喩品

약초유품

妙法蓮華經

第五 藥草喩品

一. 가섭을 찬탄하고 여래 지혜를 드러내다

爾時世尊이 告摩訶迦葉과 及諸大弟子하사대 善哉善哉라 迦葉아
이 시 세 존   고 마 하 가 섭   급 제 대 제 자   선 재 선 재   가 섭

善說如來가 眞實功德하나니 誠如所言이니라 如來는 復有無量無邊
선 설 여 래   진 실 공 덕   성 여 소 언   여 래   부 유 무 량 무 변

阿僧祇功德하나니 汝等은 若於無量億劫에 說不能盡이니라 迦葉當
아 승 지 공 덕   여 등   약 어 무 량 억 겁   설 불 능 진   가 섭 당

知하라 如來是諸法之王이니 若有所說은 皆不虛也라 於一切法에 以
지   여 래 시 제 법 지 왕   약 유 소 설   개 불 허 야   어 일 체 법   이

智方便으로 而演說之어든 其所說法이 皆悉到於一切智地니라 如來
지 방 편   이 연 설 지   기 소 설 법   개 실 도 어 일 체 지 지   여 래

觀知一切諸法之所歸趣하며 亦知一切衆生의 深心所行하야 通達
관 지 일 체 제 법 지 소 귀 취   역 지 일 체 중 생   심 심 소 행   통 달

無礙하며 又於諸法에 究盡明了하야 示諸衆生에 一切智慧니라
무 애   우 어 제 법   구 진 명 료   시 제 중 생   일 체 지 혜

二. 약초(藥草)의 비유

1. 차별이 있는 비유

迦葉아 譬如三千大千世界의 山川谿谷에 土地所生인 卉木叢林과
가섭 비여삼천대천세계 산천계곡 토지소생 훼목총림

及諸藥草의 種類若干이며 名色各異어든 密雲彌布하야 偏覆三千大
급제약초 종류약간 명색각이 밀운미포 변부삼천대

千世界하야 一時等澍에 其澤普洽하면 卉木叢林과 及諸藥草의 小根
천세계 일시등주 기택보흡 훼목총림 급제약초 소근

小莖에 小枝小葉과 中根中莖에 中枝中葉과 大根大莖에 大枝大葉
소경 소지소엽 중근중경 중지중엽 대근대경 대지대엽

이며 諸樹大小가 隨上中下하야 各有所受어든 一雲所雨에 稱其種性
제수대소 수상중하 각유소수 일운소우 칭기종성

하야 而得生長하며 華菓敷實하니라
이득생장 화과부실

2. 차별이 없는 비유

雖一地所生이며 一雨所潤이나 而諸草木이 各有差別하니라
수일지소생 일우소윤 이제초목 각유차별

三. 비유의 의미

1. 차별이 있는 비유의 의미

迦葉當知하라 如來亦復如是하야 出現於世는 如大雲起요 以大音
가섭당지   여래역부여시   출현어세   여대운기   이대음

聲으로 普徧世界의 天人阿修羅는 如彼大雲이 徧覆三千大千國土
성   보변세계의 천인아수라   여피대운   변부삼천대천국토

하나니라 於大衆中에 而唱是言하대 我是如來應供正徧知明行足善
       어대중중   이창시언   아시여래응공정변지명행족선

逝世間解無上士調御丈夫天人師佛世尊이라 未度者令度하고 未
서세간해무상사조어장부천인사불세존   미도자영도   미

解者令解하며 未安者令安하고 未涅槃者令得涅槃하며 今世後世를
해자영해   미안자영안   미열반자영득열반   금세후세

如實知之로니 我是一切知者며 一切見者며 知道者며 開道者며 說
여실지지   아시일체지자   일체견자   지도자   개도자   설

道者라 汝等天人阿修羅衆은 皆應到此니 爲聽法故니라 爾時無數
도자   여등천인아수라중   개응도차   위청법고   이시무수

千萬億種衆生이 來至佛所하야 而聽法이러니 如來于時에 觀是衆生
천만억종중생   내지불소   이청법   여래우시   관시중생

의 諸根利鈍과 精進懈怠하사 隨其所堪하야 而爲說法하야 種種無量
  제근이둔   정진해태   수기소감   이위설법   종종무량

하사 皆令歡喜하야 快得善利어든 是諸衆生이 聞是法已에 現世安隱
    개령환희   쾌득선리   시제중생   문시법이   현세안은

하고 後生善處하며 以道受樂하고 亦得聞法하며 旣聞法已에 離諸障礙
    후생선처   이도수락   역득문법   기문법이   이제장애

하고 於諸法中에 任力所能하야 漸得入道는 如彼大雲이 雨於一切卉
    어제법중   임력소능   점득입도   여피대운   우어일체훼

木叢林과 及諸藥草어든 如其種性하야 具足蒙潤하야 各得生長하나니라
목 총 림 급 제 약 초   여 기 종 성   구 족 몽 윤   각 득 생 장

2. 차별이 없는 비유의 의미

如來說法은 一相一味니 所謂解脫相이며 離相滅相이라 究竟至於
여 래 설 법 일 상 일 미 소 위 해 탈 상   이 상 멸 상   구 경 지 어

一切種智하나니 其有衆生이 聞如來法하고 若持讀誦커나 如說修行하면
일 체 종 지   기 유 중 생 문 여 래 법   약 지 독 송   여 설 수 행

所得功德은 不自覺知니라 所以者何오 唯有如來가 知此衆生의 種
소 득 공 덕 부 자 각 지   소 이 자 하   유 유 여 래   지 차 중 생   종

相體性하대 念何事와 思何事와 修何事며 云何念과 云何思와 云何
상 체 성   염 하 사   사 하 사   수 하 사   운 하 념   운 하 사   운 하

修며 以何法念과 以何法思와 以何法修며 以何法得何法이니라 衆生
수 이 하 법 념   이 하 법 사   이 하 법 수   이 하 법 득 하 법   중 생

이 住於種種之地를 唯有如來가 如實見之하야 明了無礙하대 如彼卉
주 어 종 종 지 지 유 유 여 래   여 실 견 지   명 료 무 애   여 피 훼

木叢林과 諸藥草等이 而不自知上中下性이니라 如來知是一相一
목 총 림 제 약 초 등 이 부 자 지 상 중 하 성   여 래 지 시 일 상 일

味之法하나니 所謂解脫相이며 離相滅相이며 究竟涅槃인 常寂滅相
미 지 법   소 위 해 탈 상   이 상 멸 상   구 경 열 반   상 적 멸 상

이라 終歸於空하나니 佛知是已하시고 觀衆生心欲하사 而將護之일새 是
종 귀 어 공 불 지 시 이   관 중 생 심 욕   이 장 호 지   시

故不即爲說一切種智니라 汝等迦葉이 甚爲希有하야 能知如來가
고 부 즉 위 설 일 체 종 지   여 등 가 섭 심 위 희 유   능 지 여 래

隨宜說法하야 能信能受하나니 所以者何오 諸佛世尊의 隨宜說法은
수 의 설 법   능 신 능 수   소 이 자 하   제 불 세 존   수 의 설 법

難解難知니라
난 해 난 지

四. 게송으로 거듭 설하다

1. 방편과 진실

爾時世尊이 欲重宣此義하사 而說偈言하니라
이 시 세 존　욕 중 선 차 의　　이 설 게 언

破有法王이　　出現世間하야　　隨衆生欲하야　　種種說法하나니라
파 유 법 왕　　출 현 세 간　　　수 중 생 욕　　　종 종 설 법

如來尊重하며　　智慧深遠하야　　久默斯要하고　　不務速說하나니
여 래 존 중　　　지 혜 심 원　　　구 묵 사 요　　　불 무 속 설

有智若聞하면　　則能信解하고　　無智疑悔하야　　則爲永失이라
유 지 약 문　　　즉 능 신 해　　　무 지 의 회　　　즉 위 영 실

是故迦葉아　　隨力爲說하야　　以種種緣으로　　令得正見케하나니라
시 고 가 섭　　　수 력 위 설　　　이 종 종 연　　　영 득 정 견

2. 약초의 비유

1) 차별이 있는 비유

迦葉當知하라　　譬如大雲이　　起於世間하야　　偏覆一切어든
가 섭 당 지　　　비 여 대 운　　　기 어 세 간　　　변 부 일 체

慧雲含潤하고　　電光晃耀하며　　雷聲遠震하야　　令衆悅豫하며
혜 운 함 윤　　　전 광 황 요　　　뇌 성 원 진　　　영 중 열 예

日光掩蔽하고　　地上淸凉하며　　靉靆垂布하대　　如可承攬하며
일 광 엄 폐　　　지 상 청 량　　　애 체 수 포　　　여 가 승 람

其雨普等하야　　四方俱下하며　　流澍無量하야　　率土充洽할새
기 우 보 등　　　사 방 구 하　　　유 주 무 량　　　솔 토 충 흡

山川險谷에　　幽邃所生인　　卉木藥草와　　大小諸樹와
산 천 험 곡　　　유 수 소 생　　　훼 목 약 초　　　대 소 제 수

百穀苗稼와　甘蔗葡萄가　雨之所潤에　無不豊足하며
백 곡 묘 가　감 자 포 도　우 지 소 윤　무 불 풍 족

乾地普洽하야　藥木並茂하며　其雲所出　一味之水에
간 지 보 흡　약 목 병 무　기 운 소 출　일 미 지 수

草木叢林이　隨分受潤하며　一切諸樹에　上中下等이
초 목 총 림　수 분 수 윤　일 체 제 수　상 중 하 등

稱其大小하야　各得生長하며　根莖枝葉과　華菓光色하야
칭 기 대 소　각 득 생 장　근 경 지 엽　화 과 광 색

一雨所及에　皆得鮮澤하니라
일 우 소 급　개 득 선 택

2) 차별이 없는 비유

如其體相하야　性分大小나　所潤是一이라　而各滋茂하니라
여 기 체 상　성 분 대 소　소 윤 시 일　이 각 자 무

3. 약초 비유의 의미

1) 차별이 있는 비유의 의미

佛亦如是하야　出現於世는　譬如大雲이　普覆一切요
불 역 여 시　출 현 어 세　비 여 대 운　보 부 일 체

旣出于世에　爲諸衆生하야　分別演說　諸法之實하나니
기 출 우 세　위 제 중 생　분 별 연 설　제 법 지 실

大聖世尊이　於諸天人과　一切衆中에　而宣是言호되
대 성 세 존　어 제 천 인　일 체 중 중　이 선 시 언

我爲如來　兩足之尊이라　出于世間은　猶如大雲이
아 위 여 래　양 족 지 존　출 우 세 간　유 여 대 운

充潤一切_{어든} 枯槁衆生_이 皆令離苦_{하고} 得安隱樂_인
충윤일체 고고중생 개령이고 득안은락

世間之樂_과 及涅槃樂_{이니} 諸天人衆_은 一心善聽_{하며}
세간지락 급열반락 제천인중 일심선청

皆應到此_{하야} 觀無上尊_{이니라} 我爲世尊_{하야} 無能及者_니
개응도차 근무상존 아위세존 무능급자

安隱衆生_{호려} 故現於世_{하야} 爲大衆說 甘露淨法_{호니}
안은중생 고현어세 위대중설 감로정법

其法一味 解脫涅槃_{이라} 以一妙音_{으로} 演暢斯義_{하며}
기법일미 해탈열반 이일묘음 연창사의

常爲大乘_{하야} 而作因緣_{호라} 我觀一切_{하대} 普皆平等_{하야}
상위대승 이작인연 아관일체 보개평등

無有彼此 愛憎之心_{하며} 我無貪着_{하고} 亦無限礙_라
무유피차 애증지심 아무탐착 역무한애

恒爲一切_{하야} 平等說法_{하대} 如爲一人_{하야} 衆多亦然_{하며}
항위일체 평등설법 여위일인 중다역연

常演說法_{하고} 曾無他事_{하며} 去來坐立_에 終不疲厭_{하며}
상연설법 증무타사 거래좌립 종불피염

充足世間_{하대} 如雨普潤_{하야} 貴賤上下_와 持戒毀戒_와
충족세간 여우보윤 귀천상하 지계훼계

威儀具足_과 及不具足_과 正見邪見_과 利根鈍根_에
위의구족 급불구족 정견사견 이근둔근

等雨法雨_{하야} 而無懈倦_{호니}
등우법우 이무해권

2) 삼초이목의 의미

一切衆生_이 聞我法者_는 隨力所受_{하야} 住於諸地_{하대}
일체중생 문아법자 수력소수 주어제지

或處人天_의
혹 처 인 천

轉輪聖王_과
전 륜 성 왕

釋梵諸王_{하니}
석 범 제 왕

是小藥草_요
시 소 약 초

知無漏法_{하야}
지 무 루 법

能得涅槃_{하며}
능 득 열 반

起六神通_{하야}
기 육 신 통

及得三明_{하며}
급 득 삼 명

獨處山林_{하야}
독 처 산 림

常行禪定_{하야}
상 행 선 정

得緣覺證_{하나니}
득 연 각 증

是中藥草_요
시 중 약 초

求世尊處_{하대}
구 세 존 처

我當作佛_{이라하야}
아 당 작 불

行精進定_{하나니}
행 정 진 정

是上藥草_{니라}
시 상 약 초

又諸佛子_는
우 제 불 자

專心佛道_{하야}
전 심 불 도

常行慈悲_{하며}
상 행 자 비

自知作佛_{하야}
자 지 작 불

決定無疑_{하나니}
결 정 무 의

是名小樹_요
시 명 소 수

安住神通_{하야}
안 주 신 통

轉不退輪_{하며}
전 불 퇴 륜

度無量億
도 무 량 억

百千衆生_{하나니}
백 천 중 생

如是菩薩_은
여 시 보 살

名爲大樹_{니라}
명 위 대 수

佛平等說_은
불 평 등 설

如一味雨_라
여 일 미 우

隨衆生性_{하야}
수 중 생 성

所受不同_{이니}
소 수 부 동

如彼草木_의
여 피 초 목

所稟各異_{니라}
소 품 각 이

佛以此喩_로
불 이 차 유

方便開示_{하시며}
방 편 개 시

種種言辭_로
종 종 언 사

演說一法_{하나}
연 설 일 법

於佛智慧_{에는}
어 불 지 혜

如海一滴_{이니라}
여 해 일 적

3) 초목 성장의 의미

我雨法雨_{하야}
아 우 법 우

充滿世間_{호니}
충 만 세 간

一味之法_에
일 미 지 법

隨力修行_이
수 력 수 행

如彼叢林_과
여 피 총 림

藥草諸樹_가
약 초 제 수

隨其大小_{하야}
수 기 대 소

漸增茂好_{니라}
점 증 무 호

諸佛之法_은
제 불 지 법

常以一味_라
상 이 일 미

令諸世間_{으로}
영 제 세 간

普得具足_{하며}
보 득 구 족

漸次修行_{하야} 皆得道果_{호라} 聲聞緣覺_이 處於山林_{하대}
점 차 수 행   개 득 도 과   성 문 연 각   처 어 산 림

住最後身_{하야} 聞法得果_는 是名藥草_가 各得增長_{이요}
주 최 후 신   문 법 득 과   시 명 약 초   각 득 증 장

若諸菩薩_이 智慧堅固_{하며} 了達三界_{하야} 求最上乘_은
약 제 보 살   지 혜 견 고   요 달 삼 계   구 최 상 승

是名小樹_가 而得增長_{이요} 復有住禪_{하야} 得神通力_{하며}
시 명 소 수   이 득 증 장   부 유 주 선   득 신 통 력

聞諸法空_{하고} 心大歡喜_{하며} 放無數光_{하야} 度諸衆生_{하나는}
문 제 법 공   심 대 환 희   방 무 수 광   도 제 중 생

是名大樹_가 而得增長_{이니라}
시 명 대 수   이 득 증 장

4) 차별이 없는 비유의 의미

如是迦葉_아 佛所說法_은 譬如大雲_이 以一味雨_로
여 시 가 섭   불 소 설 법   비 여 대 운   이 일 미 우

潤於人華_{하야} 各得成實_{하나니라} 迦葉當知_{하라} 以諸因緣_과
윤 어 인 화   각 득 성 실   가 섭 당 지   이 제 인 연

種種譬喻_로 開示佛道_{호니} 是我方便_{이라} 諸佛亦然_{이니라}
종 종 비 유   개 시 불 도   시 아 방 편   제 불 역 연

今爲汝等_{하야} 說最實事_{호니} 諸聲聞衆_은 皆非滅度_{니라}
금 위 여 등   설 최 실 사   제 성 문 중   개 비 멸 도

汝等所行_이 是菩薩道_니 漸漸修學_{하면} 悉當成佛_{하리라}
여 등 소 행   시 보 살 도   점 점 수 학   실 당 성 불

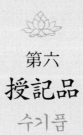

第六
授記品
수기품

妙法蓮華經
第六 授記品

一. 가섭 수기장(授記章)

1. 장문으로 설하다

爾時世尊이 說是偈已하시고 告諸大衆하사 唱如是言하사대 我此弟
이 시 세 존　설 시 게 이　　고 제 대 중　　창 여 시 언　　아 차 제

子의 摩詞迦葉은 於未來世에 當得奉覲三百萬億諸佛世尊하사 供
자　마 하 가 섭　어 미 래 세　당 득 봉 근 삼 백 만 억 제 불 세 존　　공

養恭敬하고 尊重讚歎하며 廣宣諸佛의 無量大法하고 於最後身에 得
양 공 경　존 중 찬 탄　광 선 제 불　무 량 대 법　　어 최 후 신　득

成爲佛하리니 名曰光明如來應供正徧知明行足善逝世間解無上
성 위 불　　명 왈 광 명 여 래 응 공 정 변 지 명 행 족 선 서 세 간 해 무 상

士調御丈夫天人師佛世尊이라 國名光德이요 劫名大莊嚴이며 佛壽
사 조 어 장 부 천 인 사 불 세 존　국 명 광 덕　　겁 명 대 장 엄　불 수

十二小劫이요 正法住世二十小劫이며 像法亦住二十小劫이라 國界
십 이 소 겁　정 법 주 세 이 십 소 겁　상 법 역 주 이 십 소 겁　국 계

嚴飾하야 無諸穢惡인 瓦礫荊棘과 便利不淨하며 其土平正하야 無有
엄 식　무 제 예 악　와 력 형 극　변 리 부 정　기 토 평 정　무 유

高下인 坑坎堆阜하며 瑠璃爲地하고 寶樹行列하며 黃金爲繩하야 以界
고 하　갱 감 퇴 부　유 리 위 지　보 수 항 렬　황 금 위 승　이 계

道側하고 散諸寶華하야 周徧清淨하며 其國菩薩은 無量千億이며 諸聲
도 측　산 제 보 화　주 변 청 정　기 국 보 살　무 량 천 억　제 성

聞衆도 亦復無數하고 無有魔事하며 雖有魔及魔民이라도 皆護佛法이니라
문중 역부무수 무유마사 수유마급마민 개호불법

2. 게송으로 거듭 설하다

爾時世尊이 欲重宣此義하사 而說偈言하니라
이시세존 욕중선차의 이설게언

告諸比丘하노니 我以佛眼으로 見是迦葉컨대 於未來世에
고제비구 아이불안 견시가섭 어미래세

過無數劫하야 當得作佛이라 而於來世에 供養奉覲
과무수겁 당득작불 이어래세 공양봉근

三百萬億이신 諸佛世尊하사 爲佛智慧하야 淨修梵行하며
삼백만억 제불세존 위불지혜 정수범행

供養最上 二足尊已하고 修習一切 無上之慧하야
공양최상 이족존이 수습일체 무상지혜

於最後身에 得成爲佛하대 其土淸淨하야 瑠璃爲地하고
어최후신 득성위불 기토청정 유리위지

多諸寶樹하야 行列道側하고 金繩界道어든 見者歡喜하며
다제보수 항열도측 금승계도 견자환희

常出好香하고 散衆名華하며 種種奇妙로 以爲莊嚴하며
상출호향 산중명화 종종기묘 이위장엄

其地平正하야 無有丘坑하며 諸菩薩衆은 不可稱計라
기지평정 무유구갱 제보살중 불가칭계

其心調柔하야 逮大神通하며 奉持諸佛의 大乘經典하며
기심조유 체대신통 봉지제불 대승경전

諸聲聞衆의 無漏後身인 法王之子도 亦不可計라
제성문중 무루후신 법왕지자 역불가계

乃以天眼으로 不能數知하며 其佛當壽는 十二小劫이요
내이천안 불능수지 기불당수 십이소겁

正法住世는 二十小劫이며 像法亦住 二十小劫이라
정법주세　　　이십소겁　　　상법역주　　　이십소겁

光明世尊의 其事如是니라
광명세존　　　기사여시

二. 삼인(三人)이 수기를 청하다

爾時大目犍連과 須菩提와 摩訶迦旃延等이 皆悉悚慄하야 一心
이시대목건련　　수보리　　마하가전연등　　개실송율　　　일심

合掌하고 瞻仰尊顔하와 目不暫捨하며 即共同聲으로 而說偈言하니라
합장　　첨앙존안　　목부잠사　　즉공동성　　이설게언

大雄猛世尊은 諸釋之法王이시라 哀愍我等故로 而賜佛音聲이로다
대웅맹세존　　제석지법왕　　　애민아등고　　이사불음성

若知我深心하야 見爲授記者면 如以甘露灑하야 除熱得清涼이니다
약지아심심　　견위수기자　　여이감로쇄　　　제열득청량

如從飢國來하야 忽遇大王饍하야도 心猶懷疑懼하야 未敢即便食인닷하니
여종기국래　　홀우대왕선　　　심유회의구　　미감즉변식

若復得王敎라사 然後乃敢食이니다 我等亦如是하야 每惟小乘過하고
약부득왕교　　연후내감식　　　아등역여시　　매유소승과

不知當云何라사 得佛無上慧니다 雖聞佛音聲으로 言我等作佛하사오니
부지당운하　　득불무상혜　　　수문불음성　　언아등작불

心尙懷憂懼하와 如未敢便食이라 若蒙佛授記면 爾乃快安樂이니다
심상회우구　　여미감변식　　　약몽불수기　　이내쾌안락

大雄猛世尊이 常欲安世間하시니 願賜我等記하시면 如飢須敎食이니다
대웅맹세존　　상욕안세간　　　원사아등기　　여기수교식

三. 수보리 수기장(授記章)

1. 장문으로 설하다

爾時世尊이 知諸大弟子의 心之所念하시고 告諸比丘하사대 是須菩
이 시 세 존　지 제 대 제 자　심 지 소 념　　고 제 비 구　　시 수 보

提는 於當來世에 奉覲三百萬億那由他佛하사 供養恭敬하며 尊重
리　어 당 래 세　봉 근 삼 백 만 억 나 유 타 불　　공 양 공 경　　존 중

讚歎하고 常修梵行하야 具菩薩道라가 於最後身에 得成爲佛하면 號曰
찬 탄　　상 수 범 행　구 보 살 도　　어 최 후 신　득 성 위 불　　호 왈

名相如來應供正徧知明行足善逝世間解無上士調御丈夫天
명 상 여 래 응 공 정 변 지 명 행 족 선 서 세 간 해 무 상 사 조 어 장 부 천

人師佛世尊이라 劫名有寶요 國名寶生이며 其土平正하야 玻瓈爲地
인 사 불 세 존　겁 명 유 보　국 명 보 생　　기 토 평 정　　파 려 위 지

하고 寶樹莊嚴하며 無諸丘坑과 沙礫荊棘과 便利之穢하고 寶華覆地
보 수 장 엄　　무 제 구 갱　사 력 형 극　변 리 지 예　　보 화 부 지

하야 周徧淸淨하며 其土人民은 皆處寶臺와 珍妙樓閣하고 聲聞弟子는
주 변 청 정　　기 토 인 민　개 처 보 대　진 묘 누 각　　성 문 제 자

無量無邊하야 算數譬喩의 所不能知며 諸菩薩衆도 無數千萬億那
무 량 무 변　　산 수 비 유　소 불 능 지　제 보 살 중　무 수 천 만 억 나

由他라 佛壽十二小劫이요 正法住世二十小劫이며 像法亦住二十
유 타　불 수 십 이 소 겁　　정 법 주 세 이 십 소 겁　　상 법 역 주 이 십

小劫이라 其佛常處虛空하야 爲衆說法하야 度脫無量菩薩과 及聲聞
소 겁　기 불 상 처 허 공　　위 중 설 법　　도 탈 무 량 보 살　급 성 문

衆하나니라
중

2. 게송으로 거듭 설하다

爾時世尊이 欲重宣此義하사 而說偈言하니라
이시세존 욕중선차의 이설게언

諸比丘衆아 今告汝等하니 皆當一心으로 聽我所說하라
제비구중 금고여등 개당일심 청아소설

我大弟子에 須菩提者는 當得作佛하대 號曰名相이라
아대제자 수보리자 당득작불 호왈명상

當供無數 萬億諸佛하고 隨佛所行하야 漸具大道타가
당공무수 만억제불 수불소행 점구대도

最後身得 三十二相하면 端正殊妙는 猶如寶山하며
최후신득 삼십이상 단정수묘 유여보산

其佛國土가 嚴淨第一이라 衆生見者는 無不愛樂하니
기불국토 엄정제일 중생견자 무불애락

佛於其中에 度無量衆하리라 其佛法中에 多諸菩薩하대
불어기중 도무량중 기불법중 다제보살

皆悉利根으로 轉不退輪하며 彼國常以 菩薩莊嚴하고
개실이근 전불퇴륜 피국상이 보살장엄

諸聲聞衆도 不可稱數라 皆得三明하고 具六神通하며
제성문중 불가칭수 개득삼명 구육신통

住八解脫하야 有大威德하나니라 其佛說法하사 現於無量
주팔해탈 유대위덕 기불설법 현어무량

神通變化를 不可思議어든 諸天人民의 數如恒沙가
신통변화 불가사의 제천인민 수여항사

皆共合掌하야 聽受佛語하리라 其佛當壽는 十二小劫이요
개공합장 청수불어 기불당수 십이소겁

正法住世는 二十小劫이며 像法亦住 二十小劫하나니라
정법주세 이십소겁 상법역주 이십소겁

四. 가전연 수기장(授記章)

1. 장문으로 설하다

爾時世尊이 復告諸比丘衆하사대 我今語汝하노니 是大迦旃延은 於
이시세존 부고제비구중 아금어여 시대가전연 어

當來世에 以諸供具로 供養奉事八千億佛하야 恭敬尊重하며 諸佛
당래세 이제공구 공양봉사팔천억불 공경존중 제불

滅後에 各起塔廟하대 高千由旬이며 縱廣正等五百由旬이라 以金銀
멸후 각기탑묘 고천유순 종광정등오백유순 이금은

瑠璃硨磲瑪瑙眞珠玫瑰七寶合成하며 衆華瓔珞과 塗香抹香燒
유리자거마노진주매괴칠보합성 중화영락 도향말향소

香과 繒蓋幢幡으로 供養塔廟하고 過是已後에 當復供養二萬億佛
향 증개당번 공양탑묘 과시이후 당부공양이만억불

하대 亦復如是하며 供養是諸佛已하야는 具菩薩道하야 當得作佛하리니
역부여시 공양시제불이 구보살도 당득작불

號曰閻浮那提金光如來應供正徧知明行足善逝世間解無上
호왈염부나제금광여래응공정변지명행족선서세간해무상

士調御丈夫天人師佛世尊이라 其土平正하야 玻瓈爲地하며 寶樹莊
사조어장부천인사불세존 기토평정 파려위지 보수장

嚴하고 黃金爲繩하야 以界道側하며 妙華覆地하야 周徧淸淨하니 見者
엄 황금위승 이계도측 묘화부지 주변청정 견자

歡喜하며 無四惡道인 地獄餓鬼畜生阿修羅道하고 多有天人과 諸
환희 무사악도 지옥아귀축생아수라도 다유천인 제

聲聞衆과 及諸菩薩의 無量萬億하야 莊嚴其國하며 佛壽十二小劫이
성문중 급제보살 무량만억 장엄기국 불수십이소겁

요 正法住世二十小劫이며 像法亦住二十小劫하나니라
정법주세이십소겁 상법역주이십소겁

2. 게송으로 거듭 설하다

爾時世尊이 欲重宣此義하사 而說偈言하니라
이 시 세 존　욕 중 선 차 의　　이 설 게 언

諸比丘衆은　皆一心聽하라　如我所說은　眞實無異하나니라
제 비 구 중　개 일 심 청　여 아 소 설　진 실 무 이

是迦旃延은　當以種種　妙好供具로　供養諸佛하고
시 가 전 연　당 이 종 종　묘 호 공 구　공 양 제 불

諸佛滅後에　起七寶塔하대　亦以華香으로　供養舍利하며
제 불 멸 후　기 칠 보 탑　역 이 화 향　공 양 사 리

其最後身에　得佛智慧하야　成等正覺이어든　國土淸淨하며
기 최 후 신　득 불 지 혜　성 등 정 각　국 토 청 정

度脫無量　萬億衆生하야　皆爲十方　之所供養하며
도 탈 무 량　만 억 중 생　개 위 시 방　지 소 공 양

佛之光明은　無能勝者리라　其佛號曰　閻浮金光이라
불 지 광 명　무 능 승 자　기 불 호 왈　염 부 금 광

菩薩聲聞이　斷一切有한　無量無數로　莊嚴其國하나니라
보 살 성 문　단 일 체 유　무 량 무 수　장 엄 기 국

五. 대목건련 수기장(授記章)

1. 장문으로 설하다

爾時世尊이 復告大衆하사대 我今語汝하노니 是大目犍連은 當以種
이 시 세 존　부 고 대 중　아 금 어 여　시 대 목 건 련　당 이 종

種供具로 供養八千諸佛하야 恭敬尊重하고 諸佛滅後에 各起塔廟하대
종 공 구　공 양 팔 천 제 불　공 경 존 중　제 불 멸 후　각 기 탑 묘

高千由旬이며 縱廣正等은 五百由旬이라 以金銀瑠璃硨磲瑪瑙眞
고 천 유 순　종 광 정 등　오 백 유 순　이 금 은 유 리 자 거 마 노 진

珠玫瑰七寶合成하며 衆華瓔珞과 塗香抹香燒香과 繒蓋幢幡으로 以
주 매 괴 칠 보 합 성　중 화 영 락　도 향 말 향 소 향　증 개 당 번　　이

用供養하고 過是已後에 當復供養二百萬億諸佛하대 亦復如是하고
용 공 양　과 시 이 후　당 부 공 양 이 백 만 억 제 불　　역 부 여 시

當得成佛하면 號曰多摩羅跋栴檀香如來應供正徧知明行足善
당 득 성 불　호 왈 다 마 라 발 전 단 향 여 래 응 공 정 변 지 명 행 족 선

逝世間解無上士調御丈夫天人師佛世尊이라 劫名喜滿이요 國名
서 세 간 해 무 상 사 조 어 장 부 천 인 사 불 세 존　　겁 명 희 만　　국 명

意樂이며 其土平正하야 玻瓈爲地하고 寶樹莊嚴하며 散眞珠華하야 周
의 락　기 토 평 정　파 려 위 지　보 수 장 엄　산 진 주 화　주

徧淸淨하니 見者歡喜하며 多諸天人과 菩薩聲聞하대 其數無量이라 佛
변 청 정　견 자 환 희　다 제 천 인　보 살 성 문　기 수 무 량　불

壽二十四小劫이요 正法住世四十小劫이며 像法亦住四十小劫하리라
수 이 십 사 소 겁　정 법 주 세 사 십 소 겁　상 법 역 주 사 십 소 겁

2. 게송으로 거듭 설하다

爾時世尊이 欲重宣此義하사 而說偈言하니라
이 시 세 존　욕 중 선 차 의　이 설 게 언

我此弟子에	大目犍連은	捨是身已하고	得見八千
아 차 제 자	대 목 건 련	사 시 신 이	득 견 팔 천
二百萬億	諸佛世尊하야	爲佛道故로	供養恭敬하며
이 백 만 억	제 불 세 존	위 불 도 고	공 양 공 경
於諸佛所에	常修梵行하고	於無量劫에	奉持佛法하며
어 제 불 소	상 수 범 행	어 무 량 겁	봉 지 불 법
諸佛滅後에	起七寶塔하대	長表金刹하며	華香伎樂으로
제 불 멸 후	기 칠 보 탑	장 표 금 찰	화 향 기 악
而以供養	諸佛塔廟하고	漸漸具足	菩薩道已에는
이 이 공 양	제 불 탑 묘	점 점 구 족	보 살 도 이

於意樂國에
어 의 락 국

而得作佛하면
이 득 작 불

號多摩羅
호 다 마 라

栴檀之香이라
전 단 지 향

其佛壽命은
기 불 수 명

二十四劫이며
이 십 사 겁

常爲天人하야
상 위 천 인

演說佛道하며
연 설 불 도

聲聞無量이
성 문 무 량

如恒河沙하대
여 항 하 사

三明六通으로
삼 명 육 통

有大威德하며
유 대 위 덕

菩薩無數하대
보 살 무 수

志固精進하야
지 고 정 진

於佛智慧에
어 불 지 혜

皆不退轉이며
개 불 퇴 전

佛滅度後에
불 멸 도 후

正法當住
정 법 당 주

四十小劫이요
사 십 소 겁

像法亦爾하라
상 법 역 이

我諸弟子의
아 제 제 자

威德具足이
위 덕 구 족

其數五百이라
기 수 오 백

皆當受記하대
개 당 수 기

於未來世에
어 미 래 세

咸得成佛하라라
함 득 성 불

我及汝等의
아 급 여 등

宿世因緣을
숙 세 인 연

吾今當說하노니
오 금 당 설

汝等善聽하라
여 등 선 청

第七
化城喩品
화성유품

妙法蓮華經
第七 化城喩品

一. 대통지승불(大通智勝佛)

1. 대통지승불의 이야기

1) 장문으로 설하다

佛告諸比丘_{하사대} 乃往過去無量無邊不可思議阿僧祇劫_에 爾
불 고 제 비 구　　　　내 왕 과 거 무 량 무 변 불 가 사 의 아 승 지 겁　　이

時有佛_{하시니} 名大通智勝如來應供正徧知明行足善逝世間解無
시 유 불　　　　명 대 통 지 승 여 래 응 공 정 변 지 명 행 족 선 서 세 간 해 무

上士調御丈夫天人師佛世尊_{이라} 其國名好城_{이요} 劫名大相_{이라} 諸
상 사 조 어 장 부 천 인 사 불 세 존　　　기 국 명 호 성　　　겁 명 대 상　　　제

比丘_야 彼佛滅度已來_가 甚大久遠_{이니} 譬如三千大千世界_의 所有
비 구　　 피 불 멸 도 이 래　　 심 대 구 원　　　비 여 삼 천 대 천 세 계　　 소 유

地種_을 假使有人_이 磨以爲墨_{하야} 過於東方千國土_{하야} 乃下一點_을
지 종　　 가 사 유 인　　 마 이 위 묵　　　 과 어 동 방 천 국 토　　　내 하 일 점

大如微塵_{하며} 又過千國土_{하야} 復下一點_{하대} 如是展轉_히 盡地種墨
대 여 미 진　　　 우 과 천 국 토　　　 부 하 일 점　　　여 시 전 전　　 진 지 종 묵

_{이면} 於汝等意云何_오 是諸國土_를 若算師_{어나} 若算師弟子_가 能得邊
이면　어 여 등 의 운 하　　 시 제 국 토　　 약 산 사　　　 약 산 사 제 자　　 능 득 변

際_{하야} 知其數不_아 不也世尊_하 諸比丘_야 是人所經國土_의 若點不
제　　　 지 기 수 부　　 불 야 세 존　　 제 비 구　　 시 인 소 경 국 토　　 약 점 부

點을 盡抹爲塵하야 一塵一劫이어든 彼佛滅度已來는 復過是數하대 無
점 진말위진 일진일겁 피불멸도이래 부과시수 무

量無邊百千萬億阿僧祇劫이니 我以如來知見力故로 觀彼久遠
량무변백천만억아승지겁 아이여래지견력고 관피구원

하대 猶若今日하니라
유약금일

2) 게송으로 거듭 설하다

爾時世尊이 欲重宣此義하사 而說偈言하니라
이시세존 욕중선차의 이설게언

我念過去世 無量無邊劫에 有佛兩足尊하시니 名大通智勝이라
아념과거세 무량무변겁 유불양족존 명대통지승

如人以力磨 三千大千土하대 盡此諸地種히 皆悉以爲墨하대
여인이력마 삼천대천토 진차제지종 개실이위묵

過於千國土하야 乃下一塵點하고 如是展轉點하야 盡此諸塵墨하대
과어천국토 내하일진점 여시전전점 진차제진묵

如是諸國土에 點與不點等을 復盡抹爲塵하야 一塵爲一劫이어든
여시제국토 점여부점등 부진말위진 일진위일겁

此諸微塵數에 其劫復過是라 彼佛滅度來는 如是無量劫이어든
차,제미진수 기겁부과시 피불멸도래 여시무량겁

如來無礙智로 知彼佛滅度와 及聲聞菩薩하대 如見今滅度호라
여래무애지 지피불멸도 급성문보살 여견금멸도

諸比丘當知하라 佛智淨微妙하야 無漏無所礙일새 通達無量劫이니라
제비구당지 불지정미묘 무루무소애 통달무량겁

2. 대통지승불의 성도(成道)

佛告諸比丘하사대 大通智勝佛壽는 五百四十萬億那由他劫이니라
불고제비구　　대통지승불수　오백사십만억나유타겁

其佛本坐道場하사 破魔軍已에 垂得阿耨多羅三藐三菩提하대 而
기불본좌도량　　파마군이　수득아녹다라삼먁삼보리　　이

諸佛法이 不現在前이라 如是一小劫으로 乃至十小劫을 結跏趺坐
제불법　불현재전　　여시일소겁　　내지십소겁　결가부좌

하고 身心不動하대 而諸佛法이 猶不在前이라 爾時忉利諸天이 先爲
신심부동　이제불법　유부재전　　이시도리제천　선위

彼佛하사 於菩提樹下에 敷獅子座하대 高一由旬이라 佛於此坐하사 當
피불　어보리수하　부사자좌　고일유순　불어차좌　당

得阿耨多羅三藐三菩提하시니라 適坐此座러니 時諸梵天王이 雨衆
득아녹다라삼먁삼보리　적좌차좌　시제범천왕　우중

天華하야 面百由旬에 香風時來하야 吹去萎華하고 更雨新者하야 如是
천화　면백유순　향풍시래　취거위화　갱우신자　여시

不絶을 滿十小劫토록 供養於佛하대 乃至滅度히 常雨此華하며 四王
부절　만십소겁　공양어불　내지멸도　상우차화　사왕

諸天은 爲供養佛하야 常擊天鼓하고 其餘諸天은 作天伎樂하야 滿十
제천　위공양불　상격천고　기여제천　작천기악　만십

小劫하며 至于滅度히 亦復如是하니라 諸比丘야 大通智勝佛이 過十
소겁　지우멸도　역부여시　　제비구　대통지승불　과십

小劫하야사 諸佛之法이 乃現在前하야 成阿耨多羅三藐三菩提하시니라
소겁　제불지법　내현재전　성아녹다라삼먁삼보리

3. 권속들이 수희하다

其佛未出家時에 有十六子하대 其第一者는 名曰智積이라 諸子가
기불미출가시　유십육자　기제일자　명왈지적　제자

各有種種珍異玩好之具러니 聞父得成阿耨多羅三藐三菩提하야는
각 유 종 종 진 이 완 호 지 구　문 부 득 성 아 뇩 다 라 삼 먁 삼 보 리

皆捨所珍하고 往詣佛所어늘 諸母涕泣하고 而隨送之러라 其祖轉輪
개 사 소 진　왕 예 불 소　제 모 체 읍　이 수 송 지　기 조 전 륜

聖王이 與一百大臣과 及餘百千萬億人民으로 皆共圍繞하고 隨至
성 왕　여 일 백 대 신　급 여 백 천 만 억 인 민　개 공 위 요　수 지

道場하야 咸欲親近大通智勝如來하야 供養恭敬하고 尊重讚歎하야 到
도 량　함 욕 친 근 대 통 지 승 여 래　공 양 공 경　존 중 찬 탄　도

已頭面禮足하고 繞佛畢已에 一心合掌하고 瞻仰世尊하와 以偈頌曰
이 두 면 예 족　요 불 필 이　일 심 합 장　첨 앙 세 존　이 게 송 왈

大威德世尊이 爲度衆生故로 於無量億歲에 爾乃得成佛하시니
대 위 덕 세 존　위 도 중 생 고　어 무 량 억 세　이 내 득 성 불

諸願已具足이라 善哉吉無上이로다 世尊甚希有하사 一坐十小劫토록
제 원 이 구 족　선 재 길 무 상　세 존 심 희 유　일 좌 십 소 겁

身體及手足을 靜然安不動하며 其心常澹泊하야 未曾有散亂하고
신 체 급 수 족　정 연 안 부 동　기 심 상 담 박　미 증 유 산 란

究竟永寂滅하야 安住無漏法하며 今者見世尊이 安隱成佛道호니
구 경 영 적 멸　안 주 무 루 법　금 자 견 세 존　안 은 성 불 도

我等得善利하야 稱慶大歡喜하나이다 衆生常苦惱하야 盲瞑無導師라
아 등 득 선 리　칭 경 대 환 희　중 생 상 고 뇌　맹 명 무 도 사

不識苦盡道하며 不知求解脫하고 長夜增惡趣하야 減損諸天衆하며
불 식 고 진 도　부 지 구 해 탈　장 야 증 악 취　감 손 제 천 중

從冥入於冥하야 永不聞佛名이러니 今佛得最上 安隱無漏道하시니
종 명 입 어 명　영 불 문 불 명　금 불 득 최 상　안 은 무 루 도

我等及天人이 爲得最大利라 是故咸稽首하야 歸命無上尊이니다
아 등 급 천 인　위 득 최 대 리　시 고 함 계 수　귀 명 무 상 존

4. 십육 왕자가 법을 청하다

爾時十六王子가 偈讚佛已하고 勸請世尊하야 轉於法輪할새 咸作
이 시 십 육 왕 자　　게 찬 불 이　　권 청 세 존　　전 어 법 륜　　함 작

是言하대 世尊說法이 多所安隱하사 憐愍饒益諸天人民이라하고 重說
시 언　　세 존 설 법　　다 소 안 은　　연 민 요 익 제 천 인 민　　중 설

偈言하나라
게 언

世雄無等倫하사 百福自莊嚴하시고 得無上智慧샷다 願爲世間說하사
세 웅 무 등 륜　　백 복 자 장 엄　　득 무 상 지 혜　　원 위 세 간 설

度脫於我等과 及諸衆生類하시며 爲分別顯示하사 令得是智慧케하소서
도 탈 어 아 등　　급 제 중 생 류　　위 분 별 현 시　　영 득 시 지 혜

若我等得佛이면 衆生亦復然이라 世尊知衆生의 深心之所念하시며
약 아 등 득 불　　중 생 역 부 연　　세 존 지 중 생　　심 심 지 소 념

亦知所行道하고 又知智慧力과 欲樂及修福과 宿命所行業이라
역 지 소 행 도　　우 지 지 혜 력　　욕 락 급 수 복　　숙 명 소 행 업

世尊悉知已시니 當轉無上輪하소서
세 존 실 지 이　　당 전 무 상 륜

5. 시방의 범천들이 법을 청하다

1) 보리를 얻음에 광명이 비치다

佛告諸比丘하사대 大通智勝佛이 得阿耨多羅三藐三菩提時에 十
불 고 제 비 구　　대 통 지 승 불　　득 아 뇩 다 라 삼 먁 삼 보 리 시　　시

方으로 各五百萬億諸佛世界가 六種震動하고 其國中間幽冥之處에
방　　각 오 백 만 억 제 불 세 계　　육 종 진 동　　기 국 중 간 유 명 지 처

日月威光의 所不能照도 而皆大明하야 其中衆生이 各得相見하고 咸
일 월 위 광　　소 불 능 조　　이 개 대 명　　기 중 중 생　　각 득 상 견　　함

作是言하대 此中云何忽生衆生가하며 又其國界에 諸天宮殿과 乃至
작 시 언   차 중 운 하 홀 생 중 생   우 기 국 계   제 천 궁 전   내 지

梵宮히 六種震動하고 大光普照하야 徧滿世界하대 勝諸天光이러라
범 궁   육 종 진 동   대 광 보 조   변 만 세 계   승 제 천 광

2) 동방의 범천이 법을 청하다

爾時東方으로 五百萬億인 諸國土中梵天宮殿에 光明照耀하대 倍
이 시 동 방   오 백 만 억   제 국 토 중 범 천 궁 전   광 명 조 요   배

於常明이라 諸梵天王이 各作是念하대 今者宮殿光明은 昔所未有라
어 상 명   제 범 천 왕   각 작 시 념   금 자 궁 전 광 명   석 소 미 유

以何因緣으로 而現此相가하니라 是時諸梵天王이 即各相詣하야 共議
이 하 인 연   이 현 차 상   시 시 제 범 천 왕   즉 각 상 예   공 의

此事러니 時彼衆中에 有一大梵天王하니 名救一切라 爲諸梵衆하야
차 사   시 피 중 중   유 일 대 범 천 왕   명 구 일 체   위 제 범 중

而說偈言하니라
이 설 게 언

我等諸宮殿에 光明昔未有라 此是何因緣가 宜各共求之로다
아 등 제 궁 전   광 명 석 미 유   차 시 하 인 연   의 각 공 구 지

爲大德天生인가 爲佛出世間인가 而此大光明이 徧照於十方가하니라
위 대 덕 천 생   위 불 출 세 간   이 차 대 광 명   변 조 어 시 방

爾時五百萬億國土에 諸梵天王이 與宮殿俱하사 各以衣裓으로 盛
이 시 오 백 만 억 국 토   제 범 천 왕   여 궁 전 구   각 이 의 극   성

諸天華하야 共詣西方하야 推尋是相타가 見大通智勝如來가 處于道
제 천 화   공 예 서 방   추 심 시 상   견 대 통 지 승 여 래   처 우 도

場菩提樹下하사 坐獅子座하시니 諸天龍王과 乾闥婆緊那羅와 摩睺
량 보 리 수 하   좌 사 자 좌   제 천 용 왕   건 달 바 긴 나 라   마 후

羅伽人非人等이 恭敬圍繞하며 及見十六王子가 請佛轉法輪하고 即
라 가 인 비 인 등   공 경 위 요   급 견 십 육 왕 자   청 불 전 법 륜   즉

時諸梵天王이 頭面禮佛하야 繞百千帀하고 即以天華로 而散佛上
시 제 범 천 왕　　두 면 예 불　　　요 백 천 잡　　즉 이 천 화　　이 산 불 상

하니 其所散華가 如須彌山이라 幷以供養佛菩提樹하니 其菩提樹의
　　　기 소 산 화　　여 수 미 산　　병 이 공 양 불 보 리 수　　　기 보 리 수

高十由旬이라 華供養已에 各以宮殿으로 奉上彼佛하고 以作是言하대
고 십 유 순　　화 공 양 이　　각 이 궁 전　　봉 상 피 불　　이 작 시 언

唯見哀愍하사 饒益我等하시며 所獻宮殿을 願垂納處하소서 時諸梵天
유 견 애 민　　요 익 아 등　　　소 헌 궁 전　　원 수 납 처　　시 제 범 천

王이 即於佛前에 一心同聲으로 以偈頌曰
왕　즉 어 불 전　　일 심 동 성　　이 게 송 왈

世尊甚希有하사 難可得值遇라 具無量功德하사 能救護一切하시며
세 존 심 희 유　　난 가 득 치 우　　구 무 량 공 덕　　능 구 호 일 체

天人之大師로 哀愍於世間하시니 十方諸衆生이 普皆蒙饒益이라
천 인 지 대 사　　애 민 어 세 간　　시 방 제 중 생　　보 개 몽 요 익

我等所從來는 五百萬億國이니 捨深禪定樂은 爲供養佛故니다
아 등 소 종 래　　오 백 만 억 국　　사 심 선 정 락　　위 공 양 불 고

我等先世福으로 宮殿甚嚴飾이라 今以奉世尊하니 唯願哀納受하소서
아 등 선 세 복　　궁 전 심 엄 식　　금 이 봉 세 존　　유 원 애 납 수

爾時諸梵天王이 偈讚佛已하고 各作是言하대 唯願世尊은 轉於法
이 시 제 범 천 왕　　게 찬 불 이　　각 작 시 언　　유 원 세 존　　전 어 법

輪하사 度脫衆生하야 開涅槃道케하소서 時諸梵天王이 一心同聲으로 而
륜　　도 탈 중 생　　개 열 반 도　　　시 제 범 천 왕　　일 심 동 성　　이

說偈言하사대
설 게 언

世雄兩足尊은 唯願演說法하사 以大慈悲力으로 度苦惱衆生하소서
세 웅 양 족 존　　유 원 연 설 법　　이 대 자 비 력　　도 고 뇌 중 생

爾時大通智勝如來가 默然許之하시니라
이 시 대 통 지 승 여 래　　묵 연 허 지

3) 동남방의 범천이 법을 청하다

又諸比丘야 東南方五百萬億國土에 諸大梵王이 各自見宮殿에
우 제 비 구 　동 남 방 오 백 만 억 국 토　제 대 범 왕　각 자 견 궁 전

光明照耀하대 昔所未有하고 歡喜踊躍하며 生希有心하야 卽各相詣
광 명 조 요　석 소 미 유　환 희 용 약　생 희 유 심　즉 각 상 예

하야 共議此事러니 時彼衆中에 有一大梵天王하니 名曰大悲라 爲諸
공 의 차 사　시 피 중 중　유 일 대 범 천 왕　명 왈 대 비　위 제

梵衆하사 而說偈言하사대
범 중　이 설 게 언

是事何因緣으로 而現如此相인가 我等諸宮殿에 光明昔未有라
시 사 하 인 연　이 현 여 차 상　아 등 제 궁 전　광 명 석 미 유

爲大德天生인가 爲佛出世間인가 未曾見此相일새 當共一心求호리라
위 대 덕 천 생　위 불 출 세 간　미 증 견 차 상　당 공 일 심 구

過千萬億土하야 尋光共推之로다 多是佛出世하야 度脫苦衆生이로다
과 천 만 억 토　심 광 공 추 지　다 시 불 출 세　도 탈 고 중 생

爾時五百萬億諸梵天王이 與宮殿俱하사 各以衣裓으로 盛諸天華
이 시 오 백 만 억 제 범 천 왕　여 궁 전 구　각 이 의 극　성 제 천 화

하고 共詣西北方하야 推尋是相타가 見大通智勝如來가 處于道場菩
공 예 서 북 방　추 심 시 상　견 대 통 지 승 여 래　처 우 도 량 보

提樹下하사 坐獅子座하시니 諸天龍王과 乾闥婆緊那羅와 摩睺羅伽
리 수 하　좌 사 자 좌　제 천 용 왕　건 달 바 긴 나 라　마 후 라 가

人非人等이 恭敬圍繞하며 及見十六王子가 請佛轉法輪하고 時諸
인 비 인 등　공 경 위 요　급 견 십 육 왕 자　청 불 전 법 륜　시 제

梵天王이 頭面禮佛하사 繞百千帀하며 卽以天華로 而散佛上하니 所
범 천 왕　두 면 예 불　요 백 천 잡　즉 이 천 화　이 산 불 상　소

散之華가 如須彌山이라 幷以供養佛菩提樹하며 華供養已에 各以
산 지 화　여 수 미 산　병 이 공 양 불 보 리 수　화 공 양 이　각 이

宮殿으로 奉上彼佛하고 而作是言하사대 唯見哀愍하사 饒益我等하시며
궁 전　봉 상 피 불　이 작 시 언　유 견 애 민　요 익 아 등

所獻宮殿을 願垂納受하소서 爾時諸梵天王이 即於佛前에 一心同
소헌궁전 원수납수 이시제범천왕 즉어불전 일심동

聲으로 以偈頌曰
성 이게송왈

聖主天中天이 迦陵頻伽聲으로 哀愍衆生者시라 我等今敬禮니다
성주천중천 가릉빈가성 애민중생자 아등금경례

世尊甚希有하사 久遠乃一現이로다 一百八十劫을 空過無有佛호니
세존심희유 구원내일현 일백팔십겁 공과무유불

三惡道充滿하고 諸天衆減少리니 今佛出於世하사 爲衆生作眼하시니
삼악도충만 제천중감소 금불출어세 위중생작안

世間所歸趣라 救護於一切샸다 爲衆生之父하사 哀愍饒益者시니
세간소귀취 구호어일체 위중생지부 애민요익자

我等宿福慶으로 今得値世尊이니다
아등숙복경 금득치세존

爾時諸梵天王이 偈讚佛已하고 各作是言하대 唯願世尊은 哀愍一
이시제범천왕 게찬불이 각작시언 유원세존 애민일

切하사 轉於法輪하야 度脫衆生하소서 時諸梵天王이 一心同聲으로 而
체 전어법륜 도탈중생 시제범천왕 일심동성 이

說偈言하니라
설게언

大聖轉法輪하사 顯示諸法相하시며 度苦惱衆生하야 令得大歡喜하시니
대성전법륜 현시제법상 도고뇌중생 영득대환희

衆生聞此法하고 得度若生天하며 諸惡道減少하고 忍善者增益이니다
중생문차법 득도약생천 제악도감소 인선자증익

爾時大通智勝如來가 默然許之하시니라
이시대통지승여래 묵연허지

4) 남방의 범천이 법을 청하다

又諸比丘야 南方五百萬億國土에 諸大梵王이 各自見宮殿에 光
우제비구 남방오백만억국토 제대범왕 각자견궁전 광

明照耀하대 昔所未有하고 歡喜踊躍하야 生希有心하며 即各相詣하야
명조요 석소미유 환희용약 생희유심 즉각상예

共議此事하대 以何因緣으로 我等宮殿에 有此光耀아하더니 而彼衆中
공의차사 이하인연 아등궁전 유차광요 이피중중

에 有一大梵天王하니 名曰妙法이라 爲諸梵衆하야 而說偈言하사대
유일대범천왕 명왈묘법 위제범중 이설게언

我等諸宮殿에 光明甚威耀하니 此非無因緣이라 是相宜求之로다
아등제궁전 광명심위요 차비무인연 시상의구지

過於百千劫토록 未曾見是相호니 爲大德天生인가 爲佛出世間인가
과어백천겁 미증견시상 위대덕천생 위불출세간

爾時五百萬億諸梵天王이 與宮殿俱하야 各以衣裓으로 盛諸天華
이시오백만억제범천왕 여궁전구 각이의극 성제천화

하고 共詣北方하야 推尋是相타가 見大通智勝如來가 處于道場菩提
공예북방 추심시상 견대통지승여래 처우도량보리

樹下하사 坐獅子座하시니 諸天龍王과 乾闥婆緊那羅와 摩睺羅伽人
수하 좌사자좌 제천용왕 건달바긴나라 마후라가인

非人等이 恭敬圍繞하며 及見十六王子가 請佛轉法輪하고 時諸梵
비인등 공경위요 급견십육왕자 청불전법륜 시제범

天王이 頭面禮佛하고 繞百千帀하며 即以天華로 而散佛上하니 所散
천왕 두면예불 요백천잡 즉이천화 이산불상 소산

之華가 如須彌山이라 并以供養佛菩提樹하고 華供養已에 各以宮
지화 여수미산 병이공양불보리수 화공양이 각이궁

殿으로 奉上彼佛하고 而作是言하대 唯見哀愍하사 饒益我等하시며 所獻
전 봉상피불 이작시언 유견애민 요익아등 소헌

宮殿을 願垂納受하소서 爾時諸梵天王이 即於佛前에 一心同聲으로
궁전 원수납수 이시제범천왕 즉어불전 일심동성

以偈頌曰
이 게 송 왈

世尊甚難見이라 破諸煩惱者삿다 過百三十劫하야 今乃得一見이라
세 존 심 난 견　　파 제 번 뇌 자　　과 백 삼 십 겁　　금 내 득 일 견

諸飢渴衆生에 以法雨充滿이로다 昔所未曾見 無量智慧者라
제 기 갈 중 생　　이 법 우 충 만　　석 소 미 증 견　　무 량 지 혜 자

如優曇鉢華를 今日乃值遇로소니 我等諸宮殿이 蒙光故嚴飾이라
여 우 담 발 화　　금 일 내 치 우　　아 등 제 궁 전　　몽 광 고 엄 식

世尊大慈愍하사 唯願垂納受하소서
세 존 대 자 민　　유 원 수 납 수

爾時諸梵天王이 偈讚佛已하고 各作是言하대 唯願世尊은 轉於法
이 시 제 범 천 왕　　게 찬 불 이　　각 작 시 언　　유 원 세 존　　전 어 법

輪하사 令一切世間과 諸天魔梵과 沙門婆羅門으로 皆獲安隱하사 而
륜　　　영 일 체 세 간　　제 천 마 범　　사 문 바 라 문　　개 획 안 은　　이

得度脫케하소서 時諸梵天王이 一心同聲으로 以偈頌曰
득 도 탈　　　시 제 범 천 왕　　일 심 동 성　　이 게 송 왈

唯願天人尊은 轉無上法輪하사 擊于大法鼓하시고 而吹大法螺하시며
유 원 천 인 존　　전 무 상 법 륜　　격 우 대 법 고　　이 취 대 법 라

普雨大法雨하사 度無量衆生하실새 我等咸歸請하오니 當演深遠音하소서
보 우 대 법 우　　도 무 량 중 생　　아 등 함 귀 청　　당 연 심 원 음

爾時大通智勝如來가 默然許之하시니라 西南方과 乃至下方도 亦
이 시 대 통 지 승 여 래　　묵 연 허 지　　　서 남 방　　내 지 하 방　　역

復如是하니라
부 여 시

5) 상방의 범천이 법을 청하다

爾時上方五百萬億國土에 諸大梵王이 皆悉自覩所止宮殿에 光
이 시 상 방 오 백 만 억 국 토　　제 대 범 왕　　개 실 자 도 소 지 궁 전　　광

明威耀하대 昔所未有하고 歡喜踊躍하야 生希有心하며 即各相詣하야
명 위 요　　석 소 미 유　　환 희 용 약　　생 희 유 심　　즉 각 상 예

共議此事하대 以何因緣으로 我等宮殿에 有斯光明가한대 時彼衆中에
공 의 차 사　　이 하 인 연　　아 등 궁 전　　유 사 광 명　　시 피 중 중

有一大梵天王하니 名曰尸棄라 爲諸梵衆하야 而說偈言하사대
유 일 대 범 천 왕　　명 왈 시 기　　위 제 범 중　　이 설 게 언

今以何因緣으로 我等諸宮殿에 威德光明耀하대 嚴飾未曾有어뇨
금 이 하 인 연　　아 등 제 궁 전　　위 덕 광 명 요　　엄 식 미 증 유

如是之妙相은 昔所未聞見이러니 爲大德天生인가 爲佛出世間인가
여 시 지 묘 상　　석 소 미 문 견　　위 대 덕 천 생　　위 불 출 세 간

爾時五百萬億諸梵天王이 與宮殿俱하며 各以衣裓으로 盛諸天華
이 시 오 백 만 억 제 범 천 왕　　여 궁 전 구　　각 이 의 극　　성 제 천 화

하고 共詣下方하야 推尋是相타가 見大通智勝如來가 處于道場菩提
　　공 예 하 방　　추 심 시 상　　견 대 통 지 승 여 래　　처 우 도 량 보 리

樹下하사 坐獅子座하시니 諸天龍王과 乾闥婆緊那羅와 摩睺羅伽人
수 하　　좌 사 자 좌　　제 천 용 왕　　건 달 바 긴 나 라　　마 후 라 가 인

非人等이 恭敬圍繞하며 及見十六王子請佛轉法輪하고 時諸梵天
비 인 등　　공 경 위 요　　급 견 십 육 왕 자 청 불 전 법 륜　　시 제 범 천

王이 頭面禮佛하야 繞百千帀하며 即以天華로 而散佛上하니 所散之
왕　　두 면 예 불　　요 백 천 잡　　즉 이 천 화　　이 산 불 상　　소 산 지

華가 如須彌山이라 幷以供養佛菩提樹하고 華供養已에 各以宮殿
화　　여 수 미 산　　병 이 공 양 불 보 리 수　　화 공 양 이　　각 이 궁 전

으로 奉上彼佛하고 而作是言하대 唯見哀愍하사 饒益我等하시며 所獻宮
　　봉 상 피 불　　이 작 시 언　　유 견 애 민　　요 익 아 등　　소 헌 궁

殿을 願垂納受하소서 時諸梵天王이 即於佛前에 一心同聲으로 以偈
전　　원 수 납 수　　시 제 범 천 왕　　즉 어 불 전　　일 심 동 성　　이 게

頌曰
송 왈

善哉見諸佛　救世之聖尊호니　能於三界獄에　勉出諸衆生이로다
선 재 견 제 불　구 세 지 성 존　능 어 삼 계 옥　면 출 제 중 생

普智天人尊이　哀愍群萌類하사　能開甘露門하야　廣度於一切샷다
보 지 천 인 존　애 민 군 맹 류　능 개 감 로 문　광 도 어 일 체

於昔無量劫에　空過無有佛하며　世尊未出時에　十方常闇瞑하야
어 석 무 량 겁　공 과 무 유 불　세 존 미 출 시　시 방 상 암 명

三惡道增長하고　阿修羅亦盛하며　諸天衆轉減하야　死多墮惡道하며
삼 악 도 증 장　아 수 라 역 성　제 천 중 전 감　사 다 타 악 도

不從佛聞法하고　常行不善事하며　色力及智慧가　斯等皆減少라
부 종 불 문 법　상 행 불 선 사　색 력 급 지 혜　사 등 개 감 소

罪業因緣故로　失樂及樂想하고　住於邪見法하며　不識善儀則하고
죄 업 인 연 고　실 락 급 낙 상　주 어 사 견 법　불 식 선 의 칙

不蒙佛所化하며　常墮於惡道러니　佛爲世間眼하사　久遠時乃出하야
불 몽 불 소 화　상 타 어 악 도　불 위 세 간 안　구 원 시 내 출

哀愍諸衆生일새　故現於世間하야　超出成正覺하시니　我等甚欣慶하고
애 민 제 중 생　고 현 어 세 간　초 출 성 정 각　아 등 심 흔 경

及餘一切衆도　喜歡未曾有이니라　我等諸宮殿이　蒙光故嚴飾이라
급 여 일 체 중　희 탄 미 증 유　아 등 제 궁 전　몽 광 고 엄 식

今以奉世尊하노니　唯垂哀納受하소서　願以此功德으로　普及於一切하야
금 이 봉 세 존　유 수 애 납 수　원 이 차 공 덕　보 급 어 일 체

我等與衆生이　皆共成佛道하야지이다
아 등 여 중 생　개 공 성 불 도

爾時五百萬億諸梵天王이　偈讚佛已하시고　各白佛言하사대　唯願世
이 시 오 백 만 억 제 범 천 왕　게 찬 불 이　각 백 불 언　유 원 세

尊은　轉於法輪하사　多所安隱하시며　多所度脫게하소서　時諸梵天王이　而
존　전 어 법 륜　다 소 안 은　다 소 도 탈　시 제 범 천 왕　이

說偈言하사대
설 게 언

世尊轉法輪하실새　擊甘露法鼓하사　度苦惱衆生하야　開示涅槃道하시니
세 존 전 법 륜　격 감 로 법 고　도 고 뇌 중 생　개 시 열 반 도

唯願受我請하사 以大微妙音으로 哀愍而敷演 無量劫習法하소서
유 원 수 아 청　　이 대 미 묘 음　　애 민 이 부 연　　무 량 겁 습 법

6. 대통지승불이 법을 설하다

爾時大通智勝如來가 受十方諸梵天王과 及十六王子請하시고 即
이 시 대 통 지 승 여 래　수 시 방 제 범 천 왕　급 십 육 왕 자 청　　즉

時에 三轉十二行法輪하시니 若沙門婆羅門과 若天魔梵과 及餘世
시　삼 전 십 이 행 법 륜　　약 사 문 바 라 문　약 천 마 범　급 여 세

間의 所不能轉이니 謂是苦며 是苦集이며 是苦滅이며 是苦滅道며 及
간　소 불 능 전　　위 시 고　시 고 집　　시 고 멸　　시 고 멸 도　급

廣說十二因緣法하시니 無明緣行하고 行緣識하며 識緣名色하고 名色
광 설 십 이 인 연 법　　무 명 연 행　　행 연 식　　식 연 명 색　　명 색

緣六入하며 六入緣觸하고 觸緣受하며 受緣愛하고 愛緣取하며 取緣有
연 육 입　　육 입 연 촉　　촉 연 수　　수 연 애　　애 연 취　　취 연 유

하고 有緣生하며 生緣老死憂悲苦惱하나니라 無明滅則行滅하고 行滅
유 연 생　　생 연 노 사 우 비 고 뇌　　무 명 멸 즉 행 멸　　행 멸

則識滅하고 識滅則名色滅하고 名色滅則六入滅하고 六入滅則觸滅
즉 식 멸　　식 멸 즉 명 색 멸　　명 색 멸 즉 육 입 멸　　육 입 멸 즉 촉 멸

하고 觸滅則受滅하고 受滅則愛滅하고 愛滅則取滅하고 取滅則有滅
촉 멸 즉 수 멸　　수 멸 즉 애 멸　　애 멸 즉 취 멸　　취 멸 즉 유 멸

하고 有滅則生滅하고 生滅則老死憂悲苦惱滅하나니라 佛於天人大衆
유 멸 즉 생 멸　　생 멸 즉 노 사 우 비 고 뇌 멸　　불 어 천 인 대 중

之中說是法時에 六百萬億那由他人이 以不受一切法故로 而於
지 중 설 시 법 시　육 백 만 억 나 유 타 인　이 불 수 일 체 법 고　이 어

諸漏에 心得解脫하야 皆得深妙禪定과 三明六通하고 具八解脫하며
제 루　심 득 해 탈　　개 득 심 묘 선 정　삼 명 육 통　　구 팔 해 탈

第二第三과 第四說法時에 千萬億恒河沙那由他等衆生이 亦以
제 이 제 삼　제 사 설 법 시　천 만 억 항 하 사 나 유 타 등 중 생　역 이

不受一切法故로 而於諸漏에 心得解脫하며 從是已後로 諸聲聞衆
불 수 일 체 법 고   이 어 제 루   심 득 해 탈   종 시 이 후   제 성 문 중

도 無量無邊不可稱數러라
무 량 무 변 불 가 칭 수

7. 십육 왕자가 출가하여 사미가 되다

爾時十六王子가 皆以童子出家하야 而爲沙彌하대 諸根通利하고
이 시 십 육 왕 자   개 이 동 자 출 가   이 위 사 미   제 근 통 리

智慧明了하며 已曾供養百千萬億諸佛하사 淨修梵行하며 求阿耨多
지 혜 명 료   이 증 공 양 백 천 만 억 제 불   정 수 범 행   구 아 녹 다

羅三藐三菩提하려하야 俱白佛言하사대 世尊하 是諸無量千萬億大德
라 삼 막 삼 보 리   구 백 불 언   세 존   시 제 무 량 천 만 억 대 덕

聲聞이 皆已成就호니 世尊亦當爲我等하사 說阿耨多羅三藐三菩
성 문   개 이 성 취   세 존 역 당 위 아 등   설 아 녹 다 라 삼 막 삼 보

提法하소서 我等聞已에 皆共修學호리다 世尊하 我等志願인 如來知見
리 법   아 등 문 이   개 공 수 학   세 존   아 등 지 원   여 래 지 견

과 深心所念을 佛自證知리다 爾時轉輪聖王의 所將衆中에 八萬億
심 심 소 념   불 자 증 지   이 시 전 륜 성 왕   소 장 중 중   팔 만 억

人이 見十六王子出家하고 亦求出家어늘 王即聽許하니라 爾時彼佛이
인   견 십 육 왕 자 출 가   역 구 출 가   왕 즉 청 허   이 시 피 불

受沙彌請하사 過二萬劫已하고 乃於四衆之中에 說是大乘經하시니 名
수 사 미 청   과 이 만 겁 이   내 어 사 중 지 중   설 시 대 승 경   명

妙法蓮華라 敎菩薩法이며 佛所護念이러라 說是經已시어늘 十六沙彌
묘 법 연 화   교 보 살 법   불 소 호 념   설 시 경 이   십 육 사 미

爲阿耨多羅三藐三菩提故로 皆共受持하야 諷誦通利러니라 說是經
위 아 녹 다 라 삼 막 삼 보 리 고   개 공 수 지   풍 송 통 리   설 시 경

時에 十六菩薩沙彌는 皆悉信受하고 聲聞衆中에도 亦有信解하나 其
시   십 육 보 살 사 미   개 실 신 수   성 문 중 중   역 유 신 해   기

餘衆生의 千萬億種은 皆生疑惑하니라 佛說是經을 於八千劫에 未曾
여 중생 천만억종 개생의혹 불설시경 어팔천겁 미증

休廢하시고 說此經已에 即入靜室하야 住於禪定을 八萬四千劫일러니라
휴폐 설차경이 즉입정실 주어선정 팔만사천겁

8. 십육 사미가 법화경을 설하다

是時十六菩薩沙彌가 知佛入室하야 寂然禪定하고 各陞法座하야
시시십육보살사미 지불입실 적연선정 각승법좌

亦於八萬四千劫에 爲四部衆하야 廣說分別妙法華經하사 一一皆
역어팔만사천겁 위사부중 광설분별묘법화경 일일개

度六百萬億那由他恒河沙等衆生하야 示敎利喜하야 令發阿耨多
도육백만억나유타항하사등중생 시교리희 영발아뇩다

羅三藐三菩提心하니라 大通智勝佛이 過八萬四千劫已하고 從三昧
라삼먁삼보리심 대통지승불 과팔만사천겁이 종삼매

起하사 往詣法座하야 安詳而坐하시고 普告大衆하사대 是十六菩薩沙
기 왕예법좌 안상이좌 보고대중 시십육보살사

彌는 甚爲希有라 諸根通利하야 智慧明了하며 已曾供養無量千萬
미 심위희유 제근통리 지혜명료 이증공양무량천만

億數諸佛하사 於諸佛所에 常修梵行하야 受持佛智하며 開示衆生하야
억수제불 어제불소 상수범행 수지불지 개시중생

令入其中하니 汝等皆當數數親近하야 而供養之니라 所以者何오 若
영입기중 여등개당삭삭친근 이공양지 소이자하 약

聲聞辟支佛과 及諸菩薩이 能信是十六菩薩所說經法하고 受持不
성문벽지불 급제보살 능신시십육보살소설경법 수지불

毁者는 是人皆當得阿耨多羅三藐三菩提와 如來之慧하리라 佛告
훼자 시인개당득아뇩다라삼먁삼보리 여래지혜 불고

諸比丘하사대 是十六菩薩이 常樂說是妙法蓮華經하야 一一菩薩所
제 비 구   시 십 육 보 살   상 요 설 시 묘 법 연 화 경   일 일 보 살 소

化는 六百萬億那由他恒河沙等衆生이라 世世所生에 與菩薩俱하야
화   육 백 만 억 나 유 타 항 하 사 등 중 생   세 세 소 생   여 보 살 구

從其聞法하고 悉皆信解할새 以此因緣으로 得値四萬億諸佛世尊하야
종 기 문 법   실 개 신 해   이 차 인 연   득 치 사 만 억 제 불 세 존

于今不盡하니라
우 금 부 진

9. 십육 사미의 고금 인연을 밝히다

諸比丘야 我今語汝호리라 彼佛弟子十六沙彌는 今皆得阿耨多羅
제 비 구   아 금 어 여   피 불 제 자 십 육 사 미   금 개 득 아 뇩 다 라

三藐三菩提하사 於十方國土에 現在說法하사대 有無量百千萬億菩
삼 먁 삼 보 리   어 시 방 국 토   현 재 설 법   유 무 량 백 천 만 억 보

薩聲聞이 以爲眷屬이라 其二沙彌는 東方作佛하시니 一名阿閦이라 在
살 성 문   이 위 권 속   기 이 사 미   동 방 작 불   일 명 아 촉   재

歡喜國하고 二名須彌頂이니라 東南方二佛은 一名獅子音이요 二名
환 희 국   이 명 수 미 정   동 남 방 이 불   일 명 사 자 음   이 명

獅子相이며 南方二佛은 一名虛空住요 二名常滅이며 西南方二佛은
사 자 상   남 방 이 불   일 명 허 공 주   이 명 상 멸   서 남 방 이 불

一名帝相이요 二名梵相이며 西方二佛은 一名阿彌陀요 二名度一
일 명 제 상   이 명 범 상   서 방 이 불   일 명 아 미 타   이 명 도 일

切世間苦惱며 西北方二佛은 一名多摩羅跋栴檀香神通이요 二名
체 세 간 고 뇌   서 북 방 이 불   일 명 다 마 라 발 전 단 향 신 통   이 명

須彌相이며 北方二佛은 一名雲自在요 二名雲自在王이며 東北方
수 미 상   북 방 이 불   일 명 운 자 재   이 명 운 자 재 왕   동 북 방

佛名은 壞一切世間怖畏며 第十六은 我釋迦牟尼佛이 於娑婆國
불 명   괴 일 체 세 간 포 외   제 십 육   아 석 가 모 니 불   어 사 바 국

土에 成阿耨多羅三藐三菩提니라
토　성아뇩다라삼먁삼보리

10. 제자들의 고금 인연을 밝히다

諸比丘야 我等爲沙彌時에 各各教化無量百千萬億恒河沙等
제비구　아등위사미시　각각교화무량백천만억항하사등

衆生하야 從我聞法하고 爲阿耨多羅三藐三菩提어든 此諸衆生이 于
중생　　종아문법　위아뇩다라삼먁삼보리　차제중생　우

今有住聲聞地者를 我常教化阿耨多羅三藐三菩提하노니 是諸人
금유주성문지자　아상교화아뇩다라삼먁삼보리　　시제인

等이 應以是法으로 漸入佛道니라 所以者何오 如來智慧는 難信難解
등　응이시법　점입불도　소이자하　여래지혜　난신난해

니라 爾時所化無量恒河沙等衆生者는 汝等諸比丘와 及我滅度後
이시소화무량항하사등중생자　여등제비구　급아멸도후

未來世中에 聲聞弟子是也니라 我滅度後에 復有弟子가 不聞是經
미래세중　성문제자시야　아멸도후　부유제자　불문시경

하고 不知不覺菩薩所行하며 自於所得功德에 生滅度想하야 當入涅
부지불각보살소행　자어소득공덕　생멸도상　당입열

槃하면 我於餘國作佛하야 更有異名하리니 是人雖生滅度之想하야 入
반　아어여국작불　갱유이명　시인수생멸도지상　입

於涅槃이나 而於彼土에 求佛智慧하야 得聞是經하리니 唯以佛乘으로
어열반　이어피토　구불지혜　득문시경　유이불승

而得滅度요 更無餘乘이니 除諸如來가 方便說法이니라
이득멸도　갱무여승　제제여래　방편설법

11. 열반에 이르러 법화경을 설하다

諸比丘야 若如來가 自知涅槃時到하고 衆又淸淨하야 信解堅固하며
제비구 약여래 자지열반시도 중우청정 신해견고

了達空法하야 深入禪定하면 便集諸菩薩과 及聲聞衆하야 爲說是經
요달공법 심입선정 변집제보살 급성문중 위설시경

하리니 世間無有二乘이 而得滅度요 唯一佛乘이라사 得滅度耳니라 比
세간무유이승 이득멸도 유일불승 득멸도이 비

丘當知하라 如來方便으로 深入衆生之性하사 知其志樂小法하야 深
구당지 여래방편 심입중생지성 지기지락소법 심

着五欲일새 爲是等故로 說於涅槃하나니 是人若聞이면 則便信受니라
착오욕 위시등고 설어열반 시인약문 즉변신수

二. 화성(化城)의 비유

譬如五百由旬에 險難惡道의 曠絶無人怖畏之處에 若有多衆이
비여오백유순 험난악도 광절무인포외지처 약유다중

欲過此道하야 至珍寶處니라 有一導師하대 聰慧明達하야 善知險道
욕과차도 지진보처 유일도사 총혜명달 선지험도

通塞之相하고 將導衆人하야 欲過此難하니 所將人衆이 中路懈退할새
통색지상 장도중인 욕과차난 소장인중 중로해퇴

白導師言하대 我等疲極하고 而復怖畏하야 不能復進하고 前路猶遠
백도사언 아등피극 이부포외 불능부진 전로유원

하야 今欲退還하노라 導師多諸方便이라 而作是念하대 此等可愍이로다
금욕퇴환 도사다제방편 이작시념 차등가민

云何捨大珍寶하고 而欲退還가 作是念己에 以方便力으로 於險道
운하사대진보 이욕퇴환 작시념이 이방편력 어험도

中에 過三百由旬하야 化作一城하고 告衆人言하대 汝等勿怖하고 莫得
중 과삼백유순 화작일성 고중인언 여등물포 막득

退還하라 今此大城에 可於中止하야 隨意所作이니 若入是城이면 快得
퇴환 금차대성 가어중지 수의소작 약입시성 쾌득

安隱이요 若能前至寶所라도 亦可得去리라 是時疲極之衆이 心大歡
안은 약능전지보소 역가득거 시시피극지중 심대환

喜하야 歎未曾有하대 我等今者에 免斯惡道하고 快得安隱이로다 於是
희 탄미증유 아등금자 면사악도 쾌득안은 어시

衆人이 前入化城하야 生已度想하며 生安隱想커늘 爾時導師가 知
중인 전입화성 생이도상 생안은상 이시도사 지

此人衆이 旣得止息하야 無復疲倦하고 卽滅化城하고 語衆人言하대 汝
차인중 기득지식 무부피권 즉멸화성 어중인언 여

等去來어다 寶處在近호라 向者大城은 我所化作이니 爲止息耳라하니라
등거래 보처재근 향자대성 아소화작 위지식이

三. 비유에서 법을 밝히다

諸比丘야 如來亦復如是하야 今爲汝等하야 作大導師할새 知諸生
제비구 여래역부여시 금위여등 작대도사 지제생

死의 煩惱惡道險難長遠하고 應去應度하대 若衆生이 但聞一佛乘
사 번뇌악도험난장원 응거응도 약중생 단문일불승

者면 則不欲見佛하고 不欲親近하며 便作是念하대 佛道長遠이라 久受
자 즉불욕견불 불욕친근 변작시념 불도장원 구수

勤苦라사 乃可得成이라하나니 佛知是心의 怯弱下劣하사 以方便力으로
근고 내가득성 불지시심 겁약하열 이방편력

而於中道에 爲止息故로 說二涅槃호니 若衆生이 住於二地하니 如來
이어중도 위지식고 설이열반 약중생 주어이지 여래

爾時에 即便爲說하대 汝等所作未辨이요 汝所住地는 近於佛慧니 當
이 시 즉 변 위 설　　여 등 소 작 미 판　여 소 주 지 　근 어 불 혜 　당

觀察籌量하대 所得涅槃이 非眞實也니라 但是如來가 方便之力으로
관 찰 주 량　　소 득 열 반 　비 진 실 야　　단 시 여 래 　방 편 지 력

於一佛乘에 分別說三이니라 如彼導師가 爲止息故로 化作大城이라가
어 일 불 승　분 별 설 삼　　여 피 도 사 　위 지 식 고 　화 작 대 성

旣知息已에 而告之言하대 寶處在近이라 此城非實이니 我化作耳니라
기 지 식 이　이 고 지 언　　보 처 재 근　　차 성 비 실 　아 화 작 이

四. 게송으로 거듭 설하다

1. 대통지승불의 성도

爾時世尊이 欲重宣此義하사 而說偈言하니라
이 시 세 존 　욕 중 선 차 의　　이 설 게 언

大通智勝佛이 十劫坐道場하대 佛法不現前일새 不得成佛道어늘
대 통 지 승 불 　십 겁 좌 도 량 　불 법 불 현 전 　부 득 성 불 도

諸天神龍王과 阿修羅衆等이 常雨於天華하야 以供養彼佛하며
제 천 신 용 왕 　아 수 라 중 등 　상 우 어 천 화 　이 공 양 피 불

諸天擊天鼓하고 幷作衆伎樂하며 香風吹萎華하야 更雨新好者러니
제 천 격 천 고 　병 작 중 기 악 　향 풍 취 위 화 　갱 우 신 호 자

過十小劫已에 乃得成佛道라 諸天及世人이 心皆懷踊躍하니라
과 십 소 겁 이 　내 득 성 불 도 　제 천 급 세 인 　심 개 회 용 약

彼佛十六子가 皆與其眷屬 千萬億圍繞하사 俱行至佛所하야
피 불 십 육 자 　개 여 기 권 속 　천 만 억 위 요 　구 행 지 불 소

頭面禮佛足하고 而請轉法輪하대 聖獅子法雨로 充我及一切하사니
두 면 예 불 족 　이 청 전 법 륜 　성 사 자 법 우 　충 아 급 일 체

世尊甚難値라 久遠時一現이로다 爲覺悟群生하야 震動於一切로다
세 존 심 난 치　구 원 시 일 현　위 각 오 군 생　진 동 어 일 체

2. 시방 범천이 법을 청하다

東方諸世界 五百萬億國에 梵宮殿光耀하대 昔所未曾有라
동 방 제 세 계　오 백 만 억 국　범 궁 전 광 요　석 소 미 증 유

諸梵見此相하고 尋來至佛所하야 散華以供養하대 幷奉上宮殿하고
제 범 견 차 상　심 래 지 불 소　산 화 이 공 양　병 봉 상 궁 전

請佛轉法輪하며 以偈而讚歎커늘 佛知時未至하시고 受請默然坐러니
청 불 전 법 륜　이 게 이 찬 탄　불 지 시 미 지　수 청 묵 연 좌

三方及四維와 上下亦復爾하야 散華奉宮殿하고 請佛轉法輪하대
삼 방 급 사 유　상 하 역 부 이　산 화 봉 궁 전　청 불 전 법 륜

世尊甚難値라 願以本慈悲로 廣開甘露門하사 轉無上法輪하소서하니라
세 존 심 난 치　원 이 본 자 비　광 개 감 로 문　전 무 상 법 륜

3. 이승(二乘)의 법을 설하다

無量慧世尊이 受彼衆人請하사 爲宣種種法인 四諦十二緣하대
무 량 혜 세 존　수 피 중 인 청　위 선 종 종 법　사 제 십 이 연

無明至老死히 皆從生緣有라 如是衆過患을 汝等應當知니라
무 명 지 노 사　개 종 생 연 유　여 시 중 과 환　여 등 응 당 지

宣暢是法時에 六百萬億姟가 得盡諸苦際하고 皆成阿羅漢하며
선 창 시 법 시　육 백 만 억 해　득 진 제 고 제　개 성 아 라 한

第二說法時에 千萬恒沙衆이 於諸法不受하고 亦得阿羅漢하며
제 이 설 법 시　천 만 항 사 중　어 제 법 불 수　역 득 아 라 한

從是後得道도 其數無有量이라 萬億劫算數로 不能得其邊이니라
종 시 후 득 도　기 수 무 유 량　만 억 겁 산 수　불 능 득 기 변

4. 대승법을 설하다

時十六王子가 出家作沙彌하야 皆共請彼佛하대 演說大乘法하소서
시십육왕자 출가작사미 개공청피불 연설대승법

我等及營從이 皆當成佛道호리니 願得如世尊의 慧眼第一淨하노이다
아등급영종 개당성불도 원득여세존 혜안제일정

佛知童子心의 宿世之所行하시고 以無量因緣과 種種諸譬喩로
불지동자심 숙세지소행 이무량인연 종종제비유

說六波羅密과 及諸神通事하시며 分別眞實法의 菩薩所行道하야
설육바라밀 급제신통사 분별진실법 보살소행도

說是法華經의 如恒河沙偈하시니 彼佛說經已에 靜室入禪定하사
설시법화경 여항하사게 피불설경이 정실입선정

一心一處坐 八萬四千劫이니라
일심일처좌 팔만사천겁

5. 십육 사미의 인연

是諸沙彌等이 知佛禪未出하사 爲無量億衆하야 說佛無上慧할새
시제사미등 지불선미출 위무량억중 설불무상혜

各各坐法座하야 說是大乘經하며 於佛宴寂後에 宣揚助法化하대
각각좌법좌 설시대승경 어불연적후 선양조법화

一一沙彌等의 所度諸衆生이 有六百萬億 恒河沙等衆이니라
일일사미등 소도제중생 유육백만억 항하사등중

彼佛滅度後에 是諸聞法者가 在在諸佛土에 常與師俱生이라
피불멸도후 시제문법자 재재제불토 상여사구생

是十六沙彌가 具足行佛道하며 今現在十方하야 各得成正覺하고
시십육사미 구족행불도 금현재시방 각득성정각

爾時聞法者도 各在諸佛所하며 其有住聲聞은 漸敎以佛道라
이시문법자 각재제불소 기유주성문 점교이불도

我在十六數하야 曾亦爲汝說호니 是故以方便으로 引汝趣佛慧니라
아 재 십 육 수　　　증 역 위 여 설　　　시 고 이 방 편　　　인 여 취 불 혜

以是本因緣으로 今說法華經하야 令汝入佛道호니 愼勿懷驚懼니라
이 시 본 인 연　　　금 설 법 화 경　　　영 여 입 불 도　　　신 물 회 경 구

6. 화성의 비유

譬如險惡道에 迥絶多毒獸하고 又復無水草하야 人所怖畏處에
비 여 험 악 도　　　형 절 다 독 수　　　우 부 무 수 초　　　인 소 포 외 처

無數千萬衆이 欲過此險道하대 其路甚廣遠하야 經五百由旬이라
무 수 천 만 중　　　욕 과 차 험 도　　　기 로 심 광 원　　　경 오 백 유 순

時有一導師하대 强識有智慧하며 明了心決定하야 在險濟衆難터니
시 유 일 도 사　　　강 식 유 지 혜　　　명 료 심 결 정　　　재 험 제 중 난

衆人皆疲倦하야 而白導師言하대 我等今頓乏이라 於此欲退還이니다
중 인 개 피 권　　　이 백 도 사 언　　　아 등 금 돈 핍　　　어 차 욕 퇴 환

導師作是念하대 此輩甚可愍이라 如何欲退還하야 而失大珍寶어뇨
도 사 작 시 념　　　차 배 심 가 민　　　여 하 욕 퇴 환　　　이 실 대 진 보

尋時思方便하대 當設神通力하야 化作大城郭하대 莊嚴諸舍宅에
심 시 사 방 편　　　당 설 신 통 력　　　화 작 대 성 곽　　　장 엄 제 사 택

周帀有園林하며 渠流及浴池와 重門高樓閣에 男女皆充滿커늘
주 잡 유 원 림　　　거 류 급 욕 지　　　중 문 고 누 각　　　남 녀 개 충 만

即作是化已에 慰衆言勿懼어다 汝等入此城하면 各可隨所樂하라
즉 작 시 화 이　　　위 중 언 물 구　　　여 등 입 차 성　　　각 가 수 소 락

諸人旣入城에 心皆大歡喜하야 皆生安隱想하며 自謂已得度어늘
제 인 기 입 성　　　심 개 대 환 희　　　개 생 안 은 상　　　자 위 이 득 도

導師知息已하고 集衆而告言하대 汝等當前進이니 此是化城耳라
도 사 지 식 이　　　집 중 이 고 언　　　여 등 당 전 진　　　차 시 화 성 이

我見汝疲極하야 中路欲退還일새 故以方便力으로 權化作此城호니
아 견 여 피 극　　　중 로 욕 퇴 환　　　고 이 방 편 력　　　권 화 작 차 성

汝今勤精進하야 當共至寶所니라
여 금 근 정 진　　당 공 지 보 소

7. 비유에서 법을 밝히다

我亦復如是하야 爲一切導師하야 見諸求道者의 中路而懈廢하야
아 역 부 여 시　　위 일 체 도 사　　견 제 구 도 자　　중 로 이 해 폐

不能度生死 煩惱諸險道하고 故以方便力으로 爲息說涅槃하대
불 능 도 생 사　　번 뇌 제 험 도　　고 이 방 편 력　　위 식 설 열 반

言汝等苦滅하고 所作皆已辦하니 旣知到涅槃하야 皆得阿羅漢하고는
언 여 등 고 멸　　소 작 개 이 판　　기 지 도 열 반　　개 득 아 라 한

爾乃集大衆하야 爲說眞實法이니라 諸佛方便力으로 分別說三乘이라
이 내 집 대 중　　위 설 진 실 법　　제 불 방 편 력　　분 별 설 삼 승

唯有一佛乘이어늘 息處故說二라 今爲汝說實하노니 汝所得非滅이니라
유 유 일 불 승　　식 처 고 설 이　　금 위 여 설 실　　여 소 득 비 멸

爲佛一切智하야 當發大精進하라 汝證一切智와 十力等佛法하야
위 불 일 체 지　　당 발 대 정 진　　여 증 일 체 지　　십 력 등 불 법

具三十二相이라사 乃是眞實滅이니라 諸佛之導師가 爲息說涅槃하고
구 삼 십 이 상　　내 시 진 실 멸　　제 불 지 도 사　　위 식 설 열 반

旣知是息已하고 引入於佛慧니라
기 지 시 식 이　　인 입 어 불 혜

第八
五百弟子授記品
오백제자수기품

妙法蓮華經

第八 五百弟子授記品

一. 부루나 수기장(授記章)

1. 부루나는 설법제일

爾時富樓那彌多羅尼子가 從佛聞是智慧方便隨宜說法하며 又
이시부루나미다라니자　종불문시지혜방편수의설법　　우

聞授諸大弟子의 阿耨多羅三藐三菩提記하며 復聞宿世因緣之事
문수제대제자　아뇩다라삼먁삼보리기　부문숙세인연지사

하며 復聞諸佛이 有大自在神通之力하니라 得未曾有하며 心淨踊躍
부문제불　유대자재신통지력　　득미증유　　심정용약

하야 即從座起하야 到於佛前하야 頭面禮足하고 却住一面하야 瞻仰尊
즉종좌기　도어불전　두면예족　　각주일면　첨앙존

顔하고 目不暫捨러라 而作是念하대 世尊甚奇特하사 所爲希有라 隨順
안　목부잠사　이작시념　세존심기특　소위희유　수순

世間若干種性하사 以方便知見으로 而爲說法하야 拔出衆生의 處處
세간약간종성　이방편지견　이위설법　발출중생　처처

貪着하시니 我等於佛功德에 言不能宣이라 唯佛世尊이 能知我等의
탐착　아등어불공덕　언불능선　유불세존　능지아등

深心本願이리라하니라 爾時佛告諸比丘하사대 汝等見是富樓那彌多
심심본원　　이시불고제비구　여등견시부루나미다

羅尼子不아 我常稱其於說法人中에 最爲第一이며 亦常歎其種種
라니자부　아상칭기어설법인중　최위제일　역상탄기종종

功德하대 精勤護持하야 助宣我法하며 能於四衆에 示敎利喜하며 具足
공 덕   정 근 호 지   조 선 아 법   능 어 사 중   시 교 리 희   구 족

解釋佛之正法하야 而大饒益同梵行者라하니 自捨如來하고 無能盡
해 석 불 지 정 법   이 대 요 익 동 범 행 자   자 사 여 래   무 능 진

其言論之辯이니라
기 언 론 지 변

2. 부루나의 과거 인연

汝等은 勿謂富樓那가 但能護持助宣我法이니 亦於過去九十億
여 등   물 위 부 루 나   단 능 호 지 조 선 아 법   역 어 과 거 구 십 억

諸佛所에 護持助宣佛之正法하대 於彼說法人中에 亦最第一이며 又
제 불 소   호 지 조 선 불 지 정 법   어 피 설 법 인 중   역 최 제 일   우

於諸佛所說空法에 明了通達하며 得四無礙智하야 常能審諦하며 淸
어 제 불 소 설 공 법   명 료 통 달   득 사 무 애 지   상 능 심 체   청

淨說法하대 無有疑惑하며 具足菩薩神通之力하며 隨其壽命하야 常
정 설 법   무 유 의 혹   구 족 보 살 신 통 지 력   수 기 수 명   상

修梵行일새 彼佛世人이 咸皆謂之實是聲聞이라하나니 而富樓那가 以
수 범 행   피 불 세 인   함 개 위 지 실 시 성 문   이 부 루 나   이

斯方便으로 饒益無量百千衆生하며 又化無量阿僧祇人하야 令立阿
사 방 편   요 익 무 량 백 천 중 생   우 화 무 량 아 승 지 인   영 립 아

耨多羅三藐三菩提언마는 爲淨佛土故로 常作佛事하야 敎化衆生하나
녹 다 라 삼 먁 삼 보 리   위 정 불 토 고   상 작 불 사   교 화 중 생

니라 諸比丘야 富樓那는 亦於七佛說法人中에 而得第一이며 今於我
제 비 구   부 루 나   역 어 칠 불 설 법 인 중   이 득 제 일   금 어 아

所說法人中에 亦爲第一이며 於賢劫中과 當來諸佛說法人中에 亦
소 설 법 인 중   역 위 제 일   어 현 겁 중   당 래 제 불 설 법 인 중   역

復第一하야 而皆護持助宣佛法하며 亦於未來에 護持助宣無量無
부 제 일   이 개 호 지 조 선 불 법   역 어 미 래   호 지 조 선 무 량 무

邊諸佛之法하사 敎化饒益無量衆生하야 令立阿耨多羅三藐三菩
변 제 불 지 법　　　교 화 요 익 무 량 중 생　　　영 립 아 뇩 다 라 삼 먁 삼 보

提언마는 爲淨佛土故로 常勤精進하야 敎化衆生하나니라
리　　　위 정 불 토 고　　상 근 정 진　　　교 화 중 생

3. 부루나는 법명(法明)여래가 되리라

漸漸具足菩薩之道하고 過無量阿僧祇劫하야 當於此土에 得阿耨
점 점 구 족 보 살 지 도　　　과 무 량 아 승 지 겁　　　당 어 차 토　　득 아 뇩

多羅三藐三菩提하리니 號曰法明如來應供正偏知明行足善逝世
다 라 삼 먁 삼 보 리　　　호 왈 법 명 여 래 응 공 정 변 지 명 행 족 선 서 세

間解無上士調御丈夫天人師佛世尊이라 其佛以恒河沙等三千
간 해 무 상 사 조 어 장 부 천 인 사 불 세 존　　　기 불 이 항 하 사 등 삼 천

大千世界로 爲一佛土어든 七寶爲地하고 地平如掌하야 無有山陵谿
대 천 세 계　　위 일 불 토　　　칠 보 위 지　　　지 평 여 장　　　무 유 산 릉 계

澗溝壑하며 七寶臺觀이 充滿其中하며 諸天宮殿이 近處虛空하야 人
간 구 학　　　칠 보 대 관　　충 만 기 중　　　제 천 궁 전　　근 처 허 공　　　인

天交接에 兩得相見하며 無諸惡道하고 亦無女人하며 一切衆生이 皆
천 교 접　　양 득 상 견　　　무 제 악 도　　　역 무 여 인　　　일 체 중 생　　개

以化生하고 無有婬欲하며 得大神通하야 身出光明하고 飛行自在하며
이 화 생　　　무 유 음 욕　　　득 대 신 통　　　신 출 광 명　　　비 행 자 재

志念堅固하고 精進智慧하야 普皆金色이라 三十二相으로 而自莊嚴
지 념 견 고　　　정 진 지 혜　　　보 개 금 색　　　삼 십 이 상　　　이 자 장 엄

하며 其國衆生이 常以二食하나니 一者法喜食이요 二者禪悅食이라 有
기 국 중 생　　상 이 이 식　　　일 자 법 희 식　　　이 자 선 열 식　　유

無量阿僧祇千萬億那由他諸菩薩衆하대 得大神通과 四無礙智
무 량 아 승 지 천 만 억 나 유 타 제 보 살 중　　　득 대 신 통　　사 무 애 지

하야 善能敎化衆生之類하며 其聲聞衆도 算數校計의 所不能知라 皆
선 능 교 화 중 생 지 류　　　기 성 문 중　　산 수 교 계　　소 불 능 지　　개

得具足六通三明과 及八解脫하나니 其佛國土에 有如是等無量功
득구족육통삼명　급팔해탈　　기불국토　유여시등무량공

德으로 莊嚴成就하며 劫名寶明이요 國名善淨이며 其佛壽命無量阿
덕　장엄성취　겁명보명　국명선정　　기불수명무량아

僧祇劫이라 法住甚久하고 佛滅度後에 起七寶塔하야 徧滿其國하리라
승지겁　법주심구　불멸도후　기칠보탑　변만기국

4. 게송으로 거듭 설하다

1) 내비보살 외현성문(內秘菩薩 外現聲聞)

爾時世尊이 欲重宣此義하사 而說偈言하니라
이시세존　욕중선차의　　이설게언

諸比丘諦聽　佛子所行道하라 善學方便故로 不可得思議니
제비구체청　불자소행도　선학방편고　불가득사의

知衆樂小法으로 而畏於大智일새 是故諸菩薩이 作聲聞緣覺하사
지중락소법　이외어대지　시고제보살　작성문연각

以無數方便으로 化諸衆生類하대 自說是聲聞이라 去佛道甚遠이라하고
이무수방편　화제중생류　자설시성문　거불도심원

度脫無量衆하야 皆悉得成就하며 雖小欲懈怠라도 漸當令作佛하며
도탈무량중　개실득성취　수소욕해태　점당령작불

內秘菩薩行하고 外現是聲聞이라 少欲厭生死하대 實自淨佛土하며
내비보살행　외현시성문　소욕염생사　실자정불토

示衆有三毒하고 又現邪見相이라 我弟子如是히 方便度衆生하나니
시중유삼독　우현사견상　아제자여시　방편도중생

若我具足說 種種現化事인댄 衆生聞是者는 心則懷疑惑이라
약아구족설　종종현화사　중생문시자　심즉회의혹

2) 부루나의 과거 인연

今此富樓那는 於昔千億佛에 勤修所行道하야 宣護諸佛法하며
금차부루나　어석천억불　근수소행도　선호제불법

爲求無上慧하야 而於諸佛所에 現居弟子上하대 多聞有智慧하며
위구무상혜　이어제불소　현거제자상　다문유지혜

所說無所畏하야 能令衆歡喜하대 未曾有疲倦하야 而以助佛事하며
소설무소외　능령중환희　미증유피권　이이조불사

已度大神通하고 具四無礙智하며 知諸根利鈍하야 常說淸淨法하며
이도대신통　구사무애지　지제근리둔　상설청정법

演暢如是義하야 敎諸千億衆으로 令住大乘法하고 而自淨佛土하며
연창여시의　교제천억중　영주대승법　이자정불토

未來亦供養 無量無數佛하야 護助宣正法하고 亦自淨佛土하며
미래역공양　무량무수불　호조선정법　역자정불토

常以諸方便으로 說法無所畏하며 度不可計衆하야 成就一切智하라
상이제방편　설법무소외　도불가계중　성취일체지

3) 부루나는 법명여래가 되리라

供養諸如來하야 護持法寶藏하며 其後得成佛하면 號名曰法明이요
공양제여래　호지법보장　기후득성불　호명왈법명

其國名善淨이니 七寶所合成이며 劫名爲寶明이라 菩薩衆甚多하며
기국명선정　칠보소합성　겁명위보명　보살중심다

其數無量億이 皆度大神通하며 威德力具足하야 充滿其國土하고
기수무량억　개도대신통　위덕력구족　충만기국토

聲聞亦無數라 三明八解脫과 得四無礙智인 以是等爲僧하며
성문역무수　삼명팔해탈　득사무애지　이시등위승

其國諸衆生은 婬欲皆已斷하고 純一變化生하야 具相莊嚴身하며
기국제중생 음욕개이단 순일변화생 구상장엄신

法喜禪悅食하고 更無餘食想하며 無有諸女人하고 亦無諸惡道하며
법희선열식 갱무여식상 무유제여인 역무제악도

富樓那比丘는 功德悉成滿하야 當得斯淨土하고 賢聖衆甚多리니
부루나비구 공덕실성만 당득사정토 현성중심다

如是無量事를 我今但略說하라
여시무량사 아금단약설

二. 천이백 아라한과 오백 아라한의 수기

爾時千二百阿羅漢心自在者가 作是念하대 我等歡喜하야 得未曾
이시천이백아라한심자재자 작시념 아등환희 득미증

有호니 若世尊이 各見授記를 如餘大弟子者인댄 不亦快乎아하니라 佛
유 약세존 각견수기 여여대제자자 불역쾌호 불

知此等心之所念하시고 告摩訶迦葉하사대 是千二百阿羅漢을 我今
지차등심지소념 고마하가섭 시천이백아라한 아금

當現前에 此第與授阿耨多羅三藐三菩提記하리라 於此衆中의 我
당현전 차제여수아뇩다라삼막삼보리기 어차중중 아

大弟子憍陳如比丘는 當供養六萬二千億佛然後에 得成爲佛하리니
대제자교진여비구 당공양육만이천억불연후 득성위불

號曰普明如來應供正徧知明行足善逝世間解無上士調御丈
호왈보명여래응공정변지명행족선서세간해무상사조어장

夫天人師佛世尊이리라 其五百阿羅漢에 優樓頻螺迦葉과 伽耶迦
부천인사불세존 기오백아라한 우루빈나가섭 가야가

葉과 那提迦葉과 迦留陀夷와 優陀夷와 阿㝹樓馱와 離婆多와 劫賓
섭 나제가섭 가류타이 우타이 아누루타 이바다 겁빈

那와 薄拘羅와 周陀莎伽陀等도 皆當得阿耨多羅三藐三菩提하대
나   박구라   주타사가타등   개당득아뇩다라삼먁삼보리

盡同一號니 名曰普明이라라
진동일호   명왈보명

三. 게송으로 거듭 설하다

爾時世尊이 欲重宣此義하사 而說偈言하나라
이시세존   욕중선차의   이설게언

憍陳如比丘는 當見無量佛하고 過阿僧祇劫하야 乃成等正覺하대
교진여비구   당견무량불   과아승지겁   내성등정각

常放大光明하고 具足諸神通하며 名聞徧十方하야 一切之所敬이라
상방대광명   구족제신통   명문변시방   일체지소경

常說無上道일새 故號爲普明이라 其國土淸淨하고 菩薩皆勇猛하며
상설무상도   고호위보명   기국토청정   보살개용맹

咸昇妙樓閣하야 遊諸十方國하대 以無上供具로 奉獻於諸佛하며
함승묘누각   유제시방국   이무상공구   봉헌어제불

作是供養已에 心懷大歡喜하야 須臾還本國하니 有如是神力하나라
작시공양이   심회대환희   수유환본국   유여시신력

佛壽六萬劫이요 正法住倍壽며 像法復倍是라 法滅天人憂일새
불수육만겁   정법주배수   상법부배시   법멸천인우

其五百比丘가 次第當作佛하대 同號曰普明이라 轉次而授記하대
기오백비구   차제당작불   동호왈보명   전차이수기

我滅度之後에 某甲當作佛이라하야 其所化世間이 亦如我今日이나라
아멸도지후   모갑당작불   기소화세간   역여아금일

國土之嚴淨과 及諸神通力과 菩薩聲聞衆과 正法及像法과
국토지엄정   급제신통력   보살성문중   정법급상법

壽命劫多少는 皆如上所說이니라 迦葉汝已知 五百自在者어니와
수명겁다소 개여상소설 가섭여이지 오백자재자

餘諸聲聞衆도 亦當復如是니라 其不在此會한이는 汝當爲宣說하라
여제성문중 역당부여시 기부재차회 여당위선설

四. 의주(衣珠)의 비유

1. 오백 아라한의 기쁨과 자책

爾時五百阿羅漢이 於佛前에 得受記已하고 歡喜踊躍하야 即從座
이시오백아라한 어불전 득수기이 환희용약 즉종좌

起하야 到於佛前하야 頭面禮足하고 悔過自責하니라 世尊하 我等常作
기 도어불전 두면예족 회과자책 세존 아등상작

是念하대 自謂已得究竟滅度러니 今乃知之호니 如無智者니다 所以者
시념 자위이득구경멸도 금내지지 여무지자 소이자

何오 我等應得如來智慧어늘 而便自以小智爲足이니다
하 아등응득여래지혜 이변자이소지위족

2. 비유를 들다

世尊하 譬如有人이 至親友家하야 醉酒而臥러니 是時親友는 官事
세존 비여유인 지친우가 취주이와 시시친우 관사

當行일새 以無價寶珠로 繫其衣裏하고 與之而去러니 其人醉臥하야 都
당행 이무가보주 계기의리 여지이거 기인취와 도

不覺知하고 起已遊行하야 到於他國하야 爲衣食故로 勤力求索에 甚
불각지 기이유행 도어타국 위의식고 근력구색 심

大艱難이라 若少有所得이면 便以爲足이러라 於後親友가 會遇見之
대간난 약소유소득 변이위족 어후친우 회우견지

하고 而作是言하대 咄哉丈夫여 何爲衣食하야 乃至如是오 我昔欲令
이작시언　돌재장부　하위의식　내지여시　아석욕령

汝得安樂하야 五欲自恣일새 於某年月日에 以無價寶珠로 繫汝衣
여득안락　오욕자자　어모년월일　이무가보주　계여의

裏라 今故現在어늘 而汝不知하고 勤苦憂惱하야 以求自活하니 甚爲癡
리　금고현재　이여부지　근고우뇌　이구자활　심위치

也로다 汝今可以此寶로 貿易所須하면 常可如意하야 無所乏短이니다
야　여금가이차보　무역소수　상가여의　무소핍단

3. 비유에서 법을 밝히다

佛亦如是하야 爲菩薩時에 敎化我等하야 令發一切智心커늘 而尋
불역여시　위보살시　교화아등　영발일체지심　이심

廢忘하고 不知不覺하며 旣得阿羅漢道라하야 自謂滅度나 資生이 艱難
폐망　부지불각　기득아라한도　자위멸도　자생　간난

하야 得少爲足하나 一切智願은 猶在不失이니라 今者世尊이 覺悟我等
득소위족　일체지원　유재불실　금자세존　각오아등

하사 作如是言하사대 諸比丘야 汝等所得은 非究竟滅이라 我久令汝等
작여시언　제비구　여등소득　비구경멸　아구영여등

으로 種佛善根일새 以方便故로 示涅槃相이어늘 而汝는 謂爲實得滅度
종불선근　이방편고　시열반상　이여　위위실득멸도

호이다 世尊我今에 乃知實是菩薩로 得受阿耨多羅三藐三菩提記
호이다 세존아금　내지실시보살　득수아녹다라삼막삼보리기

하고 以是因緣으로 甚大歡喜하야 得未曾有니다
이시인연　심대환희　득미증유

4. 게송으로 거듭 설하다

1) 오백 아라한의 기쁨과 자책

爾時阿若憍陳如等이 欲重宣此義하사 而說偈言하니라
이 시 아 야 교 진 여 등 욕 중 선 차 의   이 설 게 언

我等聞無上　　安隱授記聲하고 歡喜未曾有하야 禮無量智佛이니다
아 등 문 무 상 　안 은 수 기 성　 환 희 미 증 유　 예 무 량 지 불

今於世尊前에　自悔諸過咎니다 於無量佛寶에　得少涅槃分호니
금 어 세 존 전　 자 회 제 과 구　 어 무 량 불 보　 득 소 열 반 분

如無智愚人하야 便自以爲足이니다
여 무 지 우 인　 변 자 이 위 족

2) 비유를 들다

譬如貧窮人이　往至親友家하니 其家甚大富라　具設諸餚饍하며
비 여 빈 궁 인　 왕 지 친 우 가　 기 가 심 대 부　 구 설 제 효 선

以無價寶珠로　繫着內衣裏하고 默與而捨去하대 時臥不覺知라
이 무 가 보 주　 계 착 내 의 리　 묵 여 이 사 거　 시 와 불 각 지

是人旣已起에　遊行詣他國하야 求衣食自濟하니 資生甚艱難이라
시 인 기 이 기　 유 행 예 타 국　 구 의 식 자 제　 자 생 심 간 난

得少便爲足하고 更不願好者하며 不覺內衣裏에　有無價寶珠러니
득 소 변 위 족　 갱 불 원 호 자　 불 각 내 의 리　 유 무 가 보 주

與珠之親友가　後見此貧人하고 苦切責之已에　示以所繫珠어늘
여 주 지 친 우　 후 견 차 빈 인　 고 절 책 지 이　 시 이 소 계 주

貧人見此珠하고 其心大歡喜라　富有諸財物하야 五欲而自恣이니다
빈 인 견 차 주　 기 심 대 환 희　 부 유 제 재 물　 오 욕 이 자 자

3) 비유에서 법을 밝히다

我等亦如是하야 世尊於長夜에　常愍見敎化하고 令種無上願이어늘
아 등 역 여 시　세 존 어 장 야　상 민 견 교 화　영 종 무 상 원

我等無智故로 不覺亦不知하야 得少涅槃分하고 自足不求餘니다
아 등 무 지 고　불 각 역 부 지　득 소 열 반 분　자 족 불 구 여

今佛覺悟我하사 言非實滅度라하시니 得佛無上慧하고사 爾乃爲眞滅이니라
금 불 각 오 아　언 비 실 멸 도　득 불 무 상 혜　이 내 위 진 멸

我今從佛聞 授記莊嚴事와 及轉次受決하고 身心徧歡喜이니다
아 금 종 불 문　수 기 장 엄 사　급 전 차 수 결　신 심 변 환 희

第九
授學無學人記品
수학무학인기품

妙法蓮華經

第九 授學無學人記品

一. 아난과 라후라가 수기를 청하다

爾時阿難과 羅睺羅가 而作是念하대 我等每自思惟호대 設得受記
이시아난　라후라　이작시념　　아등매자사유　　설득수기

면 不亦快乎아하고 卽從座起하야 到於佛前하야 頭面禮足하고 俱白佛言
불역쾌호　　즉종좌기　　도어불전　　두면예족　　구백불언

하사대 世尊하 我等於此에 亦應有分이니 唯有如來는 我等所歸요 又我
　세존　아등어차　역응유분　　유유여래　아등소귀　우아

等이 爲一切世間天人阿修羅의 所見知識이며 阿難常爲侍者하야 護
등　위일체세간천인아수라　소견지식　　아난상위시자　　호

持法藏하고 羅睺羅是佛之子라 若佛見授阿耨多羅三藐三菩提記
지법장　　라후라시불지자　약불견수아뇩다라삼먁삼보리기

者인댄 我願旣滿하고 衆望亦足이니다 爾時學無學聲聞弟子二千人
자　　아원기만　　중망역족　　이시학무학성문제자이천인

이 皆從座起하야 偏袒右肩하고 到於佛前하야 一心合掌하고 瞻仰世尊
개종좌기　　편단우견　　도어불전　　일심합장　　첨앙세존

하대 如阿難羅睺羅所願이라하고 住立一面이러라
　여아난라후라소원　　　주립일면

二. 아난 수기장(授記章)

1. 장문으로 설하다

爾時佛告阿難하사대 汝於來世에 當得作佛하대 號山海慧自在通
이 시 불 고 아 난　여 어 래 세　당 득 작 불　호 산 해 혜 자 재 통

王如來應供正徧知明行足善逝世間解無上士調御丈夫天人
왕 여 래 응 공 정 변 지 명 행 족 선 서 세 간 해 무 상 사 조 어 장 부 천 인

師佛世尊이라 當供養六十二億諸佛하야 護持法藏然後에 得阿耨
사 불 세 존　당 공 양 육 십 이 억 제 불　호 지 법 장 연 후　득 아 녹

多羅三藐三菩提하고 教化二十千萬億恒河沙諸菩薩等하야 令成
다 라 삼 먁 삼 보 리　교 화 이 십 천 만 억 항 하 사 제 보 살 등　영 성

阿耨多羅三藐三菩提하리라 國名常立勝幡이요 其土清淨하야 瑠璃
아 녹 다 라 삼 먁 삼 보 리　국 명 상 립 승 번　기 토 청 정　유 리

爲地하며 劫名妙音徧滿이라 其佛壽命은 無量千萬億阿僧祇劫이라
위 지　겁 명 묘 음 변 만　기 불 수 명　무 량 천 만 억 아 승 지 겁

若人이 於千萬億無量阿僧祇劫中에 算數校計로 不能得知며 正
약 인　어 천 만 억 무 량 아 승 지 겁 중　산 수 교 계　불 능 득 지　정

法住世는 倍於壽命하고 像法住世는 復倍正法이니라 阿難아 是山海
법 주 세　배 어 수 명　상 법 주 세　부 배 정 법　아 난　시 산 해

慧自在通王佛이 爲十方無量千萬億恒河沙等諸佛如來의 所共
혜 자 재 통 왕 불　위 시 방 무 량 천 만 억 항 하 사 등 제 불 여 래　소 공

讚歎이며 稱其功德이니라
찬 탄　칭 기 공 덕

2. 게송으로 거듭 설하다

爾時世尊이 欲重宣此義하사 而說偈言하니라
이 시 세 존　욕 중 선 차 의　이 설 게 언

我今僧中說하니 阿難持法者라 當供養諸佛하고 然後成正覺하면
아 금 승 중 설　　아 난 지 법 자　　당 공 양 제 불　　연 후 성 정 각

號曰山海慧 自在通王佛이라 其國土淸淨하대 名常立勝幡이며
호 왈 산 해 혜　　자 재 통 왕 불　　기 국 토 청 정　　명 상 립 승 번

敎化諸菩薩하대 其數如恒沙리라 佛有大威德하야 名聞滿十方하며
교 화 제 보 살　　기 수 여 항 사　　불 유 대 위 덕　　명 문 만 시 방

壽命無有量이니 以愍衆生故라 正法倍壽命하고 像法復倍是며
수 명 무 유 량　　이 민 중 생 고　　정 법 배 수 명　　상 법 부 배 시

如恒河沙等 無數諸衆生이 於此佛法中에 種佛道因緣하리라
여 항 하 사 등　　무 수 제 중 생　　어 차 불 법 중　　종 불 도 인 연

3. 팔천 보살이 의심하다

爾時會中에 新發意菩薩八天人이 咸作是念하대 我等이 尙不聞
이 시 회 중　　신 발 의 보 살 팔 천 인　　함 작 시 념　　아 등　　상 불 문

諸大菩薩도 得如是記어늘 有何因緣으로 而諸聲聞이 得如是決가하니라
제 대 보 살　　득 여 시 기　　유 하 인 연　　이 제 성 문　　득 여 시 결

爾時世尊이 知諸菩薩의 心之所念하시고 而告之曰諸善男子야 我
이 시 세 존　　지 제 보 살　　심 지 소 념　　이 고 지 왈 제 선 남 자　　아

與阿難等으로 於空王佛所에 同時發阿耨多羅三藐三菩提心이언마는
여 아 난 등　　어 공 왕 불 소　　동 시 발 아 녹 다 라 삼 먁 삼 보 리 심

阿難常樂多聞하고 我常勤精進일새 是故我已得成阿耨多羅三藐
아 난 상 락 다 문　　아 상 근 정 진　　시 고 아 이 득 성 아 녹 다 라 삼 먁

三菩提호니 而阿難이 護持我法하고 亦護將來諸佛法藏하야 敎化成
삼 보 리　　이 아 난　　호 지 아 법　　역 호 장 래 제 불 법 장　　교 화 성

就諸菩薩衆하리니 其本願如是일새 故獲斯記니라
취 제 보 살 중　　기 본 원 여 시　　고 획 사 기

4. 아난이 환희하다

阿難이 面於佛前하고 自聞受記와 及國土莊嚴하고 所願具足하며 心
아 난 면 어 불 전　자 문 수 기　급 국 토 장 엄　소 원 구 족　심

大歡喜하야 得未曾有라 即時에 憶念過去無量千萬億諸佛法藏하야
대 환 희　득 미 증 유　즉 시　억 념 과 거 무 량 천 만 억 제 불 법 장

通達無礙하대 如今所聞하며 亦識本願이라 爾時阿難이 而說偈言하나라
통 달 무 애　여 금 소 문　역 식 본 원　이 시 아 난　이 설 게 언

世尊甚希有하사 令我念過去　無量諸佛法하대 如今日所聞하야
세 존 심 희 유　영 아 념 과 거　무 량 제 불 법　여 금 일 소 문

我今無復疑라 安住於佛道앤는 方便爲侍者하야 護持諸佛法이니다
아 금 무 부 의　안 주 어 불 도　방 편 위 시 자　호 지 제 불 법

三. 라후라 수기장(授記章)

1. 장문으로 설하다

爾時佛告羅睺羅하사대 汝於來世에 當得作佛하리니 號蹈七寶華
이 시 불 고 라 후 라　여 어 래 세　당 득 작 불　호 도 칠 보 화

如來應供正徧知明行足善逝世間解無上士調御丈夫天人師
여 래 응 공 정 변 지 명 행 족 선 서 세 간 해 무 상 사 조 어 장 부 천 인 사

佛世尊이라 當供養十世界微塵等數諸佛如來하며 常爲諸佛의
불 세 존　당 공 양 십 세 계 미 진 등 수 제 불 여 래　상 위 제 불

而作長子하대 猶如今也리라 是蹈七寶華佛의 國土莊嚴과 壽命劫
이 작 장 자　유 여 금 야　시 도 칠 보 화 불　국 토 장 엄　수 명 겁

數와 所化弟子와 正法像法은 亦如山海慧自在通王如來無異며 亦
수　소 화 제 자　정 법 상 법　역 여 산 해 혜 자 재 통 왕 여 래 무 이　역

爲此佛에 而作長子라 過是已後에 當得阿耨多羅三藐三菩提니라
위 차 불 이 작 장 자 과 시 이 후 당 득 아 뇩 다 라 삼 먁 삼 보 리

2. 게송으로 거듭 설하다

爾時世尊이 欲重宣此義하사 而說偈言하니라
이 시 세 존 욕 중 선 차 의   이 설 게 언

我爲太子時에 羅睺爲長子러니 我今成佛道에 受法爲法子라
아 위 태 자 시 라 후 위 장 자   아 금 성 불 도 수 법 위 법 자

於未來世中에 見無量億佛하고 皆爲其長子하야 一心求佛道하리니
어 미 래 세 중 견 무 량 억 불 개 위 기 장 자 일 심 구 불 도

羅睺羅密行을 唯我能知之라 現爲我長子하야 以示諸衆生하며
라 후 라 밀 행 유 아 능 지 지 현 위 아 장 자 이 시 제 중 생

無量億千萬 功德不可數라 安住於佛法하야 以求無上道니라
무 량 억 천 만 공 덕 불 가 수 안 주 어 불 법 이 구 무 상 도

四. 이천 아라한 수기장(授記章)

1. 장문으로 설하다

爾時世尊이 見學無學二千人이 其意柔軟하야 寂然淸淨하며 一心
이 시 세 존 견 학 무 학 이 천 인 기 의 유 연   적 연 청 정   일 심

觀佛하고 佛告阿難하사대 汝見是學無學二千人不아 唯然已見이니다
관 불   불 고 아 난   여 견 시 학 무 학 이 천 인 부 유 연 이 견

阿難아 是諸人等이 當供養五十世界微塵數諸佛如來하야 恭敬尊
아 난 시 제 인 등 당 공 양 오 십 세 계 미 진 수 제 불 여 래   공 경 존

重하고 護持法藏하며 末後同時於十方國에 各得成佛하면 皆同一號
중   호지법장   말후동시어시방국   각득성불   개동일호

니 名曰寶相如來應供正偏知明行足善逝世間解無上士調御丈
명왈보상여래응공정변지명행족선서세간해무상사조어장

夫天人師佛世尊이라 壽命一劫이요 國土莊嚴과 聲聞菩薩과 正法
부천인사불세존   수명일겁   국토장엄   성문보살   정법

像法이 皆悉同等이니라
상법   개실동등

2. 게송으로 거듭 설하다

爾時世尊이 欲重宣此義하사 而說偈言하니라
이시세존   욕중선차의   이설게언

是二千聲聞이 今於我前住를 悉皆與授記하대 未來當成佛이라
시이천성문   금어아전주   실개여수기   미래당성불

所供養諸佛은 如上說塵數며 護持其法藏하고 後當成正覺하며
소공양제불   여상설진수   호지기법장   후당성정각

各於十方國에 悉同一名號라 俱時坐道場하야 以證無上慧어든
각어시방국   실동일명호   구시좌도량   이증무상혜

皆名爲寶相이며 國土及弟子와 正法與像法은 悉等無有異라
개명위보상   국토급제자   정법여상법   실등무유이

咸以諸神通으로 度十方衆生하며 名聞普周徧하야 漸入於涅槃하리라
함이제신통   도시방중생   명문보주변   점입어열반

爾時學無學二千人이 聞佛授記하고 歡喜踊躍하야 而說偈言하니라
이시학무학이천인   문불수기   환희용약   이설게언

世尊慧燈明하시니 我聞授記音하옵고 心歡喜充滿하대 如甘露見灌이니라
세존혜등명   아문수기음   심환희충만   여감로견관

第十
法師品
법사품

妙法蓮華經

第十 法師品

一. 법화경 한 구절로 수기를 받다

爾時世尊이 因藥王菩薩하사 告八萬大士하사대 藥王아 汝見是大
이 시 세 존　　인 약 왕 보 살　　　고 팔 만 대 사　　　약 왕　　여 견 시 대

衆中에 無量諸天龍王과 夜叉乾闥婆와 阿修羅迦樓羅와 緊那羅
중 중　　무 량 제 천 용 왕　　야 차 건 달 바　　아 수 라 가 루 라　　긴 나 라

摩睺羅伽와 人與非人과 及比丘比丘尼와 優婆塞優婆夷의 求聲
마 후 라 가　　인 여 비 인　　급 비 구 비 구 니　　우 바 새 우 바 이　　구 성

聞者와 求辟支佛者와 求佛道者와 如是等類가 咸於佛前에 聞妙法
문 자　　구 벽 지 불 자　　구 불 도 자　　여 시 등 류　　함 어 불 전　　문 묘 법

華經의 一偈一句하고 乃至一念隨喜者는 我皆與授記하대 當得阿
화 경　　일 게 일 구　　　내 지 일 념 수 희 자　　아 개 여 수 기　　　당 득 아

耨多羅三藐三菩提니라 佛告藥王하사대 又如來滅度之後에 若有人
녹 다 라 삼 먁 삼 보 리　　　불 고 약 왕　　　우 여 래 멸 도 지 후　　약 유 인

이 聞妙法華經을 乃至一偈一句하야 一念隨喜者라도 我亦與授阿
이　문 묘 법 화 경　　내 지 일 게 일 구　　　일 념 수 희 자　　　아 역 여 수 아

耨多羅三藐三菩提記니라
녹 다 라 삼 먁 삼 보 리 기

二. 법화경 공양이 제일공양

若復有人이 受持讀誦하며 解說書寫妙法華經하대 乃至一偈하며
약부유인 수지독송 해설서사묘법화경 내지일게

於此經卷에 敬視如佛하고 種種供養華香瓔珞이며 抹香塗香燒香
어차경권 경시여불 종종공양화향영락 말향도향소향

이며 繒蓋幢幡이며 衣服伎樂하고 乃至合掌恭敬하면 藥王當知하라 是
증개당번 의복기악 내지합장공경 약왕당지 시

諸人等은 已曾供養十萬億佛하고 於諸佛所에 成就大願하대 愍衆
제인등 이증공양십만억불 어제불소 성취대원 민중

生故로 生此人間이니라 藥王아 若有人이 問何等衆生이 於未來世에
생고 생차인간 약왕 약유인 문하등중생 어미래세

當得作佛하면 應示是諸人等이 於未來世에 必得作佛이니라 何以
당득작불 응시시제인등 어미래세 필득작불 하이

故오 若善男子善女人이 於法華經에 乃至一句를 受持讀誦하고 解
고 약선남자선여인 어법화경 내지일구 수지독송 해

說書寫하며 種種供養經卷을 華香瓔珞과 抹香塗香燒香과 繒蓋幢
설서사 종종공양경권 화향영락 말향도향소향 증개당

幡과 衣服伎樂하고 合掌恭敬하면 是人은 一切世間의 所應瞻奉이라 應
번 의복기악 합장공경 시인 일체세간 소응첨봉 응

以如來供養으로 而供養之니 當知此人은 是大菩薩이라 成就阿耨多
이여래공양 이공양지 당지차인 시대보살 성취아뇩다

羅三藐三菩提언마는 哀愍衆生하야 願生此間하야 廣演分別妙法華
라삼막삼보리 애민중생 원생차간 광연분별묘법화

經이온 何況盡能受持하고 種種供養者리요 藥王當知하라 是人은 自捨
경 하황진능수지 종종공양자 약왕당지 시인 자사

淸淨業報하고 於我滅度後에 愍衆生故로 生於惡世하야 廣演此經
청정업보 어아멸도후 민중생고 생어악세 광연차경

이니라 若是善男子善女人이 我滅度後에 能竊爲一人하야 說法華經
약시선남자선여인　아멸도후　능절위일인　설법화경

하대 乃至一句하면 當知是人은 則如來使라 如來所遣으로 行如來事
내지일구　당지시인　즉여래사　여래소견　행여래사

어든 何況於大衆中에 廣爲人說이리요
하황어대중중　광위인설

三. 법화경을 비방한 죄가 더 크다

藥王아 若有惡人이 以不善心으로 於一劫中에 現於佛前에 常毁
약왕　약유악인　이불선심　어일겁중　현어불전　상훼

罵佛이라도 其罪尚輕이어니와 若人이 以一惡言으로 毁呰在家出家의 讀
매불　기죄상경　약인　이일악언　훼자재가출가　독

誦法華經者면 其罪甚重이니라 藥王아 其有讀誦法華經者는 當知
송법화경자　기죄심중　약왕　기유독송법화경자　당지

是人은 以佛莊嚴으로 而自莊嚴하고 則爲如來肩所荷擔이며 其所至
시인　이불장엄　이자장엄　즉위여래견소하담　기소지

方에 應隨向禮하야 一心合掌하고 恭敬供養하며 尊重讚歎하대 華香瓔
방　응수향례　일심합장　공경공양　존중찬탄　화향영

珞과 抹香塗香燒香과 繒蓋幢幡과 衣服餚饌이며 作諸伎樂하야 人中
락　말향도향소향　증개당번　의복효찬　작제기악　인중

上供으로 而供養之하며 應持天寶하야 而以散之하고 天上寶聚를 應以
상공　이공양지　응지천보　이이산지　천상보취　응이

奉獻이니 所以者何오 是人歡喜說法하면 須臾聞之라도 即得究竟에
봉헌　소이자하　시인환희설법　수유문지　즉득구경

阿耨多羅三藐三菩提故니라
아녹다라삼막삼보리고

四. 게송으로 거듭 설하다

1. 법화경을 수지한 공덕

爾時世尊이 欲重宣此義하사 而說偈言하니라
이 시 세 존   욕 중 선 차 의   이 설 게 언

若欲住佛道하야 成就自然智인댄 常當勤供養 受持法華者니라
약 욕 주 불 도   성 취 자 연 지   상 당 근 공 양   수 지 법 화 자

其有欲疾得 一切種智慧인댄 當受持是經하고 幷供養持者니라
기 유 욕 질 득   일 체 종 지 혜   당 수 지 시 경   병 공 양 지 자

若有能受持 妙法華經者는 當知佛所使로 愍念諸衆生이니라
약 유 능 수 지   묘 법 화 경 자   당 지 불 소 사   민 념 제 중 생

諸有能受持 妙法華經者는 捨於淸淨土하고 愍衆故生此니
제 유 능 수 지   묘 법 화 경 자   사 어 청 정 토   민 중 고 생 차

當知如是人은 自在所欲生하야 能於此惡世에 廣說無上法하며
당 지 여 시 인   자 재 소 욕 생   능 어 차 악 세   광 설 무 상 법

應以天華香과 及天寶衣服과 天上妙寶聚로 供養說法者니라
응 이 천 화 향   급 천 보 의 복   천 상 묘 보 취   공 양 설 법 자

吾滅後惡世에 能持是經者를 當合掌禮敬하대 如供養世尊하며
오 멸 후 악 세   능 지 시 경 자   당 합 장 예 경   여 공 양 세 존

上饌衆甘美와 及種種衣服으로 供養是佛子하야 冀得須臾聞하며
상 찬 중 감 미   급 종 종 의 복   공 양 시 불 자   기 득 수 유 문

若能於後世에 受持是經者를 我遣在人中하야 行於如來事니라
약 능 어 후 세   수 지 시 경 자   아 견 재 인 중   행 어 여 래 사

2. 법화경을 비방한 죄가 더 크다

若於一劫中에 常懷不善心하야 作色而罵佛하면 獲無量重罪하대
약 어 일 겁 중   상 회 불 선 심   작 색 이 매 불   획 무 량 중 죄

其有讀誦持　是法華經者를　須臾加惡言하면　其罪復過彼니라
기유독송지　시법화경자　수유가악언　기죄부과피

有人求佛道하야　而於一劫中에　合掌在我前하야　以無數偈讚하고
유인구불도　이어일겁중　합장재아전　이무수게찬

由是讚佛故로　得無量功德하니　歎美持經者는　其福復過彼니라
유시찬불고　득무량공덕　탄미지경자　기복부과피

於八十億劫에　以最妙色聲과　及與香味觸으로　供養持經者하고
어팔십억겁　이최묘색성　급여향미촉　공양지경자

如是供養已에　若得須臾聞하면　則應自欣慶　我今獲大利니라
여시공양이　약득수유문　즉응자흔경　아금획대리

藥王今告汝하니　我所說諸經인　而於此經中에　法華最第一이니라
약왕금고여　아소설제경　이어차경중　법화최제일

五. 제불의 비밀하고 요긴한 법장

爾時佛이　復告藥王菩薩摩訶薩하사대　我所說經典의　無量千萬億
이시불　부고약왕보살마하살　아소설경전　무량천만억

을 已說今說當說이어니와　而於其中에　此法華經이　最爲難信難解니라
이설금설당설　이어기중　차법화경　최위난신난해

藥王아　此經是諸佛秘要之藏이라　不可分布하야　妄授與人이니　諸佛
약왕　차경시제불비요지장　불가분포　망수여인　제불

世尊之所守護라　從昔已來로　未曾顯說而此經者는　如來現在에도
세존지소수호　종석이래　미증현설이차경자　여래현재

猶多怨嫉이어든　況滅度後리요　藥王當知하라　如來滅後에　其能書持
유다원질　황멸도후　약왕당지　여래멸후　기능서지

讀誦供養하고　爲他人說者는　如來卽爲以衣覆之하며　又爲他方現
독송공양　위타인설자　여래즉위이의부지　우위타방현

在諸佛之所護念이라 是人有大信力과 及志願力과 諸善根力하나니
재 제 불 지 소 호 념　시 인 유 대 신 력　급 지 원 력　제 선 근 력

當知是人은 與如來共宿이며 則爲如來手摩其頭니라 藥王아 在在
당 지 시 인　여 여 래 공 숙　즉 위 여 래 수 마 기 두　약 왕　재 재

處處에 若說若讀커나 若誦若書하며 若經卷所住之處는 皆應起七
처 처　약 설 약 독　약 송 약 서　약 경 권 소 주 지 처　개 응 기 칠

寶塔하야 極令高廣嚴飾하고 不須復安舍利니 所以者何오 此中已
보 탑　극 령 고 광 엄 식　불 수 부 안 사 리　소 이 자 하　차 중 이

有如來全身이니라 此塔應以一切華香瓔珞과 繒蓋幢幡과 伎樂歌
유 여 래 전 신　차 탑 응 이 일 체 화 향 영 락　증 개 당 번　기 악 가

頌으로 供養恭敬하며 尊重讚歎이니 若有人이 得見此塔하고 禮拜供養
송　공 양 공 경　존 중 찬 탄　약 유 인　득 견 차 탑　예 배 공 양

하면 當知是等은 皆近阿耨多羅三藐三菩提니라 藥王아 多有人在家
당 지 시 등　개 근 아 녹 다 라 삼 막 삼 보 리　약 왕　다 유 인 재 가

出家에 行菩薩道하대 若不能得見聞讀誦書持供養是法華經者면
출 가　행 보 살 도　약 불 능 득 견 문 독 송 서 지 공 양 시 법 화 경 자

當知是人은 未善行菩薩道요 若有得聞是經典者면 乃能善行菩
당 지 시 인　미 선 행 보 살 도　약 유 득 문 시 경 전 자　내 능 선 행 보

薩之道니라 其有衆生이 求佛道者로 若見若聞是法華經하고 聞已
살 지 도　기 유 중 생　구 불 도 자　약 견 약 문 시 법 화 경　문 이

信解受持者는 當知是人은 得近阿耨多羅三藐三菩提니라 藥王아
신 해 수 지 자　당 지 시 인　득 근 아 녹 다 라 삼 막 삼 보 리　약 왕

譬如有人이 渴乏須水하야 於彼高原에 穿鑿求之하대 猶見乾土하면
비 여 유 인　갈 핍 수 수　어 피 고 원　천 착 구 지　유 견 간 토

知水尙遠이나 施功不已하야 轉見濕土하고 遂漸至泥하면 其心決定
지 수 상 원　시 공 불 이　전 견 습 토　수 점 지 니　기 심 결 정

知水必近이니 菩薩亦復如是하야 若未聞未解하며 未能修習是法華
지 수 필 근　보 살 역 부 여 시　약 미 문 미 해　미 능 수 습 시 법 화

經하면 當知是人은 去阿耨多羅三藐三菩提尙遠이요 若得聞解하야
경　당 지 시 인　거 아 녹 다 라 삼 막 삼 보 리 상 원　약 득 문 해

思惟修習하면 必知得近阿耨多羅三藐三菩提니 所以者何오 一切
사유수습   필지득근아뇩다라삼먁삼보리   소이자하   일체

菩薩阿耨多羅三藐三菩提는 皆屬此經이니라 此經開方便門하고 示
보살아뇩다라삼먁삼보리   개속차경   차경개방편문   시

眞實相이니 是法華經藏은 深固幽遠하야 無人能到어늘 今佛教化成
진실상   시법화경장   심고유원   무인능도   금불교화성

就菩薩호려하야 而爲開示니라 藥王아 若有菩薩이 聞是法華經하고 驚
취보살   이위개시   약왕   약유보살이   문시법화경하고   경

疑怖畏하면 當知是爲新發意菩薩이요 若聲聞人이 聞是經하고 驚疑
의포외   당지시위신발의보살   약성문인   문시경   경의

怖畏하면 當知是爲增上慢者니라
포외   당지시위증상만자

六. 법화경을 설하는 규칙

藥王아 若有善男子善女人이 如來滅後에 欲爲四衆하야 說是法
약왕   약유선남자선여인   여래멸후   욕위사중   설시법

華經者는 云何應說고 是善男子善女人은 入如來室하고 着如來衣
화경자   운하응설   시선남자선여인   입여래실   착여래의

하며 坐如來座라사 爾乃應爲四衆하야 廣說斯經이니 如來室者는 一切
좌여래좌   이내응위사중   광설사경   여래실자   일체

衆生中에 大慈悲心是요 如來衣者는 柔和忍辱心是요 如來座者는
중생중   대자비심시   여래의자   유화인욕심시   여래좌자

一切法空是니 安住是中然後에 以不懈怠心으로 爲諸菩薩及四衆
일체법공시   안주시중연후   이불해태심   위제보살급사중

하야 廣說是法華經이니라
광설시법화경

七. 설법인을 위하여

藥王아 我於餘國遣化人하야 爲其集聽法衆하며 亦遣化比丘比丘
약왕　아어여국견화인　　위기집청법중　　역견화비구비구

尼와 優婆塞優婆夷하야 聽其說法하니 是諸化人이 聞法信受하고 隨
니　우바새우바이　　청기설법　　시제화인　문법신수　　수

順不逆하며 若說法者가 在空閑處어든 我時廣遣天龍鬼神과 乾闥婆
순불역　　약설법자　재공한처　　아시광견천룡귀신과　건달바

阿修羅等하야 聽其說法하며 我雖在異國이나 時時令說法者로 得
아수라등　　청기설법　　아수재이국　　시시영설법자　　득

見我身케하며 若於此經에 忘失句逗어든 我還爲說하야 令得具足이니라
견아신　　약어차경　　망실구두　　아환위설　　영득구족

八. 게송으로 거듭 설하다

1. 법화경과 불지혜

爾時世尊이 欲重宣此義하사 而說偈言하니라
이시세존　욕중선차의　　이설게언

欲捨諸懈怠인댄 應當聽此經이니 是經難得聞이며 信受者亦難이라
욕사제해태　　응당청차경　　시경난득문　　신수자역난

如人渴須水에 穿鑿於高原하대 猶見乾燥土면 知去水尙遠이나
여인갈수수　　천착어고원　　유견간조토　　지거수상원

漸見濕土泥하면 決定知近水니라 藥王汝當知하라 如是諸人等이
점견습토니　　결정지근수　　약왕여당지　　여시제인등

不聞法華經하면 去佛智甚遠이나 若聞是深經하면 決了聲聞法하니
불문법화경　　거불지심원　　약문시심경　　결료성문법

是諸經之王이라 聞已諦思惟하면 當知此人等은 近於佛智慧니라
시 제 경 지 왕　　　문 이 체 사 유　　　당 지 차 인 등　　　근 어 불 지 혜

2. 법화경을 설하는 규칙

若人說此經인댄 應入如來室하야 着於如來衣하며 而坐如來座라사
약 인 설 차 경　　　응 입 여 래 실　　　착 어 여 래 의　　　이 좌 여 래 좌

處衆無所畏하야 廣爲分別說이니라 大慈悲爲室하고 柔和忍辱衣와
처 중 무 소 외　　　광 위 분 별 설　　　대 자 비 위 실　　　유 화 인 욕 의

諸法空爲座하야 處此爲說法하며 若說此經時에 有人惡口罵하야
제 법 공 위 좌　　　처 차 위 설 법　　　약 설 차 경 시　　　유 인 악 구 매

加刀杖瓦石이라도 念佛故應忍이니라
가 도 장 와 석　　　염 불 고 응 인

3. 설법인을 위하여

我千萬億土에 現淨堅固身하야 於無量億劫에 爲衆生說法하며
아 천 만 억 토　　　현 정 견 고 신　　　어 무 량 억 겁　　　위 중 생 설 법

若我滅度後에 能說此經者면 我遣化四衆인 比丘比丘尼와
약 아 멸 도 후　　　능 설 차 경 자　　　아 견 화 사 중　　　비 구 비 구 니

及淸信士女하야 供養於法師하고 引導諸衆生하야 集之令聽法하며
급 청 신 사 녀　　　공 양 어 법 사　　　인 도 제 중 생　　　집 지 영 청 법

若人欲加惡하야 刀杖及瓦石하면 則遣變化人하야 爲之作衛護하며
약 인 욕 가 악　　　도 장 급 와 석　　　즉 견 변 화 인　　　위 지 작 위 호

若說法之人이 獨在空閑處하야 寂寞無人聲하고 讀誦此經典하면
약 설 법 지 인　　　독 재 공 한 처　　　적 막 무 인 성　　　독 송 차 경 전

我爾時爲現 淸淨光明身하며 若忘失章句면 爲說令通利하며
아 이 시 위 현　　　청 정 광 명 신　　　약 망 실 장 구　　　위 설 영 통 리

若人具是德하야 或爲四衆說하고 空處讀誦經하면 皆得見我身하며
약 인 구 시 덕　　혹 위 사 중 설　　공 처 독 송 경　　개 득 견 아 신

若人在空閑하면 我遣天龍王과 夜叉鬼神等하야 爲作聽法衆하며
약 인 재 공 한　　아 견 천 룡 왕　　야 차 귀 신 등　　위 작 청 법 중

是人樂說法하야 分別無罣礙하면 諸佛護念故로 能令大衆喜니라
시 인 요 설 법　　분 별 무 가 애　　제 불 호 념 고　　능 령 대 중 희

若親近法師하야 速得菩薩道인댄 隨順是師學이니 得見恒沙佛이니라
약 친 근 법 사　　속 득 보 살 도　　수 순 시 사 학　　득 견 항 사 불

第十一
見寶塔品
견보탑품

妙法蓮華經

第十一　見寶塔品

一. 칠보탑이 솟아오르다

1. 칠보탑의 모양

爾時佛前에 有七寶塔하대 高五百由旬이요 縱廣二百五十由旬이라
이 시 불 전　유 칠 보 탑　고 오 백 유 순　종 광 이 백 오 십 유 순

從地涌出하야 住在空中하대 種種寶物로 而莊校之하며 五千欄楯이요
종 지 용 출　주 재 공 중　종 종 보 물　이 장 교 지　오 천 난 순

龕室千萬이며 無數幢幡으로 以爲嚴飾하고 垂寶瓔珞하니 寶鈴萬億
감 실 천 만　무 수 당 번　이 위 엄 식　수 보 영 락　보 령 만 억

으로 而懸其上하며 四面皆出多摩羅跋栴檀之香하야 充徧世界하며
이 현 기 상　사 면 개 출 다 마 라 발 전 단 지 향　충 변 세 계

其諸幡蓋는 以金銀瑠璃硨磲瑪瑙眞珠玫瑰七寶合成하야 高至
기 제 번 개　이 금 은 유 리 자 거 마 노 진 주 매 괴 칠 보 합 성　고 지

四天王宮하니라
사 천 왕 궁

2. 칠보탑에 공양하다

三十三天은 雨天曼陀羅華하야 供養寶塔하고 餘諸天龍夜叉와 乾
삼 십 삼 천　우 천 만 다 라 화　공 양 보 탑　여 제 천 룡 야 차　건

閻婆阿修羅와 迦樓羅緊那羅와 摩睺羅伽人非人等千萬億衆은
달 바 아 아 수 라　가 루 라 긴 나 라　마 후 라 가 인 비 인 등 천 만 억 중

以一切華香瓔珞과 幡蓋伎樂으로 供養寶塔하며 恭敬尊重讚歎이러라
이 일 체 화 향 영 락　번 개 기 악　공 양 보 탑　공 경 존 중 찬 탄

3. 탑에서 찬탄하다

爾時寶塔中에 出大音聲하야 歎言善哉善哉라 釋迦牟尼世尊이여
이 시 보 탑 중　출 대 음 성　탄 언 선 재 선 재　석 가 모 니 세 존

能以平等大慧로 敎菩薩法이며 佛所護念이신 妙法華經으로 爲大衆
능 이 평 등 대 혜　교 보 살 법　불 소 호 념　묘 법 화 경　위 대 중

說하시니 如是如是하야 釋迦牟尼世尊의 如所說者는 皆是眞實이니다
설　여 시 여 시　석 가 모 니 세 존　여 소 설 자　개 시 진 실

4. 대중들이 환희하다

爾時四衆이 見大寶塔이 住在空中하며 又聞塔中에 所出音聲하고
이 시 사 중　견 대 보 탑　주 재 공 중　우 문 탑 중　소 출 음 성

皆得法喜하야 怪未曾有하고 從座而起하야 恭敬合掌하고 却住一面이러라
개 득 법 희　괴 미 증 유　종 좌 이 기　공 경 합 장　각 주 일 면

5. 대요설(大樂說)보살이 묻다

爾時有菩薩摩詞薩하니 名大樂說이라 知一切世間의 天人阿修羅
이 시 유 보 살 마 하 살　명 대 요 설　지 일 체 세 간　천 인 아 수 라

等心之所疑하고 而白佛言하사대 世尊하 以何因緣으로 有此寶塔이 從
등 심 지 소 의　이 백 불 언　세 존　이 하 인 연　유 차 보 탑　종

地涌出하며 又於其中에 發是音聲이닛고
지 용 출   우 어 기 중   발 시 음 성

6. 다보불(多寶佛)을 설명하다

爾時佛告大樂說菩薩하사대 此寶塔中에 有如來全身하니 乃往過
이 시 불 고 대 요 설 보 살   차 보 탑 중   유 여 래 전 신   내 왕 과

去에 東方無量千萬億阿僧祇世界에 國名寶淨이요 彼中有佛하니 號
거   동 방 무 량 천 만 억 아 승 지 세 계   국 명 보 정   피 중 유 불   호

曰多寶라 其佛行菩薩道時에 作大誓願하대 若我成佛滅度之後에
왈 다 보   기 불 행 보 살 도 시   작 대 서 원   약 아 성 불 멸 도 지 후

於十方國土에 有說法華經處면 我之塔廟는 爲聽是經故로 涌現
어 시 방 국 토   유 설 법 화 경 처   아 지 탑 묘   위 청 시 경 고   용 현

其前하야 爲作證明하고 讚言善哉라하리라 彼佛成道已하고 臨滅度時하야
기 전   위 작 증 명   찬 언 선 재   피 불 성 도 이   임 멸 도 시

於天人大衆中에 告諸比丘하사대 我滅度後에 欲供養我全身者면 應
어 천 인 대 중 중   고 제 비 구   아 멸 도 후   욕 공 양 아 전 신 자   응

起一大塔이라하니라 其佛以神通願力으로 十方世界在在處處에 若有
기 일 대 탑   기 불 이 신 통 원 력   시 방 세 계 재 재 처 처   약 유

說法華經者면 彼之寶塔이 皆涌出其前하니 全身이 在於塔中하야 讚
설 법 화 경 자   피 지 보 탑   개 용 출 기 전   전 신   재 어 탑 중   찬

言善哉善哉라하니라 大樂說아 今多寶如來塔이 聞說法華經故로 從
언 선 재 선 재   대 요 설   금 다 보 여 래 탑   문 설 법 화 경 고   종

地涌出하야 讚言善哉善哉라하니라
지 용 출   찬 언 선 재 선 재

7. 다보불을 친견코자 하다

1) 분신불(分身佛)을 모으다

是時大樂說菩薩이 以如來神力故로 白佛言하사대 世尊하 我等
시시대요설보살　이여래신력고　백불언　세존　아등

願欲見此佛身하노이다 佛告大樂說菩薩摩詞薩하사대 是多寶佛이 有
원욕견차불신　불고대요설보살마하살　시다보불　유

深重願하대 若我寶塔이 爲聽法華經故로 出於諸佛前時에 其有欲
심중원　약아보탑　위청법화경고　출어제불전시　기유욕

以我身으로 示四衆者인댄 彼佛分身諸佛의 在於十方世界說法을 盡
이아신　시사중자　피불분신제불　재어시방세계설법　진

還集一處然後에 我身乃出現耳라하시니라 大樂說아 我分身諸佛이 在
환집일처연후　아신내출현이　대요설　아분신제불　재

於十方世界說法者를 今應當集호리라 大樂說白佛言하사대 世尊하 我
어시방세계설법자　금응당집　대요설백불언　세존　아

等亦願欲見世尊의 分身諸佛하고 禮拜供養하노이다 爾時佛放白毫
등역원욕견세존　분신제불　예배공양　이시불방백호

一光하시니 即見東方五百萬億那由他恒河沙等國土諸佛이라 彼
일광　즉견동방오백만억나유타항하사등국토제불　피

諸國土는 皆以玻瓈爲地하고 寶樹寶衣로 以爲莊嚴하며 無數千萬億
제국토　개이파려위지　보수보의　이위장엄　무수천만억

菩薩이 充滿其中하고 徧張寶幔하며 寶網羅上하니 彼國諸佛이 以大
보살　충만기중　변장보만　보망라상　피국제불　이대

妙音으로 而說諸法하며 及見無量千萬億菩薩이 徧滿諸國하야 爲衆
묘음　이설제법　급견무량천만억보살　변만제국　위중

說法하대 南西北方四維上下의 白毫相光所照之處도 亦復如是라
설법　남서북방사유상하　백호상광소조지처　역부여시

爾時十方諸佛이 各告衆菩薩言하사대 善男子야 我今應往娑婆世
이시시방제불　각고중보살언　선남자　아금응왕사바세

界釋迦牟尼佛所하야 幷供養多寶如來寶塔이라하니라
계 석 가 모 니 불 소   병 공 양 다 보 여 래 보 탑

2) 국토를 세 번 변화시키다

(1) 사바세계를 한 번 변화시키다

時娑婆世界가 即變淸淨하대 瑠璃爲地하고 寶樹莊嚴하며 黃金爲
시 사 바 세 계   즉 변 청 정   유 리 위 지   보 수 장 엄   황 금 위

繩하야 以界八道하며 無諸聚落村營城邑과 大海江河와 山川林藪
승   이 계 팔 도   무 제 취 락 촌 영 성 읍   대 해 강 하   산 천 임 수

하며 燒大寶香하고 曼陀羅華가 徧布其地하며 以寶網幔으로 羅覆其上
소 대 보 향   만 다 라 화   변 포 기 지   이 보 망 만   나 부 기 상

하고 懸諸寶鈴하니 唯留此會衆하고 移諸天人하야 置於他土러라 是時
현 제 보 령   유 류 차 회 중   이 제 천 인   치 어 타 토   시 시

諸佛이 各將一大菩薩하야 以爲侍者하고 至娑婆世界하야 各到寶樹
제 불   각 장 일 대 보 살   이 위 시 자   지 사 바 세 계   각 도 보 수

下하니 一一寶樹의 高五百由旬이라 枝葉華菓가 次第莊嚴하며 諸寶
하   일 일 보 수   고 오 백 유 순   지 엽 화 과   차 제 장 엄   제 보

樹下에 皆有獅子之座하대 高五由旬이라 亦以大寶로 而校飾之러라
수 하   개 유 사 자 지 좌   고 오 유 순   역 이 대 보   이 교 식 지

爾時諸佛이 各於此座에 結跏趺坐하니 如是展轉하야 徧滿三千大
이 시 제 불   각 어 차 좌   결 가 부 좌   여 시 전 전   변 만 삼 천 대

千世界하대 而於釋迦牟尼佛의 一方所分之身도 猶故未盡이러라
천 세 계   이 어 석 가 모 니 불   일 방 소 분 지 신   유 고 미 진

(2) 두 번 변화시키다

時釋迦牟尼佛이 欲容受所分身諸佛故로 八方各更變二百萬
시 석 가 모 니 불　욕 용 수 소 분 신 제 불 고　팔 방 각 갱 변 이 백 만

億那由他國하야 皆令淸淨하대 無有地獄餓鬼畜生과 及阿修羅하며
억 나 유 타 국　개 령 청 정　무 유 지 옥 아 귀 축 생　급 아 수 라

又移諸天人하야 置於他土하고 所化之國은 亦以瑠璃爲地하고 寶樹
우 이 제 천 인　치 어 타 토　소 화 지 국　역 이 유 리 위 지　보 수

莊嚴하며 樹高五百由旬이라 枝葉華菓가 次第嚴飾하며 樹下皆有寶
장 엄　수 고 오 백 유 순　지 엽 화 과　차 제 엄 식　수 하 개 유 보

獅子座하대 高五由旬이라 種種諸寶로 以爲莊校하며 亦無大海江河
사 자 좌　고 오 유 순　종 종 제 보　이 위 장 교　역 무 대 해 강 하

와 及目眞隣陀山과 摩訶目眞隣陀山과 鐵圍山과 大鐵圍山과 須彌
급 목 진 린 타 산　마 하 목 진 린 타 산　철 위 산　대 철 위 산　수 미

山等諸山王하야 通爲一佛國土하며 寶地平正하고 寶交露慢이 徧覆
산 등 제 산 왕　통 위 일 불 국 토　보 지 평 정　보 교 로 만　변 부

其上하며 懸諸幡蓋하고 燒大寶香하니 諸天寶華가 徧布其地러라
기 상　현 제 번 개　소 대 보 향　제 천 보 화　변 포 기 지

(3) 세 번 변화시키다

釋迦牟尼佛이 爲諸佛當來坐故로 復於八方에 各更變二百萬億
석 가 모 니 불　위 제 불 당 내 좌 고　부 어 팔 방　각 갱 변 이 백 만 억

那由他國하야 皆令淸淨하대 無有地獄餓鬼畜生과 及阿修羅하고 又
나 유 타 국　개 령 청 정　무 유 지 옥 아 귀 축 생　급 아 수 라　우

移諸天人하야 置於他土하며 所化之國도 亦以瑠璃爲地하고 寶樹莊
이 제 천 인　치 어 타 토　소 화 지 국　역 이 유 리 위 지　보 수 장

嚴하며 樹高五百由旬이라 枝葉華菓가 次第莊嚴하며 樹下皆有寶獅
엄　수 고 오 백 유 순　지 엽 화 과　차 제 장 엄　수 하 개 유 보 사

子座_{하대} 高五由旬_{이라} 亦以大寶_로 以校飾之_{하며} 亦無大海江河_와
자좌　　　고오유순　　　역이대보　　이교식지　　　역무대해강하

及目眞隣陀山_과 摩訶目眞隣陀山_과 鐵圍山_과 大鐵圍山_과 須彌
급목진린타산　마하목진린타산　철위산　대철위산　수미

山等諸山王_{하야} 通爲一佛國土_{어든} 寶地平正_{하고} 寶交露慢_이 徧覆
산등제산왕　　　통위일불국토　　보지평정　　보교로만　변부

其上_{하며} 懸諸幡蓋_{하고} 燒大寶香_{하니} 諸天寶華_가 徧布其地_{러라} 爾時
기상　　　현제번개　　소대보향　　제천보화　변포기지　　이시

東方_{으로} 釋迦牟尼所分之身_의 百千萬億那由他恒河沙等國土中
동방　　석가모니소분지신　백천만억나유타항하사등국토중

諸佛_이 各各說法_{하야} 來集於此_{할새} 如是次第_로 十方諸佛_이 皆悉來
제불　각각설법　　내집어차　여시차제　시방제불　개실래

集_{하야} 坐於八方_{하니} 爾時一一方四百萬億那由他國土_에 諸佛如
집　　좌어팔방　　이시일일방사백만억나유타국토　제불여

來_도 徧滿其中_{이러라}
래　변만기중

3) 보탑을 열다

是時諸佛_이 各在寶樹下_{하사} 坐獅子座_{하며} 皆遣侍者_{하야} 問訊釋
시시제불　각재보수하　좌사자좌　　개견시자　　문신석

迦牟尼佛_{할새} 各齎寶華_{하고} 滿掬而告之言_{하사대} 善男子_야 汝往詣
가모니불　　각재보화　　만국이고지언　　선남자　여왕예

耆闍崛山釋迦牟尼佛所_{하야} 如我辭曰少病少惱_{하사} 氣力安樂_{하시며}
기사굴산석가모니불소　여아사왈소병소뇌　기력안락

及菩薩聲聞衆_도 悉安隱不_{잇가하며} 以此寶華_로 散佛供養_{하고} 而作
급보살성문중　실안은부　　　이차보화　산불공양　　이작

是言_{하대} 彼某甲佛_이 與欲開此寶塔_{이라하라} 諸佛遣使_도 亦復如是_{러라}
시언　피모갑불　여욕개차보탑　　제불견사　역부여시

爾時釋迦牟尼佛이 見所分身佛의 悉已來集하야 各各坐於獅子
이 시 석 가 모 니 불 견 소 분 신 불 실 이 래 집 각 각 좌 어 사 자

之座하며 皆聞諸佛이 與欲同開寶塔하고 即從座起하야 住虛空中커늘
지 좌 개 문 제 불 여 욕 동 개 보 탑 즉 종 좌 기 주 허 공 중

一切四衆이 起立合掌하야 一心觀佛하더니 於是釋迦牟尼佛이 以右
일 체 사 중 기 립 합 장 일 심 관 불 어 시 석 가 모 니 불 이 우

指開七寶塔戶하니 出大音聲하대 如却關鑰하고 開大城門이러니 即時
지 개 칠 보 탑 호 출 대 음 성 여 각 관 약 개 대 성 문 즉 시

一切衆會가 皆見多寶如來호니 於寶塔中에 坐獅子座하대 全身不
일 체 중 회 개 견 다 보 여 래 어 보 탑 중 좌 사 자 좌 전 신 불

散이 如入禪定하며 又聞其言호니 善哉善哉라 釋迦牟尼佛이 快說是
산 여 입 선 정 우 문 기 언 선 재 선 재 석 가 모 니 불 쾌 설 시

法華經일새 我爲聽是經故로 而來至此호라 爾時四衆等이 見過去
법 화 경 아 위 청 시 경 고 이 래 지 차 이 시 사 중 등 견 과 거

無量千萬億劫滅度佛이 說如是言하고 歎未曾有하야 以天寶華聚로
무 량 천 만 억 겁 멸 도 불 설 여 시 언 탄 미 증 유 이 천 보 화 취

散多寶佛과 及釋迦牟尼佛上이라 爾時多寶佛이 於寶塔中에 分半
산 다 보 불 급 석 가 모 니 불 상 이 시 다 보 불 어 보 탑 중 분 반

座하사 與釋迦牟尼佛하시고 而作是言하사대 釋迦牟尼佛은 可就此座
좌 여 석 가 모 니 불 이 작 시 언 석 가 모 니 불 가 취 차 좌

하소서 即時釋迦牟尼佛이 入其塔中하사 坐其半座하사 結跏趺坐러시다
즉 시 석 가 모 니 불 입 기 탑 중 좌 기 반 좌 결 가 부 좌

爾時大衆이 見二如來가 在七寶塔中獅子座上하사 結跏趺坐하고 各
이 시 대 중 견 이 여 래 재 칠 보 탑 중 사 자 좌 상 결 가 부 좌 각

作是念하대 佛座高遠이시니 唯願如來는 以神通力하사 令我等輩로
작 시 념 불 좌 고 원 유 원 여 래 이 신 통 력 영 아 등 배

俱處虛空케하소서 即時釋迦牟尼佛이 以神通力으로 接諸大衆하사 皆
구 처 허 공 즉 시 석 가 모 니 불 이 신 통 력 접 제 대 중 개

在虛空케하나라 以大音聲으로 普告四衆하사대 誰能於此娑婆國土에
재 허 공 이 대 음 성 보 고 사 중 수 능 어 차 사 바 국 토

廣說妙法華經이리오 今正是時라 如來不久에 當入涅槃일새 佛欲以
광설묘법화경　금정시시　여래불구　당입열반　불욕이

此妙法華經으로 付囑有在니라
차묘법화경　부촉유재

8. 게송으로 거듭 설하다

1) 보탑이 출현하다

爾時世尊이 欲重宣此義하사 而說偈言하니라
이시세존　욕중선차의　이설게언

聖主世尊이	雖久滅度나	在寶塔中하야	尚爲法來어늘
성주세존	수구멸도	재보탑중	상위법래
諸人云何로	不勤爲法가	此佛滅度는	無央數劫이나
제인운하	불근위법	차불멸도	무앙수겁
處處聽法은	以難遇故니라	彼佛本願이	我滅度後에
처처청법	이난우고	피불본원	아멸도후
在在所往하야	常爲聽法하라		
재재소왕	상위청법		

2) 분신불이 모이다

又我分身한	無量諸佛의	如恒沙等이	來欲聽法하며
우아분신	무량제불	여항사등	내욕청법
及見滅度이신	多寶如來하야	各捨妙土와	及弟子衆
급견멸도	다보여래	각사묘토	급제자중
天人龍神의	諸供養事하고	令法久住하야	故來至此니라
천인용신	제공양사	영법구주	고래지차

爲坐諸佛하야 以神通力으로 移無量衆하고 令國淸淨하니
위 좌 제 불 이 신 통 력 이 무 량 중 영 국 청 정

諸佛各各 詣寶樹下하대 如淸淨池에 蓮華莊嚴하며
제 불 각 각 예 보 수 하 여 청 정 지 연 화 장 엄

其寶樹下 諸獅子座에 佛坐其上하시니 光明嚴飾하대
기 보 수 하 제 사 자 좌 불 좌 기 상 광 명 엄 식

如夜闇中에 燃大炬火하며 身出妙香하야 徧十方國하니
여 야 암 중 연 대 거 화 신 출 묘 향 변 시 방 국

衆生蒙薰하고 喜不自勝하대 譬如大風이 吹小樹枝라
중 생 몽 훈 희 부 자 승 비 여 대 풍 취 소 수 지

以是方便으로 令法久住러라
이 시 방 편 영 법 구 주

3) 세존이 부촉하다

告諸大衆하노니 我滅度後에 誰能護持하야 讀說斯經이어뇨
고 제 대 중 아 멸 도 후 수 능 호 지 독 설 사 경

今於佛前에 自說誓言하라 其多寶佛이 雖久滅度나
금 어 불 전 자 설 서 언 기 다 보 불 수 구 멸 도

以大誓願으로 而獅子吼하시니 多寶如來와 及與我身과
이 대 서 원 이 사 자 후 다 보 여 래 급 여 아 신

所集化佛은 當知此意니라 諸佛子等아 誰能護法고
소 집 화 불 당 지 차 의 제 불 자 등 수 능 호 법

當發大願하야 令得久住니라 其有能護 此經法者는
당 발 대 원 영 득 구 주 기 유 능 호 차 경 법 자

則爲供養 我及多寶니 此多寶佛이 處於寶塔하사
즉 위 공 양 아 급 다 보 차 다 보 불 처 어 보 탑

常遊十方은 爲是經故며 亦復供養 諸來化佛의
상 유 시 방 위 시 경 고 역 부 공 양 제 래 화 불

莊嚴光飾
장 엄 광 식

諸世界者라
제 세 계 자

若說此經이면
약 설 차 경

則爲見我와
즉 위 견 아

多寶如來와
다 보 여 래

及諸化佛이니라
급 제 화 불

4) 어려움을 들어 유통을 권하다

諸善男子야
제 선 남 자

各諦思惟
각 체 사 유

此爲難事하고
차 위 난 사

宜發大願이니
의 발 대 원

諸餘經典이
제 여 경 전

數如恒沙를
수 여 항 사

雖說此等이나
수 설 차 등

未足爲難이요
미 족 위 난

若接須彌하야
약 접 수 미

擲置他方
척 치 타 방

無數佛土라도
무 수 불 토

亦未爲難이며
역 미 위 난

若以足指로
약 이 족 지

動大千界하야
동 대 천 계

遠擲他國이
원 척 타 국

亦未爲難이며
역 미 위 난

若立有頂하야
약 립 유 정

爲衆演說
위 중 연 설

無量餘經이
무 량 여 경

亦未爲難이라도
역 미 위 난

若佛滅後
약 불 멸 후

於惡世中에
어 악 세 중

能說此經이
능 설 차 경

是則爲難이니라
시 즉 위 난

假使有人이
가 사 유 인

手把虛空하고
수 파 허 공

而以遊行이
이 이 유 행

亦未爲難이어니와
역 미 위 난

於我滅後에
어 아 멸 후

若自書持커나
약 자 서 지

若使人書는
약 사 인 서

是則爲難이며
시 즉 위 난

若以大地로
약 이 대 지

置足甲上하고
치 족 갑 상

昇於梵天이
승 어 범 천

亦未爲難이어니와
역 미 위 난

佛滅度後
불 멸 도 후

於惡世中에
어 악 세 중

暫讀此經이
잠 독 차 경

是則爲難이며
시 즉 위 난

假使劫燒에
가 사 겁 소

擔負乾草하고
담 부 건 초

入中不燒는
입 중 불 소

亦未爲難이어니와
역 미 위 난

我滅度後에　若持此經하야　爲一人說이　是則爲難이며
아 멸 도 후　약 지 차 경　위 일 인 설　시 즉 위 난

若持八萬　四千法藏과　十二部經하야　爲人演說하고
약 지 팔 만　사 천 법 장　십 이 부 경　위 인 연 설

令諸聽者로　得六神通하니　雖能如是나　亦未爲難이어니와
영 제 청 자　득 육 신 통　수 능 여 시　역 미 위 난

於我滅後에　聽受此經하야　問其義趣가　是則爲難이며
어 아 멸 후　청 수 차 경　문 기 의 취　시 즉 위 난

若人說法하야　令千萬億　無量無數　恒沙衆生으로
약 인 설 법　영 천 만 억　무 량 무 수　항 사 중 생

得阿羅漢하야　具六神通하니　雖有是益이나　亦未爲難이어니와
득 아 라 한　구 육 신 통　수 유 시 익　역 미 위 난

於我滅後에　若能奉持　如斯經典이　是則爲難이니라
어 아 멸 후　약 능 봉 지　여 사 경 전　시 즉 위 난

我爲佛道하야　於無量土에　從始至今히　廣說諸經이나
아 위 불 도　어 무 량 토　종 시 지 금　광 설 제 경

而於其中에　此經第一이니　若有能持면　則持佛身이니라
이 어 기 중　차 경 제 일　약 유 능 지　즉 지 불 신

5) 유통을 권하는 뜻

諸善男子야　於我滅後에　誰能受持　讀誦此經고
제 선 남 자　어 아 멸 후　수 능 수 지　독 송 차 경

今於佛前에　自說誓言하라　此經難持니　若暫持者면
금 어 불 전　자 설 서 언　차 경 난 지　약 잠 지 자

我則歡喜하고　諸佛亦然이니　如是之人은　諸佛所歎이라
아 즉 환 희　제 불 역 연　여 시 지 인　제 불 소 탄

是則勇猛이며　是則精進이며　是名持戒며　行頭陀者니
시 즉 용 맹　시 즉 정 진　시 명 지 계　행 두 타 자

則爲疾得
즉 위 질 득

是眞佛子로
시 진 불 자

是諸天人
시 제 천 인

一切天人이
일 체 천 인

無上佛道니라
무 상 불 도

住淳善地며
주 순 선 지

世間之眼이며
세 간 지 안

皆應供養하니라
개 응 공 양

能於來世에
능 어 래 세

佛滅度後에
불 멸 도 후

於恐畏世에
어 공 외 세

讀持此經하면
독 지 차 경

能解其義면
능 해 기 의

能須臾說이라도
능 수 유 설

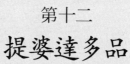

第十二

提婆達多品

제바달다품

妙法蓮華經
第十二 提婆達多品

一. 제바달다와 석가세존

1. 과거의 인연

爾時佛告諸菩薩과 及天人四衆하사대 吾於過去無量劫中에 求法
이 시 불 고 제 보 살　급 천 인 사 중　오 어 과 거 무 량 겁 중　구 법

華經하대 無有懈倦하며 於多劫中에 常作國王하야 發願求於無上菩
화 경　무 유 해 권　어 다 겁 중　상 작 국 왕　발 원 구 어 무 상 보

提하대 心不退轉호라 爲欲滿足六波羅密하야 勤行布施하대 心無悋
리　심 불 퇴 전　위 욕 만 족 육 바 라 밀　근 행 보 시　심 무 린

惜하며 象馬七珍과 國城妻子와 奴婢僕從과 頭目髓腦와 身肉手足에
석　상 마 칠 진　국 성 처 자　노 비 복 종　두 목 수 뇌　신 육 수 족

不惜軀命하며 時世人民이 壽命無量커늘 爲於法故로 捐捨國位하야
불 석 구 명　시 세 인 민　수 명 무 량　위 어 법 고　연 사 국 위

委政太子하고 擊鼓宣令하며 四方求法하대 誰能爲我하야 說大乘者어뇨
위 정 태 자　격 고 선 령　사 방 구 법　수 능 위 아　설 대 승 자

吾當終身토록 供給走使호리라 時有仙人이 來白王言하대 我有大乘하니
오 당 종 신　공 급 주 사　시 유 선 인　내 백 왕 언　아 유 대 승

名妙法華經이라 若不違我면 當爲宣說호리다 王聞仙言하고 歡喜踊
명 묘 법 화 경　약 불 위 아　당 위 선 설　왕 문 선 언　환 희 용

躍하야 即隨仙人하야 供給所須하대 採菓汲水하고 拾薪設食하며 乃至
약　즉 수 선 인　공 급 소 수　채 과 급 수　습 신 설 식　내 지

以身으로 而爲牀座하대 身心無倦하야 于時奉事를 經於千歲하대 爲於
이 신   이 위 상 좌   신 심 무 권   우 시 봉 사   경 어 천 세   위 어

法故로 精勤給侍하야 令無所乏하니라
법 고   정 근 급 시   영 무 소 핍

2. 게송으로 거듭 설하다

爾時世尊이 欲重宣此義하사 而說偈言하사대
이 시 세 존   욕 중 선 차 의   이 설 게 언

我念過去劫에   爲求大法故로   雖作世國王이나   不貪五欲樂하고
아 념 과 거 겁   위 구 대 법 고   수 작 세 국 왕   불 탐 오 욕 락

椎鐘告四方하대   誰有大法者오   若爲我解說하면   身當爲奴僕호리라
추 종 고 사 방   수 유 대 법 자   약 위 아 해 설   신 당 위 노 복

時有阿私仙이   來白於大王하대   我有微妙法은   世間所希有라
시 유 아 사 선   내 백 어 대 왕   아 유 미 묘 법   세 간 소 희 유

若能修行者면   吾當爲汝說호리라   時王聞仙言하고   心生大喜悅하사
약 능 수 행 자   오 당 위 여 설   시 왕 문 선 언   심 생 대 희 열

即便隨仙人하야   供給於所須하대   採薪及菓蓏하야   隨時恭敬與나
즉 변 수 선 인   공 급 어 소 수   채 신 급 과 라   수 시 공 경 여

情存妙法故로   身心無懈倦하며   普爲諸衆生하야   勤求於大法이라
정 존 묘 법 고   신 심 무 해 권   보 위 제 중 생   근 구 어 대 법

亦不爲己身과   及以五欲樂일새   故爲大國王하야   勤求獲此法하고
역 불 위 기 신   급 이 오 욕 락   고 위 대 국 왕   근 구 획 차 법

遂致得成佛을   今故爲汝說이라
수 치 득 성 불   금 고 위 여 설

3. 제바달다의 공덕

佛告諸比丘하사대 爾時王者는 則我身是요 時仙人者는 今提婆達
불 고 제 비 구   이 시 왕 자   즉 아 신 시   시 선 인 자   금 제 바 달

多是니라 由提婆達多善知識故로 令我具足六波羅密과 慈悲喜捨
다 시   유 제 바 달 다 선 지 식 고   영 아 구 족 육 바 라 밀   자 비 희 사

와 三十二相과 八十種好의 紫磨金色과 十力四無所畏와 四攝法과
와 삼 십 이 상   팔 십 종 호   자 마 금 색   십 력 사 무 소 외   사 섭 법

十八不共神通道力하야 成等正覺하야 廣度衆生케하니 皆因提婆達
십 팔 불 공 신 통 도 력   성 등 정 각   광 도 중 생   개 인 제 바 달

多善知識故니라
다 선 지 식 고

4. 제바달다 수기장(授記章)

告諸四衆하대 提婆達多는 却後過無量劫하야 當得成佛하리니 號曰
고 제 사 중   제 바 달 다   각 후 과 무 량 겁   당 득 성 불   호 왈

天王如來應供正徧知明行足善逝世間解無上士調御丈夫天
천 왕 여 래 응 공 정 변 지 명 행 족 선 서 세 간 해 무 상 사 조 어 장 부 천

人師佛世尊이요 世界名天道라 時天王佛住世는 二十中劫이라 廣
인 사 불 세 존   세 계 명 천 도   시 천 왕 불 주 세   이 십 중 겁   광

爲衆生하야 說於妙法하니 恒河沙衆生은 得阿羅漢果하고 無量衆生
위 중 생   설 어 묘 법   항 하 사 중 생   득 아 라 한 과   무 량 중 생

은 發緣覺心하며 恒河沙衆生은 發無上道心하야 得無生忍하고 至不
은 발 연 각 심   항 하 사 중 생   발 무 상 도 심   득 무 생 인   지 불

退轉이니라 時天王佛이 般涅槃後에 正法住世는 二十中劫이라 全身
퇴 전   시 천 왕 불   반 열 반 후   정 법 주 세   이 십 중 겁   전 신

舍利로 起七寶塔하니 高六十由旬이요 縱廣四十由旬이며 諸天人民
사 리   기 칠 보 탑   고 육 십 유 순   종 광 사 십 유 순   제 천 인 민

이 悉以雜華와 抹香燒香塗香과 衣服瓔珞과 幢幡寶蓋와 伎樂歌頌
실 이 잡 화　　말 향 소 향 도 향　　의 복 영 락　　당 번 보 개　　기 악 가 송

으로 禮拜供養七寶妙塔하며 無量衆生은 得阿羅漢果하고 無量衆生
예 배 공 양 칠 보 묘 탑　　무 량 중 생　　득 아 라 한 과　　무 량 중 생

은 悟辟支佛하며 不可思議衆生은 發菩提心하야 至不退轉이니라
오 벽 지 불　　불 가 사 의 중 생　　발 보 리 심　　지 불 퇴 전

5. 제바달다품을 권하다

佛告諸比丘하사대 未來世中에 若有善男子善女人이 聞妙法華經
불 고 제 비 구　　미 래 세 중　　약 유 선 남 자 선 여 인　　문 묘 법 화 경

提婆達多品하고 淨心信敬하야 不生疑惑者는 不墮地獄餓鬼畜生하고
제 바 달 다 품　　정 심 신 경　　불 생 의 혹 자　　불 타 지 옥 아 귀 축 생

生十方佛前하며 所生之處에 常聞此經하고 若生人天中이면 受勝妙
생 시 방 불 전　　소 생 지 처　　상 문 차 경　　약 생 인 천 중　　수 승 묘

樂하고 若在佛前이면 蓮華化生하나라
락　　약 재 불 전　　연 화 화 생

二. 지적보살과 문수보살

1. 문수보살의 교화

於時下方多寶世尊의 所從菩薩은 名曰智積이라 白多寶佛하고 當
어 시 하 방 다 보 세 존　　소 종 보 살　　명 왈 지 적　　백 다 보 불　　당

還本土러니 釋迦牟尼佛이 告智積曰善男子야 且待須臾하라 此有
환 본 토　　석 가 모 니 불　　고 지 적 왈 선 남 자　　차 대 수 유　　차 유

菩薩하니 名文殊師利라 可與相見하야 論說妙法하고 可還本土니라 爾
보살 명문수사리 가여상견 논설묘법 가환본토 이

時文殊師利가 坐千葉蓮華하니 大如車輪이며 俱來菩薩도 亦坐寶
시문수사리 좌천엽연화 대여거륜 구래보살 역좌보

蓮華하고 從於大海娑竭羅龍宮하야 自然涌出하사 住虛空中하야 詣
련화 종어대해사갈라용궁 자연용출 주허공중 예

靈鷲山할새 從蓮華下하야 至於佛所하야 頭面敬禮二世尊足하고 修
영취산 종연화하 지어불소 두면경례이세존족 수

敬已畢에 往智積所하야 共相慰問하고 却坐一面이러니 智積菩薩이 問
경이필 왕지적소 공상위문 각좌일면 지적보살 문

文殊師利하사대 仁往龍宮하야 所化衆生은 其數幾何닛고 文殊師利
문수사리 인왕용궁 소화중생 기수기하 문수사리

言하사대 其數無量하야 不可稱計라 非口所宣이며 非心所測이니 且待
언 기수무량 불가칭계 비구소선 비심소측 차대

須臾하면 自當證知리다 所言未竟에 無數菩薩이 坐寶蓮華하고 從海
수유 자당증지 소언미경 무수보살 좌보련화 종해

涌出하사 詣靈鷲山하야 住在虛空하니 此諸菩薩은 皆是文殊師利之
용출 예영취산 주재허공 차제보살 개시문수사리지

所化度라 具菩薩行하야 皆共論說六波羅密하며 本聲聞人은 在虛
소화도 구보살행 개공논설육바라밀 본성문인 재허

空中하야 說聲聞行하다가 今皆修行大乘空義러라 文殊師利가 謂智
공중 설성문행 금개수행대승공의 문수사리 위지

積曰於海敎化는 其事如是니라
적왈어해교화 기사여시

2. 지적보살의 찬탄

爾時智積菩薩이 以偈讚曰
이 시 지 적 보 살 이 게 찬 왈

大智德勇健_{하사} 化度無量衆_을 今此諸大會_와 及我皆已見_{이니다}
대 지 덕 용 건　　화 도 무 량 중　　금 차 제 대 회　　급 아 개 이 견

演暢實相義_{하야} 開闡一乘法_{하며} 廣導諸衆生_{하야} 令速成菩提_{니다}
연 창 실 상 의　　개 천 일 승 법　　광 도 제 중 생　　영 속 성 보 리

三. 팔세 용녀(八歲龍女)의 성불

1. 지적보살과 문수보살의 문답

文殊師利言_{하사대} 我於海中_에 唯常宣說妙法華經_{호라} 智積_이 問
문 수 사 리 언　　아 어 해 중　　유 상 선 설 묘 법 화 경　　지 적　　문

文殊師利言_{하사대} 此經甚深微妙_{하야} 諸經中寶_라 世所希有_니 頗有
문 수 사 리 언　　차 경 심 심 미 묘　　제 경 중 보　　세 소 희 유　　파 유

衆生_이 勤加精進_{하야} 修行此經_{이면} 速得佛不_{잇가} 文殊師利言_{하사대}
중 생　　근 가 정 진　　수 행 차 경　　속 득 불 부　　문 수 사 리 언

有娑竭羅龍王女_{하니} 年始八歲_라 智慧利根_{하야} 善知衆生_의 諸根
유 사 갈 라 용 왕 녀　　연 시 팔 세　　지 혜 이 근　　선 지 중 생　　제 근

行業_{하사} 得陀羅尼_{하며} 諸佛所說甚深秘藏_을 悉能受持_{하며} 深入禪
행 업　　득 다 라 니　　제 불 소 설 심 심 비 장　　실 능 수 지　　심 입 선

定_{하야} 了達諸法_{하며} 於刹那頃_에 發菩提心_{하야} 得不退轉_{하며} 辯才無
정　　요 달 제 법　　어 찰 나 경　　발 보 리 심　　득 불 퇴 전　　변 재 무

礙_{하고} 慈念衆生_{하대} 猶如赤子_{하며} 功德具足_{하야} 心念口演_이 微妙廣
애　　자 념 중 생　　유 여 적 자　　공 덕 구 족　　심 념 구 연　　미 묘 광

大_{하며} 慈悲仁讓_{하고} 志意和雅_{하야} 能至菩提_{하니라} 智積菩薩言_{하대} 我
대　　자 비 인 양　　지 의 화 아　　능 지 보 리　　지 적 보 살 언　　아

見釋迦如來_가 於無量劫_에 難行苦行_{하고} 積功累德_{하야} 求菩提道
견 석 가 여 래　　어 무 량 겁　　난 행 고 행　　적 공 누 덕　　구 보 리 도

하며 **未曾止息**하며 **觀三千大千世界**하대 **乃至無有如芥子許**나 **非是**
미 증 지 식 　 관 삼 천 대 천 세 계 　 내 지 무 유 여 개 자 허 　 비 시

菩薩의 **捨身命處**라 **爲衆生故**로 **然後乃得成菩提道**어늘 **不信此女**
보 살 　 사 신 명 처 　 위 중 생 고 　 연 후 내 득 성 보 리 도 　 불 신 차 녀

가 **於須臾頃**에 **便成正覺**이니다
어 수 유 경 　 변 성 정 각

2. 용녀의 출현

言論未訖에 **時龍王女**가 **忽現於前**하야 **頭面禮敬**하고 **却住一面**하야
언 론 미 흘 　 시 용 왕 녀 　 홀 현 어 전 　 두 면 예 경 　 각 주 일 면

以偈讚曰
이 게 찬 왈

深達罪福相하사 **徧照於十方**하며 **微妙淨法身**에 **具相三十二**와
심 달 죄 복 상 　 변 조 어 시 방 　 미 묘 정 법 신 　 구 상 삼 십 이

以八十種好로 **用莊嚴法身**하며 **天人所戴仰**이라 **龍神咸恭敬**하며
이 팔 십 종 호 　 용 장 엄 법 신 　 천 인 소 대 앙 　 용 신 함 공 경

一切衆生類가 **無不宗奉者**로소이다 **又聞成菩提**는 **唯佛當證知**라
일 체 중 생 류 　 무 부 종 봉 자 　 우 문 성 보 리 　 유 불 당 증 지

我闡大乘敎하야 **度脫苦衆生**이니다
아 천 대 승 교 　 도 탈 고 중 생

3. 사리불의 의심

時舍利弗이 **語龍女言**하대 **汝謂不久**에 **得無上道**는 **是事難信**이라
시 사 리 불 　 어 용 녀 언 　 여 위 불 구 　 득 무 상 도 　 시 사 난 신

所以者何오 **女身垢穢**하야 **非是法器**라 **云何能得無上菩提**리요 **佛**
소 이 자 하 　 여 신 구 예 　 비 시 법 기 　 운 하 능 득 무 상 보 리 　 불

道懸曠이라 經無量劫하야 勤苦積行하고 具修諸度然後乃成이며 又
도 현 광   경 무 량 겁   근 고 적 행   구 수 제 도 연 후 내 성   우

女人身은 猶有五障하니 一者不得作梵天王이요 二者帝釋이요 三者
여 인 신 유 유 오 장   일 자 부 득 작 범 천 왕   이 자 제 석   삼 자

魔王이요 四者轉輪聖王이요 五者佛身이라 云何女身으로 速得成佛
마 왕   사 자 전 륜 성 왕   오 자 불 신   운 하 여 신   속 득 성 불

이리오

4. 용녀의 헌주성불(獻珠成佛)

爾時龍女가 有一寶珠하니 價值三千大千世界라 持以上佛한데 佛
이 시 용 녀 유 일 보 주   가 치 삼 천 대 천 세 계   지 이 상 불   불

卽受之어늘 龍女가 謂智積菩薩과 尊者舍利弗言하사대 我獻寶珠에
즉 수 지   용 녀   위 지 적 보 살 존 자 사 리 불 언   아 헌 보 주

世尊納受하시니 是事疾不잇가 答言甚疾이니다 女言以汝神力으로 觀
세 존 납 수   시 사 질 부   답 언 심 질   여 언 이 여 신 력   관

我成佛이 復速於此니다 當時衆會가 皆見龍女호니 忽然之間에 變成
아 성 불 부 속 어 차   당 시 중 회 개 견 용 녀   홀 연 지 간 변 성

男子하야 具菩薩行하며 卽往南方無垢世界하야 坐寶蓮華하사 成等
남 자   구 보 살 행   즉 왕 남 방 무 구 세 계   좌 보 련 화   성 등

正覺하니 三十二相이요 八十種好라 普爲十方一切衆生하야 演說妙
정 각   삼 십 이 상   팔 십 종 호   보 위 시 방 일 체 중 생   연 설 묘

法이러라
법

5. 대중들이 이익을 얻다

爾時娑婆世界에 菩薩聲聞과 天龍八部와 人與非人이 皆遙見彼
이 시 사 바 세 계 보 살 성 문   천 룡 팔 부 인 여 비 인 개 요 견 피

龍女成佛하야 普爲時會가 人天說法하고 心大歡喜하야 悉遙敬禮하며
용녀성불 보위시회 인천설법 심대환희 실요경례

無量衆生은 聞法解悟하고 得不退轉하며 無量衆生은 得受道記하고
무량중생 문법해오 득불퇴전 무량중생 득수도기

無垢世界는 六反震動하며 娑婆世界에 三千衆生은 住不退地하고 三
무구세계 육반진동 사바세계 삼천중생 주불퇴지 삼

千衆生은 發菩提心하야 而得受記하니라 智積菩薩과 及舍利弗과 一
천중생 발보리심 이득수기 지적보살 급사리불 일

切衆會는 默然信受러라
체중회 묵연신수

第十三
勸持品
권지품

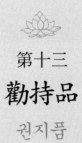

妙法蓮華經

第十三 勸持品

一. 약왕보살의 서원

爾時藥王菩薩摩訶薩과 及大樂說菩薩摩訶薩이 與二萬菩薩
이시약왕보살마하살　급대요설보살마하살　여이만보살

眷屬俱하사 皆於佛前에 作是誓言하사대 唯願世尊은 不以爲慮하소서
권속구　개어불전　작시서언　유원세존　불이위려

我等이 於佛滅後에 當奉持讀誦하야 說此經典호리다 後惡世衆生이
아등　어불멸후　당봉지독송　설차경전　후악세중생

善根轉少하고 多增上慢하며 貪利供養하야 增不善根하며 遠離解脫
선근전소　다증상만　탐리공양　증불선근　원리해탈

하야 雖難可敎化나 我等當起大忍力하야 讀誦此經하며 持說書寫하고
수난가교화　아등당기대인력　독송차경　지설서사

種種供養하대 不惜身命호리다
종종공양　불석신명

二. 오백 아라한과 팔천 성문의 서원

爾時衆中五百阿羅漢으로 得受記者가 白佛言하사대 世尊하 我等도
이시중중오백아라한　득수기자　백불언　세존　아등

亦自誓願_{하대} 於異國土_에 廣說此經_{호리다} 復有學無學八千人_{으로} 得
역 자 서 원　어 이 국 토　광 설 차 경　　부 유 학 무 학 팔 천 인　　득

受記者_가 從座而起_{하야} 合掌向佛_{하고} 作是誓言_{하대} 世尊_하 我等亦
수 기 자　종 좌 이 기　합 장 향 불　작 시 서 언　세 존 하　아 등 역

當於他國土_에 廣說此經_{호리니} 所以者何_오 是娑婆國中_은 人多弊
당 어 타 국 토　광 설 차 경　　소 이 자 하　시 사 바 국 중　인 다 폐

惡_{하야} 懷增上慢_{하며} 功德淺薄_{하야} 瞋濁諂曲_{으로} 心不實故_{니다}
악　회 증 상 만　공 덕 천 박　진 탁 첨 곡　심 불 실 고

三. 비구니 수기장

1. 교담미와 육천 비구니 수기장

爾時佛姨母摩訶波闍波提比丘尼_가 與學無學比丘尼六千人
이 시 불 이 모 마 하 파 사 파 제 비 구 니　여 학 무 학 비 구 니 육 천 인

으로 俱_{하야} 從座而起_{하야} 一心合掌_{하고} 瞻仰尊顔_{하와} 目不暫捨_{러니} 於
구　종 좌 이 기　일 심 합 장　첨 앙 존 안　목 부 잠 사　어

時世尊_이 告憍曇彌_{하사대} 何故憂色_{으로} 而視如來_오 汝心_에 將無謂
시 세 존　고 교 담 미　하 고 우 색　이 시 여 래　여 심　장 무 위

我不說汝名_{하야} 授阿耨多羅三藐三菩提記耶_아 憍曇彌_야 我先總
아 불 설 여 명　수 아 녹 다 라 삼 막 삼 보 리 기 야　교 담 미　아 선 총

說一切聲聞_이 皆已授記_{어니와} 今汝欲知記者_{인댄} 將來之世_에 當於
설 일 체 성 문　개 이 수 기　금 여 욕 지 기 자　장 래 지 세　당 어

六萬八千億諸佛法中_{하야} 爲大法師_{하며} 及六千學無學比丘尼_에
육 만 팔 천 억 제 불 법 중　위 대 법 사　급 육 천 학 무 학 비 구 니

俱爲法師_{하고} 汝如是漸漸具菩薩道_{하야} 當得作佛_{하면} 號一切衆生
구 위 법 사　여 여 시 점 점 구 보 살 도　당 득 작 불　호 일 체 중 생

喜見如來應供正編知明行足善逝世間解無上士調御丈夫天人
희견여래응공정변지명행족선서세간해무상사조어장부천인

師佛世尊이리라 憍曇彌야 是一切衆生喜見佛과 及六千菩薩이 轉
사불세존 교담미 시일체중생희견불 급육천보살 전

次授記하야 得阿耨多羅三藐三菩提니라
차수기 득아뇩다라삼막삼보리

2. 야수다라 수기장

爾時羅睺羅母耶輸陀羅比丘尼가 作是念하대 世尊於授記中에
이시라후라모야수다라비구니 작시념 세존어수기중

獨不說我名가하더니 佛告耶輸陀羅하대 汝於來世百千萬億諸佛法
독불설아명 불고야수다라 여어래세백천만억제불법

中에 修菩薩行하야 爲大法師하며 漸具佛道하야 於善國中에 當得作
중 수보살행 위대법사 점구불도 어선국중 당득작

佛하리니 號具足千萬光相如來應供正編知明行足善逝世間解無
불 호구족천만광상여래응공정변지명행족선서세간해무

上士調御丈夫天人師佛世尊이라 佛壽無量阿僧祇劫이니라
상사조어장부천인사불세존 불수무량아승지겁

3. 비구니들의 환희와 서원

爾時摩訶波闍波提比丘尼와 及耶輸陀羅比丘尼와 幷其眷屬이
이시마하파사파제비구니 급야수다라비구니 병기권속

皆大歡喜하야 得未曾有하야 即於佛前에 而說偈言하니라
개대환희 득미증유 즉어불전 이설게언

世尊導師가 安隱天人하시니 我等聞記하고 心安具足이니다
세존도사 안은천인 아등문기 심안구족

諸比丘尼가 說是偈已하고 白佛言하사대 世尊하 我等亦能於他方
제비구니 설시게이 백불언 세존 아등역능어타방

國土에 廣宣此經호리다
국토 광선차경

四. 팔십만억 보살의 서원

1. 경전의 유통을 서원함

爾時世尊이 視八十萬億那由他諸菩薩摩訶薩하시니 是諸菩薩은
이시세존 시팔십만억나유타제보살마하살 시제보살

皆是阿鞞跋致라 轉不退法輪하사 得諸陀羅尼러니 即從座起하야 至
개시아비발치 전불퇴법륜 득제다라니 즉종좌기 지

於佛前하야 一心合掌하고 而作是念하대 若世尊이 告勅我等하사 持說
어불전 일심합장 이작시념 약세존 고칙아등 지설

此經者면 當如佛教하야 廣宣斯法호리다 復作是念하대 佛今默然하사
차경자 당여불교 광선사법 부작시념 불금묵연

不見告勅하니 我當云何어뇨 時諸菩薩이 敬順佛意하며 幷欲自滿本
불견고칙 아당운하 시제보살 경순불의 병욕자만본

願하사 便於佛前에 作獅子吼하며 而發誓言하사대 世尊하 我等於如來
원 변어불전 작사자후 이발서언 세존 아등어여래

滅後에 周旋往返十方世界하야 能令衆生으로 書寫此經하며 受持讀
멸후 주선왕반시방세계 능령중생 서사차경 수지독

誦하고 解說其義하며 如法修行하야 正憶念케하리니 皆是佛之威力이니다
송 해설기의 여법수행 정억념 개시불지위력

唯願世尊은 在於他方하사 遙見守護하소서
유원세존 재어타방 요견수호

2. 인욕의 옷을 입고 법을 설함

即時諸菩薩이 俱同發聲하야 而說偈言하니라
즉 시 제 보 살 　 구 동 발 성 　 　 이 설 게 언

唯願不爲慮하소서 於佛滅度後 恐怖惡世中에 我等當廣說호리라
유 원 불 위 려 　 어 불 멸 도 후 　 공 포 악 세 중 　 아 등 당 광 설

有諸無智人의 惡口罵詈等과 及加刀杖者라도 我等皆當忍호리라
유 제 무 지 인 　 악 구 매 리 등 　 급 가 도 장 자 　 아 등 개 당 인

惡世中比丘는 邪智心諂曲하야 未得謂爲得하고 我慢心充滿하며
악 세 중 비 구 　 사 지 심 첨 곡 　 미 득 위 위 득 　 아 만 심 충 만

或有阿練若에 納衣在空閑하야 自謂行眞道하고 輕賤人間者가
혹 유 아 련 야 　 납 의 재 공 한 　 자 위 행 진 도 　 경 천 인 간 자

貪着利養故로 與白衣說法하며 爲世所恭敬을 如六通羅漢하니
탐 착 이 양 고 　 여 백 의 설 법 　 위 세 소 공 경 　 여 육 통 나 한

是人懷惡心하야 常念世俗事하며 假名阿練若하야 好出我等過하고
시 인 회 악 심 　 상 념 세 속 사 　 가 명 아 련 야 　 호 출 아 등 과

而作如是言하대 此諸比丘等은 爲貪利養故로 說外道論義하며
이 작 여 시 언 　 차 제 비 구 등 　 위 탐 이 양 고 　 설 외 도 논 의

自作此經典하야 誑惑世間人하며 爲求名聞故로 分別於是經이라하니라
자 작 차 경 전 　 광 혹 세 간 인 　 위 구 명 문 고 　 분 별 어 시 경

常在大衆中하야 欲毀我等故로 向國王大臣과 婆羅門居士와
상 재 대 중 중 　 욕 훼 아 등 고 　 향 국 왕 대 신 　 바 라 문 거 사

及餘比丘衆하야 誹謗說我惡하대 謂是邪見人이 說外道論義라하면
급 여 비 구 중 　 비 방 설 아 악 　 위 시 사 견 인 　 설 외 도 논 의

3. 인욕의 옷을 입는 까닭

我等敬佛故로 悉忍是諸惡하며 爲斯所輕言하대 汝等皆是佛이라도
아 등 경 불 고 　 실 인 시 제 악 　 위 사 소 경 언 　 여 등 개 시 불

如此輕慢言을 皆當忍受之하며 濁劫惡世中에 多有諸恐怖하며
여차경만언 개당인수지 탁겁악세중 다유제공포

惡鬼入其身하야 罵詈毀辱我라도 我等敬信佛하야 當着忍辱鎧하고
악귀입기신 매리훼욕아 아등경신불 당착인욕개

爲說是經故로 忍此諸難事하며 我不愛身命하고 但惜無上道하야
위설시경고 인차제난사 아불애신명 단석무상도

我等於來世에 護持佛所囑호리다 世尊自當知시라 濁世惡比丘는
아등어래세 호지불소촉 세존자당지 탁세악비구

不知佛方便의 隨宜所說法하고 惡口而嚬蹙하며 數數見擯出하대
부지불방편 수의소설법 악구이빈축 삭삭견빈출

遠離於塔寺ᄒᆞ거든 如是等衆惡을 念佛告勅故로 皆當忍是事호리다
원리어탑사 여시등중악 염불고칙고 개당인시사

諸聚落城邑에 其有求法者면 我皆到其所하야 說佛所囑法호리니
제취락성읍 기유구법자 아개도기소 설불소촉법

4. 세존의 사자(使者)

我是世尊使라 處衆無所畏하며 我當善說法호리니 願佛安隱住하소서
아시세존사 처중무소외 아당선설법 원불안은주

我於世尊前과 諸來十方佛에 發如是誓言호니 佛自知我心하시리라
아어세존전 제래시방불 발여시서언 불자지아심

第十四

安樂行品

안락행품

妙法蓮華經

第十四　安樂行品

一. 사안락행(四安樂行)

1. 몸의 안락행(安樂行)

1) 보살의 행처(行處)

爾時文殊師利法王子菩薩摩訶薩이 白佛言하사대 世尊하 是諸菩
이시문수사리법왕자보살마하살　백불언　　세존　시제보

薩이 甚爲難有라 敬順佛故로 發大誓願하대 於後惡世에 護持讀說
살　심위난유　경순불고　발대서원　어후악세　호지독설

是法華經하려하나이다 世尊하 菩薩摩訶薩이 於後惡世에 云何能說是
시법화경　　　세존　보살마하살　어후악세　운하능설시

經이닛고 佛告文殊師利하사대 若菩薩摩訶薩이 於後惡世에 欲說是
경　　불고문수사리　　약보살마하살　어후악세　욕설시

經인댄 當安住四法이니라 一者는 安住菩薩行處와 及親近處라사 能爲
경　당안주사법　　일자　안주보살행처　급친근처　능위

衆生하야 演說是經이니라 文殊師利야 云何名菩薩摩訶薩行處오
중생　연설시경　　문수사리　운하명보살마하살행처

若菩薩摩訶薩이 住忍辱地하야 柔和善順하대 而不卒暴하고 心亦不
약보살마하살　주인욕지　유화선순　이부졸폭　심역불

驚하며 又復於法에 無所行하야 而觀諸法如實相하며 亦不行不分別
경　우부어법　무소행　이관제법여실상　역불행불분별

216 ｜묘법연화경｜

이 是名菩薩摩訶薩行處니라
시 명 보 살 마 하 살 행 처

2) 보살의 원리처(遠離處)

云何名菩薩摩訶薩親近處오 菩薩摩訶薩이 不親近國王王子와
운 하 명 보 살 마 하 살 친 근 처   보 살 마 하 살   불 친 근 국 왕 왕 자

大臣官長하며 不親近諸外道梵志와 尼揵子等과 及造世俗文筆과
대 신 관 장   불 친 근 제 외 도 범 지   니 건 자 등   급 조 세 속 문 필

讚詠外書와 及路伽耶陀와 逆路伽耶陀者하며 亦不親近諸有兇戲
찬 영 외 서   급 로 가 야 타   역 로 가 야 타 자   역 불 친 근 제 유 흉 희

와 相扠相撲과 及那羅等의 種種變現之戲하며 又不親近旃陀羅와
상 차 상 박   급 나 라 등   종 종 변 현 지 희   우 불 친 근 전 다 라

及畜猪羊鷄狗와 畋獵漁捕의 諸惡律儀니 如是人等이 或時來者어든
급 축 저 양 계 구   전 렵 어 포   제 악 율 의   여 시 인 등   혹 시 래 자

則爲說法하대 無所希望하며 又不親近求聲聞比丘比丘尼와 優婆
즉 위 설 법   무 소 희 망   우 불 친 근 구 성 문 비 구 비 구 니   우 바

塞優婆夷하고 亦不問訊하며 若於房中이나 若經行處나 若在講堂中
새 우 바 이   역 불 문 신   약 어 방 중   약 경 행 처   약 재 강 당 중

하야 不共住止하고 或時來者면 隨宜說法하대 無所希求니라 文殊師利
불 공 주 지   혹 시 래 자   수 의 설 법   무 소 희 구   문 수 사 리

야 又菩薩摩訶薩이 不應於女人身에 取能生欲想相하야 而爲說法
우 보 살 마 하 살   불 응 어 여 인 신   취 능 생 욕 상 상   이 위 설 법

하고 亦不樂見하며 若入他家어든 不與小女處女寡女等共語하며 亦
역 불 락 견   약 입 타 가   불 여 소 녀 처 녀 과 녀 등 공 어   역

復不近五種不男之人하야 以爲親厚하며 不獨入他家하고 若有因緣
부 불 근 오 종 불 남 지 인   이 위 친 후   부 독 입 타 가   약 유 인 연

하여 須獨入時어든 但一心念佛하며 若爲女人說法이어든 不露齒笑하고
수 독 입 시   단 일 심 염 불   약 위 여 인 설 법   불 로 치 소

不現胸臆하며 乃至爲法하야도 猶不親厚어든 況復餘事리요 不樂畜年
불현흉억　　내지위법　　　유불친후　　황부여사　　불락축년

少弟子와 沙彌小兒하고 亦不樂與同師니라
소제자　사미소아　역불락여동사

3) 보살의 친근처(親近處)

常好坐禪하대 在於閑處하야 修攝其心이니 文殊師利야 是名初親
상호좌선　　재어한처　　수섭기심　　문수사리　시명초친

近處니라 復次菩薩摩訶薩이 觀一切法空如實相하야 不顚倒하며 不
근처　　부차보살마하살　관일체법공여실상　　부전도　　부

動不退不轉하대 如虛空하야 無所有性이라 一切語言道斷하야 不生
동불퇴부전　여허공　　무소유성　　일체어언도단　　불생

不出不起하며 無名無相하야 實無所有라 無量無邊하고 無礙無障이언만
불출불기　　무명무상　　실무소유　무량무변　　무애무장

但以因緣有하고 從顚倒生故說이니 常樂觀如是法相이면 是名菩薩
단이인연유　　종전도생고설　　상락관여시법상　　시명보살

摩訶薩의 第二親近處니라
마하살　제이친근처

4) 게송으로 거듭 설하다

(1) 보살의 행처와 친근처

爾時世尊이 欲重宣此義하사 而說偈言하니라
이시세존　욕중선차의　　이설게언

若有菩薩이 　於後惡世에 　無怖畏心으로 　欲說是經인댄
약유보살　　어후악세　　무포외심　　욕설시경

應入行處와 응 입 행 처	及親近處니 급 친 근 처	常離國王과 상 리 국 왕	及國王子와 급 국 왕 자
大臣官長과 대 신 관 장	兇險戲者와 흉 험 희 자	及旃陀羅와 급 전 다 라	外道梵志하며 외 도 범 지
亦不親近 역 불 친 근	增上慢人과 증 상 만 인	貪着小乘하는 탐 착 소 승	三藏學者하며 삼 장 학 자
破戒比丘와 파 계 비 구	名字羅漢과 명 자 나 한	及比丘尼의 급 비 구 니	好戲笑者와 호 희 소 자
深着五欲과 심 착 오 욕	求現滅度하난 구 현 멸 도	諸優婆夷를 제 우 바 이	皆勿親近이라 개 물 친 근
若是人等이 약 시 인 등	以好心來하야 이 호 심 래	到菩薩所하야 도 보 살 소	爲聞佛道어든 위 문 불 도
菩薩則以 보 살 즉 이	無所畏心으로 무 소 외 심	不懷希望하고 불 회 희 망	而爲說法하며 이 위 설 법
寡女處女와 과 녀 처 녀	及諸不男을 급 제 불 남	皆勿親近하야 개 물 친 근	以爲親厚하며 이 위 친 후
亦莫親近 역 막 친 근	屠兒魁膾와 도 아 괴 회	畋獵漁捕하여 전 렵 어 포	爲利殺害하며 위 리 살 해
販肉自活과 판 육 자 활	衒賣女色하난 현 매 여 색	如是之人을 여 시 지 인	皆勿親近하며 개 물 친 근
兇險相撲과 흉 험 상 박	種種嬉戲와 종 종 희 희	諸婬女等을 제 음 녀 등	盡勿親近하며 진 물 친 근
莫獨屛處하야 막 독 병 처	爲女說法하고 위 녀 설 법	若說法時어든 약 설 법 시	無得戲笑하며 무 득 희 소
入里乞食에는 입 리 걸 식	將一比丘요 장 일 비 구	若無比丘어든 약 무 비 구	一心念佛하며 일 심 염 불
是則名爲 시 즉 명 위	行處近處니 행 처 근 처	以此二處로 이 차 이 처	能安樂說이라 능 안 락 설

(2) 진리는 원근(遠近)이 없다

又復不行   上中下法과   有爲無爲와   實不實法하며
우 부 불 행   상 중 하 법   유 위 무 위   실 불 실 법

亦不分別   是男是女하며   不得諸法하고   不知不見일새
역 불 분 별   시 남 시 녀   부 득 제 법   부 지 불 견

是則名爲   菩薩行處니라   一切諸法이   空無所有라
시 즉 명 위   보 살 행 처   일 체 제 법   공 무 소 유

無有常住하고   亦無起滅이니   是名智者의   所親近處라
무 유 상 주   역 무 기 멸   시 명 지 자   소 친 근 처

顚倒分別은   諸法有無와   是實非實과   是生非生이니
전 도 분 별   제 법 유 무   시 실 비 실   시 생 비 생

在於閑處하야   修攝其心하대   安住不動을   如須彌山하며
재 어 한 처   수 섭 기 심   안 주 부 동   여 수 미 산

觀一切法이   皆無所有라   猶如虛空하야   無有堅固하며
관 일 체 법   개 무 소 유   유 여 허 공   무 유 견 고

不生不出하고   不動不退하야   常住一相이   是名近處니라
불 생 불 출   부 동 불 퇴   상 주 일 상   시 명 근 처

(3) 제일행법의 성취

若有比丘가   於我滅後에   入是行處와   及親近處하면
약 유 비 구   어 아 멸 후   입 시 행 처   급 친 근 처

說斯經時에   無有怯弱이니라   菩薩有時에   入於靜室하야
설 사 경 시   무 유 겁 약   보 살 유 시   입 어 정 실

以正憶念으로   隨義觀法하고   從禪定起하야   爲諸國王과
이 정 억 념   수 의 관 법   종 선 정 기   위 제 국 왕

王子臣民과   婆羅門等하야   開化演暢하야   說斯經典하면
왕 자 신 민   바 라 문 등   개 화 연 창   설 사 경 전

其心安隱하야　無有怯弱이니　文殊師利야　是名菩薩이
기 심 안 은　　무 유 겁 약　　문 수 사 리　　시 명 보 살

安住初法하야　能於後世에　說法華經이니라
안 주 초 법　　능 어 후 세　　설 법 화 경

2. 입의 안락행

1) 입의 안락행의 행법

又文殊師利야　如來滅後於末法中에　欲說是經인댄　應住安樂行
우 문 수 사 리　　여 래 멸 후 어 말 법 중　　욕 설 시 경　　응 주 안 락 행

이니라　若口宣說하며　若讀經時엔　不樂說人及經典過하고　亦不輕慢
　　　약 구 선 설　　약 독 경 시　　불 락 설 인 급 경 전 과　　역 불 경 만

諸餘法師하며　不說他人好惡長短하며　於聲聞人에　亦不稱名하야　說
제 여 법 사　　불 설 타 인 호 오 장 단　　어 성 문 인　　역 불 칭 명　　설

其過惡하고　亦不稱名하야　讚歎其美하며　又亦不生怨嫌之心이니라　善
기 과 악　　역 불 칭 명　　찬 탄 기 미　　우 역 불 생 원 혐 지 심　　선

修如是安樂心故로　諸有聽者에　不逆其意하며　有所難問이면　不以小
수 여 시 안 락 심 고　　제 유 청 자　　불 역 기 의　　유 소 난 문　　불 이 소

乘法答하고　但以大乘으로　而爲解說하야　令得一切種智니라
승 법 답　　단 이 대 승　　이 위 해 설　　영 득 일 체 종 지

2) 게송으로 거듭 설하다

(1) 입의 안락행의 행법

爾時世尊이　欲重宣此義하사　而說偈言하니라
이 시 세 존　　욕 중 선 차 의　　이 설 게 언

菩薩常樂
보 살 상 락

安隱說法하대
안 은 설 법

於淸淨地에
어 청 정 지

而施牀座하며
이 시 상 좌

以油塗身하야
이 유 도 신

澡浴塵穢하며
조 욕 진 예

着新淨衣하야
착 신 정 의

內外俱淨하고
내 외 구 정

安處法座하야
안 처 법 좌

隨問爲說하며
수 문 위 설

若有比丘
약 유 비 구

及比丘尼와
급 비 구 니

諸優婆塞
제 우 바 새

及優婆夷와
급 우 바 이

國王王子와
국 왕 왕 자

群臣士民이어든
군 신 사 민

以微妙義로
이 미 묘 의

和顏爲說하며
화 안 위 설

若有難問이면
약 유 난 문

隨義而答하대
수 의 이 답

因緣譬喩로
인 연 비 유

敷演分別하야
부 연 분 별

以是方便으로
이 시 방 편

皆使發心하고
개 사 발 심

漸漸增益하야
점 점 증 익

入於佛道하며
입 어 불 도

除懶惰意와
제 나 타 의

及懈怠想하고
급 해 태 상

離諸憂惱하야
이 제 우 뇌

慈心說法하며
자 심 설 법

晝夜常說
주 야 상 설

無上道敎하대
무 상 도 교

以諸因緣과
이 제 인 연

無量譬喩로
무 량 비 유

開示衆生하야
개 시 중 생

咸令歡喜하며
함 령 환 희

衣服臥具와
의 복 와 구

飮食醫藥으로
음 식 의 약

而於其中에
이 어 기 중

無所希望하고
무 소 희 망

但一心念
단 일 심 념

說法因緣하야
설 법 인 연

願成佛道하대
원 성 불 도

令衆亦爾하면
영 중 역 이

是則大利라
시 즉 대 리

安樂供養이니라
안 락 공 양

(2) 제이행법의 성취

我滅度後에
아 멸 도 후

若有比丘가
약 유 비 구

能演說斯
능 연 설 사

妙法華經하대
묘 법 화 경

心無嫉恚와　諸惱障礙하고　亦無憂愁와　及罵詈者하며
심 무 질 에　제 뇌 장 애　역 무 우 수　급 매 리 자

又無怖畏와　加刀杖等하고　亦無擯出은　安住忍故니라
우 무 포 외　가 도 장 등　역 무 빈 출　안 주 인 고

智者如是　善修其心하야　能住安樂하대　如我上說이면
지 자 여 시　선 수 기 심　능 주 안 락　여 아 상 설

其人功德은　千萬億劫에　算數譬喩로　說不能盡이니라
기 인 공 덕　천 만 억 겁　산 수 비 유　설 불 능 진

3. 마음의 안락행

1) 마음 안락행의 행법

又文殊師利야　菩薩摩訶薩이　於後末世法欲滅時에　受持讀誦斯
우 문 수 사 리　보 살 마 하 살　어 후 말 세 법 욕 멸 시　수 지 독 송 사

經典者는　無懷嫉妬諂誑之心하고　亦勿輕罵學佛道者하야　求其長
경 전 자　무 회 질 투 첨 광 지 심　역 물 경 매 학 불 도 자　구 기 장

短하며　若比丘比丘尼와　優婆塞優婆夷의　求聲聞者와　求辟支佛者
단　약 비 구 비 구 니　우 바 새 우 바 이　구 성 문 자　구 벽 지 불 자

와　求菩薩道者에　無得惱之하야　令其疑悔니　語其人言하대　汝等去道
구 보 살 도 자　무 득 뇌 지　영 기 의 회　어 기 인 언　여 등 거 도

甚遠이라　終不能得一切種智리니　所以者何오　汝是放逸之人이라　於
심 원　종 불 능 득 일 체 종 지　소 이 자 하　여 시 방 일 지 인　어

道懈怠故라하며　又亦不應戲論諸法하야　有所諍競이니라　當於一切衆
도 해 태 고　우 역 불 응 희 론 제 법　유 소 쟁 경　당 어 일 체 중

生에　起大悲想하고　於諸如來에　起慈父想하며　於諸菩薩에　起大師想
생　기 대 비 상　어 제 여 래　기 자 부 상　어 제 보 살　기 대 사 상

하고　於十方諸大菩薩에　常應深心으로　恭敬禮拜하며　於一切衆生에
어 시 방 제 대 보 살　상 응 심 심　공 경 예 배　어 일 체 중 생

平等說法하대 以順法故로 不多不少하며 乃至深愛法者에 亦不爲
평등설법   이순법고   부다불소   내지심애법자   역불위

多說이니라
다 설

2) 제삼행법의 성취

文殊師利야 是菩薩摩訶薩이 於後末世法欲滅時에 有成就是第
문수사리   시보살마하살   어후말세법욕멸시   유성취시제

三安樂行者는 說是法時에 無能惱亂하며 得好同學하야 共讀誦是
삼안락행자   설시법시   무능뇌란   득호동학   공독송시

經하고 亦得大衆이 而來聽受하며 聽已能持하고 持已能誦하며 誦已能
경   역득대중   이래청수   청이능지   지이능송   송이능

說하고 說已能書하며 若使人書하야 供養經卷하고 恭敬尊重讚歎이니라
설   설이능서   약사인서   공양경권   공경존중찬탄

3) 게송으로 거듭 설하다

(1) 마음 안락행의 행법

爾時世尊이 欲重宣此義하사 而說偈言하사대
이시세존   욕중선차의   이설게언

若欲說是經인댄 當捨嫉恚慢과 諂誑邪僞心하고 常修質直行하며
약욕설시경   당사질에만   첨광사위심   상수질직행

不輕懱於人하고 亦不戲論法하며 不令他疑悔하대 云汝不得佛하며
불경멸어인   역불희론법   불령타의회   운여부득불

是佛子說法하대 常柔和能忍하고 慈悲於一切하야 不生懈怠心하며
시불자설법   상유화능인   자비어일체   불생해태심

十方大菩薩이 愍衆故行道어든 應生恭敬心하대 是則我大師라하며
시방대보살　민중고행도　응생공경심　시즉아대사

於諸佛世尊에 生無上父想하며 破於憍慢心하고 說法無障礙니
어제불세존　생무상부상　파어교만심　설법무장애

(2) 제삼행법의 성취

第三法如是라 智者應守護하야 一心安樂行이며 無量衆所敬이니라
제삼법여시　지자응수호　일심안락행　무량중소경

4. 서원 안락행

1) 서원 안락행의 행법

又文殊師利야 菩薩摩訶薩이 於後末世法欲滅時에 有持是法華
우문수사리　보살마하살　어후말세법욕멸시　유지시법화

經者는 於在家出家人中에 生大慈心하고 於非菩薩人中에 生大悲
경자　어재가출가인중　생대자심　어비보살인중　생대비

心이니라 應作是念하대 如是之人은 則爲大失이라 如來方便으로 隨宜
심　응작시념　여시지인　즉위대실　여래방편　수의

說法을 不聞不知하며 不覺不問하며 不信不解로다 其人이 雖不問不
설법　불문부지　불각불문　불신불해　기인　수불문불

信하며 不解是經이나 我得阿耨多羅三藐三菩提時에 隨在何地하야
신　불해시경　아득아뇩다라삼먁삼보리시　수재하지

以神通力智慧力引之하야 令得住是法中호리라하라
이신통력지혜력인지　영득주시법중

2) 제사행법의 성취

文殊師利야 是菩薩摩訶薩이 於如來滅後에 有成就此第四法者는
문수사리 시보살마하살 어여래멸후 유성취차제사법자

說是法時에 無有過失이니라 常爲比丘比丘尼와 優婆塞優婆夷와 國
설시법시 무유과실 상위비구비구니 우바새우바이 국

王王子와 大臣人民과 婆羅門居士等의 供養恭敬하고 尊重讚歎하며
왕왕자 대신인민 바라문거사등 공양공경 존중찬탄

虛空諸天은 爲聽法故로 亦常隨侍하나니라 若在聚落城邑과 空閑林
허공제천 위청법고 역상수시 약재취락성읍 공한임

中하야 有人來欲難問者면 諸天晝夜에 常爲法故로 而衛護之하야 能
중 유인내욕난문자 제천주야 상위법고 이위호지 능

令聽者로 皆得歡喜니 所以者何오 此經是一切過去未來現在諸
령청자 개득환희 소이자하 차경시일체과거미래현재제

佛의 神力所護故니라
불 신력소호고

二. 법화경의 덕을 찬탄함

1. 법을 설하다

文殊師利야 是法華經은 於無量國中에 乃至名字라도 不可得聞이
문수사리 시법화경 어무량국중 내지명자 불가득문

어던 何況得見하고 受持讀誦이리요
하황득견 수지독송

2. 계명주(髻明珠)의 비유

文殊師利야 譬如强力轉輪聖王이 欲以威勢로 降伏諸國에 而諸
문수사리 비여강력전륜성왕 욕이위세 항복제국 이제

小王이 不順其命이면 時轉輪王이 起種種兵하야 而往討伐하대 王見
소왕 불순기명 시전륜왕 기종종병 이왕토벌 왕견

兵衆에 戰有功者하고 即大歡喜하야 隨功賞賜하대 或與田宅聚落城
병중 전유공자 즉대환희 수공상사 혹여전택취락성

邑하며 或與衣服嚴身之具하며 或與種種珍寶인 金銀瑠璃硨磲瑪
읍 혹여의복엄신지구 혹여종종진보 금은유리자거마

瑙珊瑚琥珀象馬車乘奴婢人民하대 唯髻中明珠는 不以與之니 所
노산호호박상마거승노비인민 유계중명주 불이여지 소

以者何오 獨王頂上에 有此一珠하니 若以與之면 王諸眷屬이 必大
이자하 독왕정상 유차일주 약이여지 왕제권속 필대

驚怪니라
경괴

3. 비유에서 법을 밝히다

文殊師利야 如來亦復如是하야 以禪定智慧力으로 得法國土하야
문수사리 여래역부여시 이선정지혜력 득법국토

王於三界어든 而諸魔王이 不肯順伏이면 如來賢聖諸將이 與之共
왕어삼계 이제마왕 불긍순복 여래현성제장 여지공

戰하대 其有功者는 心亦歡喜하야 於四衆中에 爲說諸經하야 令其心
전 기유공자 심역환희 어사중중 위설제경 영기심

悅하고 賜以禪定解脫無漏根力諸法之財하며 又復賜與涅槃之城
열 사이선정해탈무루근력제법지재 우부사여열반지성

하고 言得滅度라하야 引導其心하야 令皆歡喜하대 以不爲說是法華經
언득멸도 인도기심 영개환희 이불위설시법화경

이니라

4. 계명주를 받는 사람

文殊師利야 如轉輪王이 見諸兵衆의 有大功者하고 心甚歡喜하야
문수사리 여전륜왕 견제병중 유대공자 심심환희

以此難信之珠를 久在髻中하고 不妄與人이라가 而今與之니라 如來亦
이차난신지주 구재계중 불망여인 이금여지 여래역

復如是하야 於三界中에 爲大法王하야 以法敎化一切衆生할새 見賢
부여시 어삼계중 위대법왕 이법교화일체중생 견현

聖軍이 與五陰魔와 煩惱魔와 死魔共戰하야 有大功勳하대 滅三毒出
성군 여오음마 번뇌마 사마공전 유대공훈 멸삼독출

三界하며 破魔網하니 爾時如來가 亦大歡喜하대 此法華經이 能令衆
삼계 파마망 이시여래 역대환희 차법화경 능령중

生으로 至一切智언만 一切世間이 多怨難信일새 先所未說을 而今說
생 지일체지 일체세간 다원난신 선소미설 이금설

之니라
지

5. 법화경은 여래의 제일설법

文殊師利야 此法華經은 是諸如來의 第一之說이라 於諸說中에 最
문수사리 차법화경 시제여래 제일지설 어제설중 최

爲甚深일새 末後賜與하나니 如彼强力之王이 久護明珠라가 今乃與
위심심 말후사여 여피강력지왕 구호명주 금내여

之니라 文殊師利야 此法華經은 諸佛如來의 秘密之藏이라 於諸經中
지 문수사리 차법화경 제불여래 비밀지장 어제경중

에 最在其上이니 長夜守護하야 不妄宣說타가 始於今日에사 乃與汝等
최재기상 장야수호 불망선설 시어금일 내여여등

으로 而敷演之니라
이 부 연 지

6. 게송으로 거듭 설하다

1) 법을 말하다

爾時世尊이 欲重宣此義하사 而說偈言하니라
이 시 세 존   욕 중 선 차 의   이 설 게 언

常行忍辱하야　哀愍一切일새　乃能演說　佛所讚經하며
상 행 인 욕　　애 민 일 체　　내 능 연 설　불 소 찬 경

後末世時에　持此經者는　於家出家와　及非菩薩에
후 말 세 시　　지 차 경 자　　어 가 출 가　급 비 보 살

應生慈悲니라　斯等不聞　不信是經이면　則爲大失이라
응 생 자 비　　사 등 불 문　불 신 시 경　　즉 위 대 실

我得佛道하야　以諸方便으로　爲說此法하야　令住其中호니
아 득 불 도　　이 제 방 편　　위 설 차 법　　영 주 기 중

2) 비유를 들다

譬如强力한　轉輪之王이　兵戰有功하면　賞賜諸物의
비 여 강 력　　전 륜 지 왕　병 전 유 공　　상 사 제 물

象馬車乘과　嚴身之具와　及諸田宅과　聚落城邑하며
상 마 거 승　　엄 신 지 구　급 제 전 택　　취 락 성 읍

或與衣服과　種種珍寶하며　奴婢財物을　歡喜賜與하대
혹 여 의 복　　종 종 진 보　노 비 재 물　　환 희 사 여

如有勇健하야　能爲難事면　王解髻中에　明珠賜之인댓하야
여 유 용 건　　능 위 난 사　왕 해 계 중　　명 주 사 지

3) 비유에서 법을 밝히다

如來亦爾하야　爲諸法王하야　忍辱大力이며　智慧寶藏이라
여 래 역 이　　위 제 법 왕　인 욕 대 력　　지 혜 보 장

以大慈悲로
이 대 자 비

如法化世하대
여 법 화 세

見一切人의
견 일 체 인

受諸苦惱일새
수 제 고 뇌

欲求解脫하고
욕 구 해 탈

與諸魔戰하면
여 제 마 전

爲是衆生하야
위 시 중 생

說種種法하고
설 종 종 법

以大方便으로
이 대 방 편

說此諸經하며
설 차 제 경

旣知衆生의
기 지 중 생

得其力已하야는
득 기 력 이

末後乃爲
말 후 내 위

說是法華하대
설 시 법 화

如王解髻
여 왕 해 계

明珠與之니라
명 주 여 지

此經爲尊하야
차 경 위 존

衆經中上이라
중 경 중 상

我常守護하고
아 상 수 호

不妄開示러니
불 망 개 시

今正是時일새
금 정 시 시

爲汝等說하노라
위 여 등 설

7. 사안락행의 성취

1) 안락행의 과보

我滅度後에
아 멸 도 후

求佛道者가
구 불 도 자

欲得安隱하야
욕 득 안 은

演說斯經인댄
연 설 사 경

應當親近
응 당 친 근

如是四法이니라
여 시 사 법

讀是經者는
독 시 경 자

常無憂惱하며
상 무 우 뇌

又無病通하고
우 무 병 통

顔色鮮白하며
안 색 선 백

不生貧窮
불 생 빈 궁

卑賤醜陋하고
비 천 추 루

衆生樂見하대
중 생 낙 견

如慕賢聖하며
여 모 현 성

天諸童子로
천 제 동 자

以爲給使하며
이 위 급 사

刀杖不加하고
도 장 불 가

毒不能害하며
독 불 능 해

若人惡罵라도
약 인 악 매

口則閉塞하며
구 즉 폐 색

遊行無畏를
유 행 무 외

如獅子王하며
여 사 자 왕

智慧光明이
지 혜 광 명

如日之照니라
여 일 지 조

2) 몽중에 길상을 보다

若於夢中에
약 어 몽 중

但見妙事하대
단 견 묘 사

見諸如來가
견 제 여 래

坐獅子座어든
좌 사 자 좌

諸比丘衆이
제 비 구 중

圍繞說法하며
위 요 설 법

又見龍神과
우 견 용 신

阿修羅等이
아 수 라 등

數如恒沙가
수 여 항 사

恭敬合掌하면
공 경 합 장

自見其身이
자 견 기 신

而爲說法하며
이 위 설 법

又見諸佛은
우 견 제 불

身相金色이라
신 상 금 색

放無量光하야
방 무 량 광

照於一切하고
조 어 일 체

以梵音聲으로
이 범 음 성

演說諸法하며
연 설 제 법

佛爲四衆하사
불 위 사 중

說無上法하면
설 무 상 법

見身處中하야
견 신 처 중

合掌讚佛하고
합 장 찬 불

聞法歡喜하야
문 법 환 희

而爲供養하며
이 위 공 양

得陀羅尼하고
득 다 라 니

證不退智하며
증 불 퇴 지

佛知其心의
불 지 기 심

深入佛道하고
심 입 불 도

即爲授記하야
즉 위 수 기

成最正覺이라하대
성 최 정 각

汝善男子는
여 선 남 자

當於來世에
당 어 래 세

得無量智의
득 무 량 지

佛之大道하며
불 지 대 도

國土嚴淨하야
국 토 엄 정

廣大無比하고
광 대 무 비

亦有四衆이
역 유 사 중

合掌聽法하리라
합 장 청 법

又見自身이
우 견 자 신

在山林中하야
재 산 림 중

修習善法하고
수 습 선 법

證諸實相하며
증 제 실 상

深入禪定하야
심 입 선 정

見十方佛하니
견 시 방 불

諸佛身金色이요
제 불 신 금 색

百福相莊嚴이라
백 복 상 장 엄

聞法爲人說하리니
문 법 위 인 설

常有是好夢이라
상 유 시 호 몽

又夢作國王하야
우 몽 작 국 왕

捨宮殿眷屬과
사 궁 전 권 속

及上妙五欲하고
급 상 묘 오 욕

行詣於道場하야
행 예 어 도 량

在菩提樹下하사
재 보 리 수 하

而處獅子座하야
이 처 사 자 좌

求道過七日하사
구 도 과 칠 일

得諸佛之智하고
득 제 불 지 지

成無上道已에 起而轉法輪하며 爲四衆說法을 經千萬億劫토록
성 무 상 도 이 기 이 전 법 륜 위 사 중 설 법 경 천 만 억 겁

說無漏妙法하야 度無量衆生하고 後當入涅槃하대 如煙盡燈滅이니라
설 무 루 묘 법 도 무 량 중 생 후 당 입 열 반 여 연 진 등 멸

若後惡世中에 說是第一法하면 是人得大利는 如上諸功德이니라
약 후 악 세 중 설 시 제 일 법 시 인 득 대 리 여 상 제 공 덕

第十五

從地涌出品

종지용출품

妙法蓮華經

第十五 從地涌出品

一. 종지용출장(從地涌出章)

1. 타방보살이 홍경(弘經)을 청함

爾時他方國土諸來菩薩摩訶薩은 過八恒河沙數라 於大衆中
이 시 타 방 국 토 제 래 보 살 마 하 살　과 팔 항 하 사 수　어 대 중 중

起하사 合掌作禮하고 而白佛言하사대 世尊하 若聽我等이 於佛滅後에
기　합 장 작 례　이 백 불 언　세 존 하　약 청 아 등　어 불 멸 후

在此娑婆世界하야 勤加精進하야 護持讀誦書寫供養是經典者면
재 차 사 바 세 계　근 가 정 진　호 지 독 송 서 사 공 양 시 경 전 자

當於此土에 而廣說之호리다
당 어 차 토　이 광 설 지

2. 여래가 불허(不許)함

爾時佛告諸菩薩摩訶薩衆하사대 止善男子야 不須汝等의 護持此
이 시 불 고 제 보 살 마 하 살 중　지 선 남 자　불 수 여 등　호 지 차

經이니 所以者何오 我娑婆世界에 自有六萬恒河沙等菩薩摩訶薩
경　소 이 자 하　아 사 바 세 계　자 유 육 만 항 하 사 등 보 살 마 하 살

하고 一一菩薩이 各有六萬恒河沙眷屬이어든 是諸人等이 能於我滅
일 일 보 살　각 유 육 만 항 하 사 권 속　시 제 인 등　능 어 아 멸

後에 護持讀誦하고 廣說此經이니라
후 호지독송 광설차경

3. 세계가 진열(震裂)하고 보살들이 용출함

佛說是時에 娑婆世界三千大千國土는 地皆震裂터니 而於其中에
불설시시 사바세계삼천대천국토 지개진열 이어기중

有無量千萬億菩薩摩訶薩이 同時涌出이러라 是諸菩薩이 身皆金
유무량천만억보살마하살 동시용출 시제보살 신개금

色에 三十二相이며 無量光明이라 先盡在此娑婆世界之下하사 此界
색 삼십이상 무량광명 선진재차사바세계지하 차계

虛空中住러니 是諸菩薩이 聞釋迦牟尼佛의 所說音聲하고 從下發
허공중주 시제보살 문석가모니불 소설음성 종하발

來하대 一一菩薩이 皆是大衆唱導之首라 各將六萬恒河沙眷屬이온
래 일일보살 개시대중창도지수 각장육만항하사권속

況將五萬四萬과 三萬二萬과 一萬恒河沙等眷屬者며 況復乃至
황장오만사만 삼만이만 일만항하사등권속자 황부내지

一恒河沙와 半恒河沙와 四分之一과 乃至千萬億那由他分之一
일항하사 반항하사 사분지일 내지천만억나유타분지일

이며 況復千萬億那由他眷屬이며 況復億萬眷屬이며 況復千萬百萬
황부천만억나유타권속 황부억만권속 황부천만백만

으로 乃至一萬이며 況復一千一百으로 乃至一十이며 況復將五四三
내지일만 황부일천일백 내지일십 황부장오사삼

二一의 弟子者며 況復單己로 樂遠離行하니 如是等比는 無量無邊
이일 제자자 황부단기 낙원리행 여시등비 무량무변

하야 算數譬喩로 所不能知러라
산수비유 소불능지

4. 부처님을 찬탄함

是諸菩薩이 從地出已에 各詣虛空七寶妙塔의 多寶如來와 釋迦
시제보살 종지출이 각예허공칠보묘탑 다보여래 석가

牟尼佛所到已하고 向二世尊하사 頭面禮足하며 及至諸寶樹下의 獅子
모니불소도이 향이세존 두면예족 급지제보수하 사자

座上佛所하야 亦皆作禮하고 右繞三匝하며 合掌恭敬하사 以諸菩薩의
좌상불소 역개작례 우요삼잡 합장공경 이제보살

種種讚法으로 而以讚歎하고 住在一面하야 欣樂瞻仰於二世尊하며 是
종종찬법 이이찬탄 주재일면 흔락첨앙어이세존 시

諸菩薩摩訶薩이 從地涌出하사 以諸菩薩의 種種讚法으로 而讚於
제보살마하살 종지용출 이제보살 종종찬법 이찬어

佛하대 如是時間이 經五十小劫커늘 是時釋迦牟尼佛이 默然而坐
불 여시시간 경오십소겁 시시석가모니불 묵연이좌

하고 及諸四衆도 亦皆默然하사 五十小劫을 佛神力故로 令諸大衆으로
급제사중 역개묵연 오십소겁 불신력고 영제대중

謂如半日케함이라 爾時四衆이 亦以佛神力故로 見諸菩薩이 徧滿無
위여반일 이시사중 역이불신력고 견제보살 변만무

量百千萬億國土虛空이러라
량백천만억국토허공

5. 사도사(四導師)의 문안

是菩薩衆中에 有四導師하니 一名上行이요 二名無邊行이요 三名
시보살중중 유사도사 일명상행 이명무변행 삼명

淨行이요 四名安立行이라 是四菩薩이 於其衆中에 最爲上首唱導之
정행 사명안립행 시사보살 어기중중 최위상수창도지

師러라 在大衆前하야 各共合掌하고 觀釋迦牟尼佛하사 而問訊言하사대
사 재대중전 각공합장 관석가모니불 이문신언

世尊하 少病少惱하시며 安樂行不잇가 所應度者는 受敎易不잇가 不令
세존 소병소뇌 안락행부 소응도자 수교이부 불령

世尊으로 生疲勞耶잇가 爾時四大菩薩이 而說偈言하니라
세존 생피로야 이시사대보살 이설게언

世尊安樂하사 少病少惱하시며 敎化衆生에 得無疲倦하시며
세존안락 소병소뇌 교화중생 득무피권

又諸衆生은 受化易不잇가 不令世尊으로 生疲勞耶잇가
우제중생 수화이부 불령세존 생피로야

6. 세존의 답변

爾時世尊이 於菩薩大衆中에 而作是言하사대 如是如是니라 諸善
이시세존 어보살대중중 이작시언 여시여시 제선

男子야 如來安樂하야 少病少惱니라 諸衆生等은 易可化度요 無有疲
남자 여래안락 소병소뇌 제중생등 이가화도 무유피

勞니 所以者何오 是諸衆生이 世世已來로 常受我化하며 亦於過去
로 소이자하 시제중생 세세이래 상수아화 역어과거

諸佛에 恭敬尊重하고 種諸善根이라 此諸衆生이 始見我身하며 聞我
제불 공경존중 종제선근 차제중생 시견아신 문아

所說하고 卽皆信受하야 入如來慧니 除先修習學小乘者라 如是之
소설 즉개신수 입여래혜 제선수습학소승자 여시지

人을 我今亦令得聞是經하고 入於佛慧호라
인 아금역령득문시경 입어불혜

7. 보살들의 수희(隨喜)

爾時諸大菩薩이 而說偈言하니라
이시제대보살 이설게언

善哉善哉라　大雄世尊이시여　諸衆生等을　易可化度시며
선 재 선 재　　대 웅 세 존　　제 중 생 등　　이 가 화 도

能問諸佛의　甚深智慧하고　聞已信行일새　我等隨喜하노이다
능 문 제 불　　심 심 지 혜　　문 이 신 행　　아 등 수 희

於時世尊이　讚歎上首諸大菩薩하사대　善哉善哉라　善男子야　汝等
어 시 세 존　　찬 탄 상 수 제 대 보 살　　선 재 선 재　　선 남 자　　여 등

能於如來에　發隨喜心이로다
능 어 여 래　　발 수 희 심

二. 의문을 갖다

1. 차토보살들의 의문

爾時彌勒菩薩과　及八千恒河沙諸菩薩衆이　皆作是念하대　我等
이 시 미 륵 보 살　　급 팔 천 항 하 사 제 보 살 중　　개 작 시 념　　아 등

이 從昔已來로　不見不聞如是大菩薩摩訶薩衆이　從地涌出하사　住
　　종 석 이 래　　불 견 불 문 여 시 대 보 살 마 하 살 중　　종 지 용 출　　주

世尊前하야　合掌供養하고　問訊如來라하더니　時彌勒菩薩摩訶薩이　知
세 존 전　　합 장 공 양　　문 신 여 래　　　시 미 륵 보 살 마 하 살　　지

八千恒河沙諸菩薩等의　心之所念하며　幷欲自決所疑하니라　合掌向
팔 천 항 하 사 제 보 살 등　　심 지 소 념　　병 욕 자 결 소 의　　　합 장 향

佛하사　以偈問曰
불　　이 게 문 왈

無量千萬億　大衆諸菩薩은　昔所未曾見이라　願兩足尊說하소서
무 량 천 만 억　　대 중 제 보 살　　석 소 미 증 견　　원 양 족 존 설

是從何所來며　以何因緣集애닛고　巨身大神通이며　智慧叵思議라
시 종 하 소 래　　이 하 인 연 집　　거 신 대 신 통　　지 혜 파 사 의

其志念堅固하고 有大忍辱力하며 衆生所樂見이라 爲從何所來닛고
기 지 념 견 고　유 대 인 욕 력　중 생 소 락 견　위 종 하 소 래

一一諸菩薩의 所將諸眷屬이 其數無有量하대 如恒河沙等하며
일 일 제 보 살　소 장 제 권 속　기 수 무 유 량　여 항 하 사 등

或有大菩薩은 將六萬恒沙하대 如是諸大衆이 一心求佛道하며
혹 유 대 보 살　장 육 만 항 사　여 시 제 대 중　일 심 구 불 도

是諸大師等 六萬恒河沙가 俱來供養佛하고 及護持是經하며
시 제 대 사 등　육 만 항 하 사　구 래 공 양 불　급 호 지 시 경

將五萬恒沙하대 其數過於是하며 四萬及三萬과 二萬至一萬이며
장 오 만 항 사　기 수 과 어 시　사 만 급 삼 만　이 만 지 일 만

一千一百等으로 乃至一恒沙하며 半及三四分과 億萬分之一이며
일 천 일 백 등　내 지 일 항 사　반 급 삼 사 분　억 만 분 지 일

千萬那由他인 萬億諸弟子와 乃至於半億이 其數復過上하며
천 만 나 유 타　만 억 제 제 자　내 지 어 반 억　기 수 부 과 상

百萬至一萬과 一千及一百과 五十與一十으로 乃至三二一하며
백 만 지 일 만　일 천 급 일 백　오 십 여 일 십　내 지 삼 이 일

單己無眷屬으로 樂於獨處者가 俱來至佛所하대 其數轉過上하며
단 기 무 권 속　낙 어 독 처 자　구 래 지 불 소　기 수 전 과 상

如是諸大衆을 若人行籌數하대 過於恒沙劫토록 猶不能盡知하며
여 시 제 대 중　약 인 행 주 수　과 어 항 사 겁　유 불 능 진 지

是諸大威德 精進菩薩衆을 誰爲其說法하야 敎化而成就하며
시 제 대 위 덕　정 진 보 살 중　수 위 기 설 법　교 화 이 성 취

從誰初發心하고 稱揚何佛法이며 受持行誰經하고 修習何佛道닛고
종 수 초 발 심　칭 양 하 불 법　수 지 행 수 경　수 습 하 불 도

如是諸菩薩의 神通大智力으로 四方地震裂하고 皆從中涌出하니
여 시 제 보 살　신 통 대 지 력　사 방 지 진 열　개 종 중 용 출

世尊我昔來로 未曾見是事라 願說其所從 國土之名號하소서
세 존 아 석 래　미 증 견 시 사　원 설 기 소 종　국 토 지 명 호

我常遊諸國하대 未曾見是衆하며 我於此衆中에 乃不識一人이라
아 상 유 제 국　미 증 견 시 중　아 어 차 중 중　내 불 식 일 인

忽然從地出하니 願說其因緣하소서 今此之大會에 無量百千億
홀 연 종 지 출　　　원 설 기 인 연　　　금 차 지 대 회　　　무 량 백 천 억

是諸菩薩等이 皆欲知此事하나니 是諸菩薩衆의 本末之因緣을
시 제 보 살 등　　　개 욕 지 차 사　　　시 제 보 살 중　　　본 말 지 인 연

無量德世尊이시여 唯願決衆疑하소서
무 량 덕 세 존　　　유 원 결 중 의

2. 타토보살들의 의문

爾時釋迦牟尼佛의 分身諸佛이 從無量千萬億他方國土來者가
이 시 석 가 모 니 불　　분 신 제 불　　종 무 량 천 만 억 타 방 국 토 래 자

在於八方諸寶樹下의 獅子座上하사 結跏趺坐하니 其佛侍者가 各
재 어 팔 방 제 보 수 하　　사 자 좌 상　　결 가 부 좌　　기 불 시 자　각

各見是菩薩大衆이 於三千大千世界四方으로 從地湧出하사 住於
각 견 시 보 살 대 중　　어 삼 천 대 천 세 계 사 방　　종 지 용 출　　주 어

虛空하고 各白其佛言하사대 世尊하 此諸無量無邊阿僧祇菩薩大衆
허 공　　각 백 기 불 언　　　세 존 하　차 제 무 량 무 변 아 승 지 보 살 대 중

이 從何所來닛고 爾時諸佛이 各告侍者하사대 諸善男子야 且待須臾하라
　종 하 소 래　　이 시 제 불　　각 고 시 자　　　제 선 남 자　차 대 수 유

有菩薩摩訶薩하니 名曰彌勒이라 釋迦牟尼佛之所授記니 次後作
유 보 살 마 하 살　　명 왈 미 륵　　석 가 모 니 불 지 소 수 기　　차 후 작

佛하리라 已問斯事일새 佛今答之니 汝等도 自當因是得聞하리라
불　　이 문 사 사　　불 금 답 지　여 등　자 당 인 시 득 문

三. 제불 삼력장(三力章)

爾時釋迦牟尼佛이 告彌勒菩薩하사대 善哉善哉라 阿逸多야 乃能
이 시 석 가 모 니 불　　고 미 륵 보 살　　선 재 선 재　아 일 다　내 능

問佛如是大事로다 汝等當共一心으로 被精進鎧하고 發堅固意니라 如
문불여시대사   여등당공일심   피정진개   발견고의   여

來今欲顯發宣示諸佛智慧와 諸佛自在神通之力과 諸佛獅子奮
래금욕현발선시제불지혜   제불자재신통지력   제불사자분

迅之力과 諸佛威猛大勢之力하노라 爾時世尊이 欲重宣此義하사 而
신지력   제불위맹대세지력   이시세존   욕중선차의   이

說偈言하니라
설게언

當精進一心하라 我欲說此事하노니 勿得有疑悔니라 佛智叵思議라
당정진일심   아욕설차사   물득유의회   불지파사의

汝今出信力하야 住於忍善中하니 昔所未聞法을 今皆當得聞하리라
여금출신력   주어인선중   석소미문법   금개당득문

我今安慰汝하노니 勿得懷疑懼니라 佛無不實語요 智慧不可量이라
아금안위여   물득회의구   불무불실어   지혜불가량

所得第一法은 甚深叵分別일새 如是今當說하노니 汝等一心聽하라
소득제일법   심심파분별   여시금당설   여등일심청

四. 개개인의 본래성불

1. 장문으로 설하다

爾時世尊이 說此偈已하시고 告彌勒菩薩하사 我今於此大衆에 宣
이시세존   설차게이   고미륵보살   아금어차대중   선

告汝等하노라 阿逸多야 是諸大菩薩摩訶薩이 無量無數阿僧祇로 從
고여등   아일다   시제대보살마하살   무량무수아승지   종

地涌出하니 汝等昔所未見者라 我於是娑婆世界에 得阿耨多羅三
지용출   여등석소미견자   아어시사바세계   득아뇩다라삼

藐三菩提已하고 教化示導是諸菩薩하야 調伏其心하며 令發道意호라
약 삼 보 리 이　　교 화 시 도 시 제 보 살　　조 복 기 심　　영 발 도 의

此諸菩薩이 皆於是娑婆世界之下의 此界虛空中住나라 於諸經典
차 제 보 살　개 어 시 사 바 세 계 지 하　차 계 허 공 중 주　　어 제 경 전

에 讀誦通利하야 思惟分別正憶念이니라 阿逸多야 是諸善男子等이
독 송 통 리　　사 유 분 별 정 억 념　　　아 일 다　시 제 선 남 자 등

不樂在衆하야 多有所說하고 常樂靜處하야 勤行精進하며 未曾休息하며
불 락 재 중　　다 유 소 설　　상 락 정 처　　근 행 정 진　　미 증 휴 식

亦不依止人天而住하고 常樂深智하야 無有障礙하며 亦常樂於諸佛
역 불 의 지 인 천 이 주　　상 락 심 지　　무 유 장 애　　역 상 락 어 제 불

之法하고 一心精進하야 求無上慧니라
지 법　　일 심 정 진　　구 무 상 혜

2. 게송으로 거듭 설하다

爾時世尊이 欲重宣此義하사 而說偈言하니라
이 시 세 존　욕 중 선 차 의　　이 설 게 언

阿逸汝當知하라 是諸大菩薩이 從無數劫來로 修習佛智慧니
아 일 여 당 지　시 제 대 보 살　종 무 수 겁 래　수 습 불 지 혜

悉是我所化하야 令發大道心이나라 此等是我子라 依止是世界하야
실 시 아 소 화　　영 발 대 도 심　　차 등 시 아 자　의 지 시 세 계

常行頭陀事하며 志樂於靜處하야 捨大衆憒鬧하고 不樂多所說이라
상 행 두 타 사　지 락 어 정 처　　사 대 중 궤 요　불 락 다 소 설

如是諸子等이 學習我道法하며 晝夜常精進하야 爲求佛道故로
여 시 제 자 등　학 습 아 도 법　주 야 상 정 진　위 구 불 도 고

在娑婆世界의 下方空中住나라 志念力堅固하야 常勤求智慧하며
재 사 바 세 계　하 방 공 중 주　지 념 력 견 고　상 근 구 지 혜

說種種妙法하대 其心無所畏나라 我於伽耶城 菩提樹下坐하야
설 종 종 묘 법　기 심 무 소 외　아 어 가 야 성　보 리 수 하 좌

得成最正覺하고 轉無上法輪하고는 爾乃敎化之하야 令初發道心일새
득 성 최 정 각　　전 무 상 법 륜　　이 내 교 화 지　　영 초 발 도 심

今皆住不退하고 悉當得成佛이니라 我今說實語하노니 汝等一心信하라
금 개 주 불 퇴　　실 당 득 성 불　　아 금 설 실 어　　여 등 일 심 신

我從久遠來로 敎化是等衆호라
아 종 구 원 래　　교 화 시 등 중

3. 보살들의 의문

爾時彌勒菩薩摩訶薩과 及無數諸菩薩等이 心生疑惑하야 怪未
이 시 미 륵 보 살 마 하 살　　급 무 수 제 보 살 등　　심 생 의 혹　　　괴 미

曾有하야 而作是念하대 云何世尊이 於少時間에 敎化如是無量無
증 유　　이 작 시 념　　운 하 세 존　　어 소 시 간　　교 화 여 시 무 량 무

邊阿僧祇諸大菩薩하야 令住阿耨多羅三藐三菩提리요 卽白佛言
변 아 승 지 제 대 보 살　　영 주 아 녹 다 라 삼 막 삼 보 리　　　즉 백 불 언

하사대 世尊하 如來爲太子時에 出於釋宮하사 去伽耶城不遠에 坐於
　　　세 존　　여 래 위 태 자 시　　출 어 석 궁　　거 가 야 성 불 원　　좌 어

道場하야 得成阿耨多羅三藐三菩提하시고 從是已來로 始過四十餘
도 량　　득 성 아 녹 다 라 삼 막 삼 보 리　　　종 시 이 래　　시 과 사 십 여

年이어늘 世尊云何로 於此少時에 大作佛事하대 以佛勢力과 以佛功
년　　　세 존 운 하　　어 차 소 시　　대 작 불 사　　이 불 세 력　　이 불 공

德으로 敎化如是無量大菩薩衆하사 當成阿耨多羅三藐三菩提
덕　　교 화 여 시 무 량 대 보 살 중　　당 성 아 녹 다 라 삼 막 삼 보 리

이시닛고 世尊하 此大菩薩衆을 假使有人이 於千萬億劫에 數不能盡이라
　　　세 존　　차 대 보 살 중　　가 사 유 인　　어 천 만 억 겁　　수 불 능 진

不得其邊이리다 斯等久遠已來로 於無量無邊諸佛所에 植諸善根하야
부 득 기 변　　　사 등 구 원 이 래　　어 무 량 무 변 제 불 소　　식 제 선 근

成就菩薩道하고 常修梵行일지니 世尊하 如此之事는 世所難信이니다
성 취 보 살 도　　상 수 범 행　　세 존　　여 차 지 사　　세 소 난 신

4. 부소자노(父少子老)의 비유

譬如有人이 色美髮黑한 年二十五가 指百歲人하야 言是我子어든
비여유인　색미발흑　연이십오　지백세인　언시아자

其百歲人도 亦指年少하야 言是我父라 生育我等이라하면 是事難信
기백세인　역지년소　언시아부　생육아등　　　　시사난신

이니다 佛亦如是하야 得道已來로 其實未久니다 而此大衆諸菩薩等은
　　　불역여시　득도이래　기실미구　이차대중제보살등

已於無量千萬億劫에 爲佛道故로 勤行精進하야 善入出住無量百
이어무량천만억겁　위불도고　근행정진　선입출주무량백

千萬億三昧하사 得大神通하며 久修梵行하고 善能次第로 習諸善法
천만억삼매　득대신통　구수범행　선능차제　습제선법

하며 巧於問答하야 人中之寶라 一切世間에 甚爲希有니라 今日世尊이
　　교어문답　인중지보　일체세간　심위희유　금일세존

方云得佛道時에 初令發心하야 敎化示導하사 令向阿耨多羅三藐
방운득불도시　초령발심　교화시도　영향아뇩다라삼막

三菩提라하시니 世尊하 得佛未久에 乃能作此大功德事닛고 我等은 雖
삼보리　　세존　득불미구　내능작차대공덕사　아등　수

復信佛隨宜所說하사 佛所出言은 未曾虛妄이며 佛所知者는 皆悉
부신불수의소설　불소출언　미증허망　불소지자　개실

通達이나 然이나 諸新發意菩薩이 於佛滅後에 若聞是語하면 或不信
통달　연　제신발의보살　어불멸후　약문시어　혹불신

受하야 而起破法罪業因緣하리니 唯然世尊하 願爲解說하사 除我等
수　이기파법죄업인연　유연세존　원위해설　제아등

疑하시며 及未來世에 諸善男子가 聞此事已하고 亦不生疑케하소서
의　급미래세　제선남자　문차사이　역불생의

5. 게송으로 거듭 설하다

1) 개개인의 본래성불

爾時彌勒菩薩이 欲重宣此義하사 而說偈言하니라
이 시 미 륵 보 살 　 욕 중 선 차 의 　 이 설 게 언

佛昔從釋種하사 出家近伽耶에 坐於菩提樹하시니 爾來尚未久요
불 석 종 석 종 　 출 가 근 가 야 　 좌 어 보 리 수 　 이 래 상 미 구

此諸佛子等 其數不可量은 久已行佛道하야 住於神通力하며
차 제 불 자 등 　 기 수 불 가 량 　 구 이 행 불 도 　 주 어 신 통 력

善學菩薩道하야 不染世間法하대 如蓮華在水라 從地而涌出하사
선 학 보 살 도 　 불 염 세 간 법 　 여 연 화 재 수 　 종 지 이 용 출

皆起恭敬心하야 住於世尊前하니 是事難思議라 云何而可信이왓가
개 기 공 경 심 　 주 어 세 존 전 　 시 사 난 사 의 　 운 하 이 가 신

佛得道甚近하고 所成就甚多하시니 願爲除衆疑하사 如實分別說하소서
불 득 도 심 근 　 소 성 취 심 다 　 원 위 제 중 의 　 여 실 분 별 설

2) 비유를 들어 밝히다

譬如少壯人의 年始二十五가 示人百歲子의 髮白而面皺하대
비 여 소 장 인 　 연 시 이 십 오 　 시 인 백 세 자 　 발 백 이 면 추

是等我所生이라하니 子亦說是父라하며 父少而子老라 擧世所不信이니다
시 등 아 소 생 　 자 역 설 시 부 　 부 소 이 자 노 　 거 세 소 불 신

世尊亦如是하사 得道來甚近하고 是諸菩薩等은 志固無怯弱하야
세 존 역 여 시 　 득 도 래 심 근 　 시 제 보 살 등 　 지 고 무 겁 약

從無量劫來로 而行菩薩道하며 巧於難問答하사 其心無所畏하며
종 무 량 겁 래 　 이 행 보 살 도 　 교 어 난 문 답 　 기 심 무 소 외

忍辱心決定하야 端正有威德하며 十方佛所讚이라 善能分別說하며
인 욕 심 결 정 　 단 정 유 위 덕 　 시 방 불 소 찬 　 선 능 분 별 설

不樂在人衆하고 常好在禪定하며 爲求佛道故로 於下空中住나다
불락재인중　　상호재선정　　위구불도고　　어하공중주

我等從佛聞하와 於此事無疑이나 願佛爲未來하사 演說令開解하소서
아등종불문　　어차사무의　　원불위미래　　연설령개해

若有於此經에 生疑不信者는 即當墮惡道리니 願今爲解說하소서
약유어차경　　생의불신자　　즉당타악도　　원금위해설

是無量菩薩을 云何於少時에 敎化令發心하야 而住不退地넛고
시무량보살　　운하어소시　　교화령발심　　이주불퇴지

第十六

如來壽量品

여래수량품

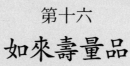

妙法蓮華經
第十六 如來壽量品

一. 무량한 여래수량(如來壽量)

1. 신해(信解)를 당부함

爾時佛告諸菩薩과 及一切大衆하사대 諸善男子야 汝等當信解如
이시불고제보살 급일체대중 제선남자 여등당신해여

來誠諦之語니라 復告大衆하사대 汝等當信解如來誠諦之語니라 又
래성제지어 부고대중 여등당신해여래성제지어 우

復告諸大衆하사대 汝等當信解如來誠諦之語니라 是時菩薩大衆에
부고제대중 여등당신해여래성제지어 시시보살대중

彌勒爲首하사 合掌白佛言하사대 世尊하 唯願說之하소서 我等當信受
미륵위수 합장백불언 세존 유원설지 아등당신수

佛語호리다 如是三白已하니라 復言唯願說之하소서 我等當信受佛語
불어 여시삼백이 부언유원설지 아등당신수불어

호리다 爾時世尊이 知諸菩薩의 三請不止하시고 而告之言하니라
이시세존 지제보살 삼청부지 이고지언

2. 세간의 상식

汝等諦聽如來秘密神通之力이니 一切世間에 天人及阿修羅는
여등체청여래비밀신통지력 일체세간 천인급아수라

皆謂今釋迦牟尼佛이 出釋氏宮하사 去伽耶城不遠에 坐於道場하야
개 위 금 석 가 모 니 불   출 석 씨 궁   거 가 야 성 불 원   좌 어 도 량

得阿耨多羅三藐三菩提라하니라
득 아 뇩 다 라 삼 막 삼 보 리

3. 여래수량의 무량무변

然善男子야 我實成佛已來는 無量無邊百千萬億那由他劫이니라
연 선 남 자   아 실 성 불 이 래   무 량 무 변 백 천 만 억 나 유 타 겁

譬如五百千萬億那由他阿僧祇三千大千世界를 假使有人이 抹
비 여 오 백 천 만 억 나 유 타 아 승 지 삼 천 대 천 세 계   가 사 유 인   말

爲微塵하야 過於東方五百千萬億那由他阿僧祇國하야 乃下一塵
위 미 진   과 어 동 방 오 백 천 만 억 나 유 타 아 승 지 국   내 하 일 진

하대 如是東行하야 盡是微塵이면 諸善男子야 於意云何오 是諸世界를
여 시 동 행   진 시 미 진   제 선 남 자   어 의 운 하   시 제 세 계

可得思惟校計하야 知其數不아 彌勒菩薩等이 俱白佛言하사대 世尊
가 득 사 유 교 계   지 기 수 부   미 륵 보 살 등   구 백 불 언   세 존

하 是諸世界는 無量無邊이라 非算數所知며 亦非心力所及이라 一
하   시 제 세 계   무 량 무 변   비 산 수 소 지   역 비 심 력 소 급   일

切聲聞辟支佛이 以無漏智로 不能思惟하야 知其限數며 我等이 住
체 성 문 벽 지 불   이 무 루 지   불 능 사 유   지 기 한 수   아 등   주

阿鞞跋致地라도 於是事中에 亦所不達이오니 世尊하 如是諸世界는
아 비 발 치 지   어 시 사 중   역 소 부 달   세 존 하   여 시 제 세 계

無量無邊이니다 爾時佛告大菩薩衆하사대 諸善男子야 今當分明히 宣
무 량 무 변   이 시 불 고 대 보 살 중   제 선 남 자   금 당 분 명   선

語汝等호리라 是諸世界에 若着微塵과 及不着者를 盡以爲塵하야 一
어 여 등   시 제 세 계   약 착 미 진   급 불 착 자   진 이 위 진   일

塵一劫이라도 我成佛已來는 復過於此百千萬億那由他阿僧祇劫
진 일 겁   아 성 불 이 래   부 과 어 차 백 천 만 억 나 유 타 아 승 지 겁

이니라

4. 중생들을 위한 방편

自從是來로 我常在此娑婆世界하야 說法敎化하며 亦於餘處인 百
자 종 시 래　　아 상 재 차 사 바 세 계　　설 법 교 화　　역 어 여 처　　백

千萬億那由他阿僧祇國에도 導利衆生호라 諸善男子야 於是中間에
천 만 억 나 유 타 아 승 지 국　　도 리 중 생　　제 선 남 자　　어 시 중 간

我說燃燈佛等하며 又復言其入於涅槃호니 如是皆以方便分別이니라
아 설 연 등 불 등　　우 부 언 기 입 어 열 반　　여 시 개 이 방 편 분 별

諸善男子야 若有衆生이 來至我所어든 我以佛眼으로 觀其信等諸根
제 선 남 자　　약 유 중 생　　내 지 아 소　　아 이 불 안　　관 기 신 등 제 근

利鈍하며 隨所應度하야 處處自說名字不同과 年紀大小하며 亦復現
이 둔　　수 소 응 도　　처 처 자 설 명 자 부 동　　연 기 대 소　　역 부 현

言當入涅槃이라하고 又以種種方便으로 說微妙法하야 能令衆生으로
언 당 입 열 반　　우 이 종 종 방 편　　설 미 묘 법　　능 령 중 생

發歡喜心케하니라 諸善男子야 如來見諸衆生이 樂於小法하야 德薄
발 환 희 심　　제 선 남 자　　여 래 견 제 중 생　　낙 어 소 법　　덕 박

垢重者하니라 爲是人說하대 我少出家하야 得阿耨多羅三藐三菩提
구 중 자　　위 시 인 설　　아 소 출 가　　득 아 녹 다 라 삼 막 삼 보 리

라하니 然이나 我實成佛已來는 久遠若斯언마는 但以方便으로 敎化衆生
연　　아 실 성 불 이 래　　구 원 약 사　　단 이 방 편　　교 화 중 생

하야 令入佛道일새 作如是說이니라 諸善男子야 如來所演經典이 皆爲
영 입 불 도　　작 여 시 설　　제 선 남 자　　여 래 소 연 경 전　　개 위

度脫衆生이니 或說己身하고 或說他身하며 或示己身하고 或示他身
도 탈 중 생　　혹 설 기 신　　혹 설 타 신　　혹 시 기 신　　혹 시 타 신

하며 或示己事하고 或示他事하대 諸所言說이 皆實不虛니라 所以者何
혹 시 기 사　　혹 시 타 사　　제 소 언 설　　개 실 불 허　　소 이 자 하

오 如來如實知見三界之相하대 無有生死의 若退若出하며 亦無在
여 래 여 실 지 견 삼 계 지 상　　무 유 생 사　　약 퇴 약 출　　역 무 재

世와 及滅度者라 非實非虛며 非如非異며 不如三界에 見於三界니
세　　급 멸 도 자　　비 실 비 허　　비 여 비 이　　불 여 삼 계　　견 어 삼 계

如斯之事를 如來明見하대 無有錯謬언마는 以諸衆生이 有種種性과
여 사 지 사　여 래 명 견　무 유 착 류　이 제 중 생　유 종 종 성

種種欲과 種種行과 種種憶想分別故로 欲令生諸善根하야 以若干
종 종 욕　종 종 행　종 종 억 상 분 별 고　욕 령 생 제 선 근　이 약 간

因緣과 譬喩言辭로 種種說法하야 所作佛事를 未曾暫廢니라
인 연　비 유 언 사　종 종 설 법　소 작 불 사　미 증 잠 폐

5. 여래의 진실

如是我成佛已來는 甚大久遠이라 壽命無量阿僧祇劫에 常住不
여 시 아 성 불 이 래　심 대 구 원　수 명 무 량 아 승 지 겁　상 주 불

滅이니라 諸善男子야 我本行菩薩道하야 所成壽命이 今猶未盡도 復
멸　제 선 남 자　아 본 행 보 살 도　소 성 수 명　금 유 미 진　부

倍上數어늘 然今非實滅度를 而便唱言當取滅度라하니 如來以是方
배 상 수　연 금 비 실 멸 도　이 변 창 언 당 취 멸 도　여 래 이 시 방

便으로 敎化衆生호라 所以者何오 若佛久住於世면 薄德之人이 不
편　교 화 중 생　소 이 자 하　약 불 구 주 어 세　박 덕 지 인　부

種善根하고 貧窮下賤하야 貪着五欲하고 入於憶想妄見網中하며 若
종 선 근　빈 궁 하 천　탐 착 오 욕　입 어 억 상 망 견 망 중　약

見如來가 常在不滅이면 便起憍恣하야 而懷厭怠하고 不能生於難遭
견 여 래　상 재 불 멸　변 기 교 자　이 회 염 태　불 능 생 어 난 조

之想과 恭敬之心일새 是故如來가 以方便說이니라 比丘當知하라 諸佛
지 상　공 경 지 심　시 고 여 래　이 방 편 설　비 구 당 지　제 불

出世는 難可値遇니 所以者何오 諸薄德人이 過無量百千萬億劫
출 세　난 가 치 우　소 이 자 하　제 박 덕 인　과 무 량 백 천 만 억 겁

하야사 或有見佛하며 或不見者하나니 以此事故로 我作是言하대 諸比丘
혹 유 견 불　혹 불 견 자　이 차 사 고　아 작 시 언　제 비 구

야 如來難可得見이니라 斯衆生等이 聞如是語하면 必當生於難遭之
여 래 난 가 득 견　사 중 생 등　문 여 시 어　필 당 생 어 난 조 지

想하야 心懷戀慕하고 渴仰於佛하야 便種善根일새 是故如來가 雖不實
상   심회연모   갈앙어불   변종선근   시고여래 수불실

滅이나 而言滅度니라 又善男子야 諸佛如來도 法皆如是니 爲度衆生
멸   이언멸도   우선남자 제불여래 법개여시 위도중생

이라 皆實不虛니라
     개실불허

6. 양의(良醫)의 비유

譬如良醫가 智慧聰達하야 明練方藥하고 善治衆病하며 其人多諸
비여양의 지혜총달   명련방약   선치중병   기인다제

子息하대 若十二十으로 乃至百數러니 以有事緣하야 遠至餘國하나라 諸
자식   약십이십   내지백수   이유사연   원지여국   제

子於後에 飲他毒藥하고 藥發悶亂하야 宛轉于地러라 是時其父가 還
자어후 음타독약   약발민란   완전우지 시시기부   환

來歸家하니 諸子飲毒하고 或失本心하며 或不失者가 遙見其父하고 皆
래귀가   제자음독   혹실본심   혹불실자 요견기부   개

大歡喜하야 拜跪問訊하대 善安隱歸닛가 我等愚癡하야 誤服毒藥호니
대환희   배궤문신   선안은귀   아등우치   오복독약

願見救療하사 更賜壽命하소서 父見子等이 苦惱如是하고 依諸經方하야
원견구료   갱사수명   부견자등 고뇌여시   의제경방

求好藥草의 色香美味가 皆悉具足하야 擣篩和合으로 與子令服하고
구호약초 색향미미 개실구족   도사화합   여자영복

而作是言하대 此大良藥은 色香美味가 皆悉具足이라 汝等可服이니
이작시언   차대양약 색향미미 개실구족   여등가복

速除苦惱하고 無復衆患하리라 其諸子中에 不失心者는 見此良藥의
속제고뇌   무부중환   기제자중 불실심자 견차양약

色香俱好하고 即便服之하야 病盡除愈하나라 餘失心者는 見其父來하고
색향구호   즉변복지   병진제유   여실심자 견기부래

雖亦歡喜問訊하야 求索治病이나 然이나 與其藥而不肯服하나니 所以
수역환희문신 구색치병 연 여기약이불긍복 소이

者何오 毒氣深入하야 失本心故로 於此好色香藥에 而謂不美라 父
자하 독기심입 실본심고 어차호색향약 이위불미 부

作是念하대 此子可愍이라 爲毒所中하야 心皆顚倒일새 雖見我喜하고
작시념 차자가민 위독소중 심개전도 수견아희

求索救療나 如是好藥을 而不肯服하니 我今當設方便하야 令服此
구색구료 여시호약 이불긍복 아금당설방편 영복차

藥호리라하고 即作是言하대 汝等當知하라 我今衰老하야 死時已至일새 是
약 즉작시언 여등당지 아금쇠노 사시이지 시

好良藥을 今留在此니 汝可取服하대 勿憂不差하라 作是敎已하고 復
호양약 금류재차 여가취복 물우불차 작시교이 부

至他國하야 遣使還告하대 汝父已死라하거든 是時諸子가 聞父背喪하고
지타국 견사환고 여부이사 시시제자 문부배상

心大憂惱하야 而作是念하대 若父在者인댄 慈愍我等하야 能見救護어
심대우뇌 이작시념 약부재자 자민아등 능견구호

니와 今者捨我하고 遠喪他國하니 自惟孤露요 無復恃怙라하야 常懷悲
금자사아 원상타국 자유고로 무부시호 상회비

感타가 心遂醒悟하야 乃知此藥의 色味香美하고 即取服之에 毒病皆
감 심수성오 내지차약 색미향미 즉취복지 독병개

愈커늘 其父聞子가 悉已得差하니라 尋便來歸하야 咸使見之라 諸善
유 기부문자 실이득차 심변래귀 함사견지 제선

男子야 於意云何오 頗有人이 能說此良醫의 虛妄罪不아 不也世尊하
남자 어의운하 파유인 능설차양의 허망죄부 불야세존

7. 비유에서 법을 밝히다

佛言我亦如是하야 成佛已來는 無量無邊百千萬億那由他阿僧
불언아역여시 성불이래 무량무변백천만억나유타아승

祇劫이언마는 爲衆生故로 以方便力으로 言當滅度나 亦無有能如法說
지 겁   위 중 생 고 이 방 편 력   언 당 멸 도 역 무 유 능 여 법 설

我虛妄過者니라
아 허 망 과 자

二. 자아게(自我偈)

1. 여래 수명은 무량천만억

1) 과거

爾時世尊이 欲重宣此義하사 而說偈言하니라
이 시 세 존 욕 중 선 차 의   이 설 게 언

自我得佛來의 所經諸劫數는 無量百千萬   億載阿僧祇라
자 아 득 불 래 소 경 제 겁 수 무 량 백 천 만   억 재 아 승 지

常說法敎化가 無數億衆生하야 令入於佛道호니 爾來無量劫이라
상 설 법 교 화 무 수 억 중 생 영 입 어 불 도 이 래 무 량 겁

爲度衆生故로 方便現涅槃이나 而實不滅度하야 常住此說法하니라
위 도 중 생 고 방 편 현 열 반 이 실 불 멸 도 상 주 차 설 법

我常住於此하야 以諸神通力하사 令顚倒衆生으로 雖近而不見케호니
아 상 주 어 차 이 제 신 통 력 영 전 도 중 생 수 근 이 불 견

2) 현재

衆見我滅度하고 廣供養舍利하며 咸皆懷戀慕하야 而生渴仰心이라
중 견 아 멸 도 광 공 양 사 리 함 개 회 연 모 이 생 갈 앙 심

衆生旣信伏하고 質直意柔軟하야 一心欲見佛하대 不自惜身命커늘
중 생 기 신 복 질 직 의 유 연 일 심 욕 견 불 부 자 석 신 명

時我及衆僧이 俱出靈鷲山하야 我時語衆生하대 常在此不滅이어늘
시아급중승 구출영취산 아시어중생 상재차불멸

以方便力故로 現有滅不滅이라 餘國有衆生이 恭敬信樂者면
이방편력고 현유멸불멸 여국유중생 공경신락자

我復於彼中에 爲說無上法하니 汝等不聞此하고 但謂我滅度니라
아부어피중 위설무상법 여등불문차 단위아멸도

3) 미래

我見諸衆生이 沒在於苦海일새 故不爲現身하야 令其生渴仰하고
아견제중생 몰재어고해 고불위현신 영기생갈앙

因其心戀慕하야 乃出爲說法호라 神通力如是하야 於阿僧祇劫에
인기심연모 내출위설법 신통력여시 어아승지겁

常在靈鷲山과 及餘諸住處호라 衆生見劫盡하야 大火所燒時에
상재영취산 급여제주처 중생견겁진 대화소소시

我此土安隱하야 天人常充滿하고 園林諸堂閣에 種種寶莊嚴하며
아차토안은 천인상충만 원림제당각 종종보장엄

寶樹多華菓하야 衆生所遊樂이며 諸天擊天鼓하야 常作衆伎樂하며
보수다화과 중생소유락 제천격천고 상작중기악

雨曼陀羅華하야 散佛及大衆이라 我淨土不毁어늘 而衆見燒盡하고
우만다라화 산불급대중 아정토불훼 이중견소진

憂怖諸苦惱가 如是悉充滿이라 是諸罪衆生은 以惡業因緣으로
우포제고뇌 여시실충만 시제죄중생 이악업인연

過阿僧祇劫토록 不聞三寶名하고 諸有修功德하야 柔和質直者는
과아승지겁 불문삼보명 제유수공덕 유화질직자

則皆見我身이 在此而說法하며 或時爲此衆하야 說佛壽無量하고
즉개견아신 재차이설법 혹시위차중 설불수무량

久乃見佛者는 爲說佛難値니라 我智力如是하야 慧光照無量하며
구내견불자 위설불난치 아지력여시 혜광조무량

壽命無數劫은 久修業所得이니 汝等有智者는 勿於此生疑하고
수명무수겁　구수업소득　여등유지자　물어차생의

當斷令永盡이니 佛語實不虛니라
당단령영진　불어실불허

2. 비유를 들어 밝히다

如醫善方便하야 爲治狂子故로 實在而言死하대 無能說虛妄이닷하야
여의선방편　위치광자고　실재이언사　무능설허망

我亦爲世父하야 救諸苦患者하대 爲凡夫顚倒하야 實在而言滅하니
아역위세부　구제고환자　위범부전도　실재이언멸

以常見我故로 而生憍恣心하고 放逸着五欲하야 墮於惡道中이라
이상견아고　이생교자심　방일착오욕　타어악도중

我常知衆生의 行道不行道와 隨所應可度하야 爲說種種法하며
아상지중생　행도불행도　수소응가도　위설종종법

每自作是意하대 以何令衆生으로 得入無上慧하야 速成就佛身가호라
매자작시의　이하령중생　득입무상혜　속성취불신

第十七
分別功德品
분별공덕품

妙法蓮華經

第十七 分別功德品

一. 불수(佛壽)를 들은 공덕

1. 여래의 분별(分別)

爾時大會가 聞佛說壽命劫數가 長遠如是하고 無量無邊阿僧祇
이 시 대 회　　문 불 설 수 명 겁 수　장 원 여 시　　무 량 무 변 아 승 지

衆生이 得大饒益이러라 於時世尊이 告彌勒菩薩摩訶薩하사대 阿逸多
중 생　득 대 요 익　　어 시 세 존　고 미 륵 보 살 마 하 살　　아 일 다

야 我說是如來壽命長遠時에 六百八十萬億那由他恒河沙衆生은
아 설 시 여 래 수 명 장 원 시　육 백 팔 십 만 억 나 유 타 항 하 사 중 생

得無生法忍하고 復有千倍菩薩摩訶薩은 得聞持陀羅尼門하며 復
득 무 생 법 인　부 유 천 배 보 살 마 하 살　득 문 지 다 라 니 문　　부

有一世界微塵數菩薩摩訶薩은 得樂說無礙辯才하며 復有一世
유 일 세 계 미 진 수 보 살 마 하 살　득 요 설 무 애 변 재　　부 유 일 세

界微塵數菩薩摩訶薩은 得百千萬億無量旋陀羅尼하며 復有三千
계 미 진 수 보 살 마 하 살　득 백 천 만 억 무 량 선 다 라 니　　부 유 삼 천

大千世界微塵數菩薩摩訶薩은 能轉不退法輪하며 復有二千中國
대 천 세 계 미 진 수 보 살 마 하 살　능 전 불 퇴 법 륜　　부 유 이 천 중 국

土微塵數菩薩摩訶薩은 能轉清淨法輪하며 復有小千國土微塵數
토 미 진 수 보 살 마 하 살　능 전 청 정 법 륜　　부 유 소 천 국 토 미 진 수

菩薩摩訶薩은 八生에 當得阿耨多羅三藐三菩提하며 復有四四天
보살마하살 팔생 당득아뇩다라삼먁삼보리 부유사사천

下微塵數菩薩摩訶薩은 四生에 當得阿耨多羅三藐三菩提하며 復
하미진수보살마하살 사생 당득아뇩다라삼먁삼보리 부

有三四天下微塵數菩薩摩訶薩은 三生에 當得阿耨多羅三藐三
유삼사천하미진수보살마하살 삼생 당득아뇩다라삼먁삼

菩提하며 復有二四天下微塵數菩薩摩訶薩은 二生에 當得阿耨多
보리 부유이사천하미진수보살마하살 이생 당득아뇩다

羅三藐三菩提하며 復有一四天下微塵數菩薩摩訶薩은 一生에 當
라삼먁삼보리 부유일사천하미진수보살마하살 일생 당

得阿耨多羅三藐三菩提하며 復有八世界微塵數衆生은 皆發阿耨
득아뇩다라삼먁삼보리 부유팔세계미진수중생 개발아뇩

多羅三藐三菩提心하니라
다라삼먁삼보리심

2. 종종공양

佛說是諸菩薩摩訶薩이 得大法利時에 於虛空中에 雨曼陀羅華와
불설시제보살마하살 득대법리시 어허공중 우만다라화

摩訶曼陀羅華하야 以散無量百千萬億衆寶樹下獅子座上諸佛
마하만다라화 이산무량백천만억중보수하사자좌상제불

하며 幷散七寶塔中獅子座上에 釋迦牟尼佛과 及久滅度이신 多寶如
병산칠보탑중사자좌상 석가모니불 급구멸도 다보여

來하며 亦散一切諸大菩薩과 及四部衆하며 又雨細抹栴檀과 沈水
래 역산일체제대보살 급사부중 우우세말전단 침수

香等하며 於虛空中에 天鼓自鳴하야 妙聲深遠하며 又雨千種天衣하고
향등 어허공중 천고자명 묘성심원 우우천종천의

垂諸瓔珞하대 眞珠瓔珞과 摩尼珠瓔珞과 如意珠瓔珞이 徧於九方
수제영락 진주영락 마니주영락 여의주영락 변어구방

하며 衆寶香爐에 燒無價香하니 自然周至하야 供養大會하며 一一佛上
　　중보향로　　소무가향　　　자연주지　　　공양대회　　　일일불상

에 有諸菩薩이 執持幡蓋하고 次第而上하야 至于梵天하며 是諸菩薩이
　유제보살　집지번개　　차제이상　　　지우범천　　　시제보살

以妙音聲으로 歌無量頌하야 讚歎諸佛이러라
이묘음성　　　가무량송　　찬탄제불

3. 미륵보살의 이해

1) 불자들의 환희

爾時彌勒菩薩이 從座而起하사 偏袒右肩하고 合掌向佛하사 而說
이 시 미 륵 보 살　종 좌 이 기　편 단 우 견　합 장 향 불　　이 설

偈言하니라
게 언

佛說希有法하시니 昔所未曾聞이라 世尊有大力하사 壽命不可量이며
불 설 희 유 법　석 소 미 증 문　세 존 유 대 력　수 명 불 가 량

無數諸佛子가 聞世尊分別 說得法利者는 歡喜充徧身이니다
무 수 제 불 자　문 세 존 분 별　설 득 법 리 자　환 희 충 변 신

2) 여래의 분별

或住不退地하며 或得陀羅尼하고 或無礙樂說 萬億旋總持하며
혹 주 불 퇴 지　혹 득 다 라 니　혹 무 애 요 설　만 억 선 총 지

或有大千界 微塵數菩薩은 各各皆能轉 不退之法輪하며
혹 유 대 천 계　미 진 수 보 살　각 각 개 능 전　불 퇴 지 법 륜

復有中千界 微塵數菩薩은 各各皆能轉 清淨之法輪하며
부 유 중 천 계　미 진 수 보 살　각 각 개 능 전　청 정 지 법 륜

復有小千界　微塵數菩薩은　餘各八生在하야　當得成佛道하며
부유소천계　미진수보살　여각팔생재　당득성불도

復有四三二인　如此四天下　微塵諸菩薩은　隨數生成佛하며
부유사삼이　여차사천하　미진제보살　수수생성불

或一四天下　微塵數菩薩은　餘有一生在하야　當成一切智니다
혹일사천하　미진수보살　여유일생재　당성일체지

如是等衆生이　聞佛壽長遠하고　得無量無漏　淸淨之果報하며
여시등중생　문불수장원　득무량무루　청정지과보

復有八世界　微塵數衆生은　聞佛說壽命하고　皆發無上心이나다
부유팔세계　미진수중생　문불설수명　개발무상심

世尊說無量　不可思議法하사　多有所饒益하대　如虛空無邊하라
세존설무량　불가사의법　다유소요익　여허공무변

3) 종종공양

雨天曼陀羅와　摩訶曼陀羅하며　釋梵如恒沙　無數佛土來하야
우천만다라　마하만다라　석범여항사　무수불토래

雨栴檀沈水하대　繽紛而亂墜를　如鳥飛空下하야　供散於諸佛하며
우전단침수　빈분이난추　여조비공하　공산어제불

天鼓虛空中에　自然出妙聲하며　天衣千萬種이　旋轉而來下하며
천고허공중　자연출묘성　천의천만종　선전이래하

衆寶妙香爐에　燒無價之香하니　自然悉周徧하야　供養諸世尊하며
중보묘향로　소무가지향　자연실주변　공양제세존

其大菩薩衆은　執七寶幡蓋가　高妙萬億種하고　次第至梵天하며
기대보살중　집칠보번개　고묘만억종　차제지범천

一一諸佛前에　寶幢懸勝幡하고　亦以千萬偈로　歌詠諸如來하며
일일제불전　보당현승번　역이천만게　가영제여래

如是種種事는　昔所未曾有라　聞佛壽無量하고　一切皆歡喜니다
여시종종사　석소미증유　문불수무량　일체개환희

佛名聞十方_{하사} 廣饒益衆生_{하대} 一切具善根_{하야} 以助無上心_{이니라}
불 명 문 시 방　　광 요 익 중 생　　일 체 구 선 근　　이 조 무 상 심

二. 홍경공덕(弘經功德)

1. 일념신해(一念信解)의 공덕

1) 장문으로 설하다

爾時佛告彌勒菩薩摩訶薩_{하사대} 阿逸多_야 其有衆生_이 聞佛壽命
이 시 불 고 미 륵 보 살 마 하 살　　아 일 다　 기 유 중 생　 문 불 수 명

長遠如是_{하고} 乃至能生一念信解_{하면} 所得功德_은 無有限量_{이니라}
장 원 여 시　 내 지 능 생 일 념 신 해　　소 득 공 덕　　무 유 한 량

若有善男子善女人_이 爲阿耨多羅三藐三菩提故_로 於八十萬億
약 유 선 남 자 선 여 인　 위 아 뇩 다 라 삼 먁 삼 보 리 고　 어 팔 십 만 억

那由他劫_에 行五波羅密_의 檀波羅密_과 尸羅波羅密_과 羼提波羅
나 유 타 겁　 행 오 바 라 밀　 단 바 라 밀　 시 라 바 라 밀　 찬 제 바 라

密_과 毗梨耶波羅密_과 禪波羅密_{하고} 除般若波羅密_{이니} 以是功德_{으로}
밀　 비 리 야 바 라 밀　 선 바 라 밀　　제 반 야 바 라 밀　 이 시 공 덕

比前功德_{컨대} 百分千分_과 百千萬億分_에 不及其一_{이며} 乃至算數
비 전 공 덕　 백 분 천 분　 백 천 만 억 분　 불 급 기 일　 내 지 산 수

譬喩_에 所不能知_{니라} 若善男子善女人_이 有如是功德_{하고} 於阿耨多
비 유　 소 불 능 지　 약 선 남 자 선 여 인　 유 여 시 공 덕　 어 아 뇩 다

羅三藐三菩提退者_는 無有是處_{니라}
라 삼 먁 삼 보 리 퇴 자　 무 유 시 처

2) 게송으로 거듭 설하다

爾時世尊이 欲重宣此義하사 而說偈言하니라
이 시 세 존   욕 중 선 차 의   이 설 게 언

若人求佛慧하야 於八十萬億 那由他劫數에 行五波羅密하대
약 인 구 불 혜   어 팔 십 만 억   나 유 타 겁 수   행 오 바 라 밀

於是諸劫中에 布施供養佛과 及緣覺弟子와 幷諸菩薩衆하대
어 시 제 겁 중   보 시 공 양 불   급 연 각 제 자   병 제 보 살 중

珍異之飮食과 上服與臥具와 栴檀立精舍와 以園林莊嚴으로
진 이 지 음 식   상 복 여 와 구   전 단 립 정 사   이 원 림 장 엄

如是等布施가 種種皆微妙하대 盡此諸劫數히 以廻向佛道하면
여 시 등 보 시   종 종 개 미 묘   진 차 제 겁 수   이 회 향 불 도

若復持禁戒하대 淸淨無缺漏하야 求於無上道의 諸佛之所歎하며
약 부 지 금 계   청 정 무 결 루   구 어 무 상 도   제 불 지 소 탄

若復行忍辱하야 住於調柔地하대 設衆惡來加라도 其心不傾動하며
약 부 행 인 욕   주 어 조 유 지   설 중 악 래 가   기 심 불 경 동

諸有得法者가 懷於增上慢하니 爲此所輕惱라도 如是悉能忍하며
제 유 득 법 자   회 어 증 상 만   위 차 소 경 뇌   여 시 실 능 인

若復勤精進하야 志念常堅固하사 於無量億劫에 一心不懈息하며
약 부 근 정 진   지 념 상 견 고   어 무 량 억 겁   일 심 불 해 식

又於無數劫에 住於空閑處하야 若坐若經行에 除睡常攝心하야
우 어 무 수 겁   주 어 공 한 처   약 좌 약 경 행   제 수 상 섭 심

以時因緣故로 能生諸禪定하며 八十億萬劫에 安住心不亂하고
이 시 인 연 고   능 생 제 선 정   팔 십 억 만 겁   안 주 심 불 난

持此一心福하야 願求無上道하며 我得一切智하고 盡諸禪定際하며
지 차 일 심 복   원 구 무 상 도   아 득 일 체 지   진 제 선 정 제

是人於百千 萬億劫數中에 行此諸功德하대 如上之所說하라
시 인 어 백 천   만 억 겁 수 중   행 차 제 공 덕   여 상 지 소 설

有善男女等이 聞我說壽命하고 乃至一念信하면 其福過於彼하니
유 선 남 녀 등   문 아 설 수 명   내 지 일 념 신   기 복 과 어 피

若人悉無有　一切諸疑悔하고 深心須臾信이라도 其福爲如此니라
약인실무유　일체제의회　심심수유신　기복위여차

其有諸菩薩이　無量劫行道라가 聞我說壽命하고 是則能信受하며
기유제보살　무량겁행도　문아설수명　시즉능신수

如是諸人等은　頂受此經典하고 願我於未來에 長壽度衆生하대
여시제인등　정수차경전　원아어미래　장수도중생

如今日世尊　諸釋中之王이 道場獅子吼하사 說法無所畏하시니
여금일세존　제석중지왕　도량사자후　설법무소외

我等未來世에　一切所尊敬하야 坐於道場時에 說壽亦如是라하며
아등미래세　일체소존경　좌어도량시　설수역여시

若有深心者는　淸淨而質直하야 多聞能總持하고 隨義解佛語하나니
약유심심자　청정이질직　다문능총지　수의해불어

如是之人等은　於此無有疑니라
여시지인등　어차무유의

2. 말을 이해한 공덕

又阿逸多야 若有聞佛壽命長遠하고 解其言趣하면 是人所得功德은
우아일다　약유문불수명장원　해기언취　시인소득공덕

無有限量하야 能起如來無上之慧니라
무유한량　능기여래무상지혜

3. 널리 설하는 공덕

何況廣聞是經하고 若敎人聞하며 若自持하고 若敎人持하며 若自書
하황광문시경　약교인문　약자지　약교인지　약자서

하고 若敎人書하며 若以華香瓔珞과 幢幡繪蓋와 香油蘇燈으로 供養
약교인서　약이화향영락　당번증개　향유소등　공양

經卷하면 是人功德은 無量無邊하야 能生一切種智니라
경 권   시인공덕   무량무변   능생일체종지

4. 깊이 믿어 관찰이 성취한 공덕

阿逸多야 若善男子善女人이 聞我說壽命長遠하고 深心信解면
아 일 다   약선남자선여인   문아설수명장원   심심신해

則爲見佛이 常在耆闍崛山하야 共大菩薩과 諸聲聞衆으로 圍繞說法
즉위견불   상재기사굴산   공대보살 제성문중   위요설법

이니라 又見此娑婆世界하대 其地瑠璃라 坦然平正하며 閻浮檀金으로 以
우견차사바세계   기지유리 탄연평정   염부단금   이

界八道하며 寶樹行列하고 諸臺樓觀이 皆悉寶成이며 其菩薩衆이 咸
계 팔 도   보수항렬   제대루관 개실보성   기보살중 함

處其中하니 若有能如是觀者면 當知是爲深信解相이니라
처 기 중   약유능여시관자   당지시위심신해상

5. 수지독송의 공덕

又復如來滅後에 若聞是經하고 而不毁呰하야 起隨喜心하면 當知
우부여래멸후   약문시경   이불훼자   기수희심   당지

已爲深信解相이니라 何況讀誦受持之者리요 斯人은 則爲頂戴如來
이위심신해상   하황독송수지지자   사인 즉위정대여래

니라 阿逸多야 是善男子善女人은 不須爲我하야 復起塔寺와 及作僧
아 일 다   시선남자선여인은 불수위아   부기탑사 급작승

坊하야 以四事供養衆僧이니 所以者何오 是善男子善女人이 受持
방   이사사공양중승   소이자하 시선남자선여인이 수지

讀誦是經典者면 爲已起塔하고 造立僧坊하야 供養衆僧이며 則爲以
독송시경전자 위이기탑   조립승방   공양중승   즉위이

佛舍利로 起七寶塔하대 高廣漸小로 至于梵天하고 懸諸幡蓋와 及衆
불 사 리   기 칠 보 탑   고 광 점 소   지 우 범 천   현 제 번 개   급 중

寶鈴하며 華香瓔珞과 抹香塗香燒香과 衆鼓伎樂과 簫笛箜篌와 種
보 령   화 향 영 락   말 향 도 향 소 향   중 고 기 악   소 적 공 후   종

種舞戱하고 以妙音聲으로 歌唄讚頌하며 則爲於無量千萬億劫에 作
종 무 희   이 묘 음 성   가 패 찬 송   즉 위 어 무 량 천 만 억 겁   작

是供養已니라
시 공 양 이

6. 서사해설의 공덕

阿逸多야 若我滅後에 聞是經典하고 有能受持하대 若自書커나 若
아 일 다   약 아 멸 후   문 시 경 전   유 능 수 지   약 자 서   약

教人書하면 則爲起立僧坊하대 以赤栴檀으로 作諸殿堂三十有二하며
교 인 서   즉 위 기 립 승 방   이 적 전 단   작 제 전 당 삼 십 유 이

高八多羅樹라 高廣嚴好하니 百千比丘가 於其中止하며 園林浴池에
고 팔 다 라 수   고 광 엄 호   백 천 비 구   어 기 중 지   원 림 욕 지

經行禪窟하며 衣服飮食과 牀褥湯藥과 一切樂具充滿其中하며 如
경 행 선 굴   의 복 음 식   상 욕 탕 약   일 체 낙 구 충 만 기 중   여

是僧坊은 堂閣若干百千萬億으로 其數無量이라 以此現前에 供養
시 승 방   당 각 약 간 백 천 만 억   기 수 무 량   이 차 현 전   공 양

於我와 及比丘僧이니라 是故我說如來滅後에 若有受持讀誦하야 爲
어 아   급 비 구 승   시 고 아 설 여 래 멸 후   약 유 수 지 독 송   위

他人說하며 若自書커나 若教人書하야 供養經卷하면 不須復起塔寺와
타 인 설   약 자 서   약 교 인 서   공 양 경 권   불 수 부 기 탑 사

及造僧坊하야 供養衆僧이니라
급 조 승 방   공 양 중 승

7. 육바라밀을 겸한 공덕

況復有人이 能持是經하고 兼行布施持戒와 忍辱精進과 一心智
황부유인 능지시경 겸행보시지계 인욕정진 일심지

慧하면 其德最勝하야 無量無邊이라 譬如虛空이 東西南北四維上下
혜 기덕최승 무량무변 비여허공 동서남북사유상하

에 無量無邊하니 是人功德도 亦復如是하야 無量無邊이라 疾至一切
무량무변 시인공덕 역부여시 무량무변 질지일체

種智니라 若人讀誦受持是經하야 爲他人說하며 若自書커나 若敎人
종지 약인독송수지시경 위타인설 약자서 약교인

書하고 復能起塔과 及造僧坊하야 供養讚歎聲聞衆僧하고 亦以百千
서 부능기탑 급조승방 공양찬탄성문중승 역이백천

萬億讚歎之法으로 讚歎菩薩功德하며 又爲他人하야 種種因緣으로 隨
만억찬탄지법 찬탄보살공덕 우위타인 종종인연 수

義解說此法華經하며 復能淸淨持戒하야 與柔和者로 而共同止하며
의해설차법화경 부능청정지계 여유화자 이공동지

忍辱無瞋하야 志念堅固하며 常貴坐禪하야 得諸深定하며 精進勇猛
인욕무진 지념견고 상귀좌선 득제심정 정진용맹

하야 攝諸善法하며 利根智慧로 善答問難이라 阿逸多야 若我滅後에 諸
섭제선법 이근지혜 선답문난 아일다 약아멸후 제

善男子善女人이 受持讀誦是經典者가 復有如是諸善功德하면 當
선남자선여인 수지독송시경전자 부유여시제선공덕 당

知是人은 已趣道場하야 近阿耨多羅三藐三菩提하야 坐道樹下니라
지시인 이취도량 근아녹다라삼막삼보리 좌도수하

阿逸多야 是善男子善女人이 若坐若立若行處에 此中便應起塔
아일다 시선남자선여인 약좌약립약행처 차중변응기탑

이라 一切天人이 皆應供養하대 如佛之塔이니라
일체천인 개응공양 여불지탑

8. 게송으로 거듭 설하다

爾時世尊이 欲重宣此義하사 而說偈言하니라
이 시 세 존   욕 중 선 차 의   이 설 게 언

若我滅度後에 能奉持此經하면 斯人福無量은 如上之所說이니라
약 아 멸 도 후   능 봉 지 차 경   사 인 복 무 량   여 상 지 소 설

是則爲具足 一切諸供養이니 以舍利起塔하대 七寶而莊嚴하며
시 즉 위 구 족   일 체 제 공 양   이 사 리 기 탑   칠 보 이 장 엄

表刹甚高廣하대 漸小至梵天하며 寶鈴千萬億 風動出妙音하며
표 찰 심 고 광   점 소 지 범 천   보 령 천 만 억   풍 동 출 묘 음

又於無量劫에 而供養此塔하대 華香諸瓔珞과 天衣衆伎樂하며
우 어 무 량 겁   이 공 양 차 탑   화 향 제 영 락   천 의 중 기 악

燃香油蘇燈하야 周帀常照明하며 惡世法末時에 能持是經者는
연 향 유 소 등   주 잡 상 조 명   악 세 법 말 시   능 지 시 경 자

則爲已如上하야 具足諸供養이니라 若能持此經하면 則如佛現在라
즉 위 이 여 상   구 족 제 공 양   약 능 지 차 경   즉 여 불 현 재

以牛頭栴檀으로 起僧坊供養하며 堂有三十二하대 高八多羅樹라
이 우 두 전 단   기 승 방 공 양   당 유 삼 십 이   고 팔 다 라 수

上饌妙衣腹과 牀臥皆具足하니 百千衆住處하며 園林諸浴池와
상 찬 묘 의 복   상 와 개 구 족   백 천 중 주 처   원 림 제 욕 지

經行及禪窟에 種種皆嚴好니라 若有信解心으로 受持讀誦書하고
경 행 급 선 굴   종 종 개 엄 호   약 유 신 해 심   수 지 독 송 서

若復敎人書하며 及供養經卷하고 散華香抹香하대 以須曼蔔蔔과
약 부 교 인 서   급 공 양 경 권   산 화 향 말 향   이 수 만 담 복

阿提目多伽하야 薰油常燃之니 如是供養者는 得無量功德하대
아 제 목 다 가   훈 유 상 연 지   여 시 공 양 자   득 무 량 공 덕

如虛空無邊하야 其福亦如是니라 況復持此經하대 兼布施持戒와
여 허 공 무 변   기 복 역 여 시   황 부 지 차 경   겸 보 시 지 계

忍辱樂禪定하고 不瞋不惡口하며 恭敬於塔廟하고 謙下諸比丘하며
인 욕 낙 선 정   부 진 불 악 구   공 경 어 탑 묘   겸 하 제 비 구

遠離自高心하고 常思惟智慧하며 有問難不瞋하고 隨順爲解說호리니
원리자고심　상사유지혜　유문난부진　수순위해설

若能行是行하면 功德不可量이라 若見此法師가 成就如是德하면
약능행시행　공덕불가량　약견차법사　성취여시덕

應以天華散하고 天衣覆其身하며 頭面接足禮하대 生心如佛想하며
응이천화산　천의부기신　두면접족례　생심여불상

又應作是念하대 不久詣道樹하며 得無漏無爲하야 廣利諸人天하며
우응작시념　불구예도수　득무루무위　광리제인천

其所住止處에 經行若坐臥하야 乃至說一偈하면 是中應起塔하대
기소주지처　경행약좌와　내지설일게　시중응기탑

莊嚴令妙好하고 種種以供養이니 佛子住此地하면 則是佛受用이라
장엄령묘호　종종이공양　불자주차지　즉시불수용

常在於其中하야 經行及坐臥니라
상재어기중　경행급좌와

第十八

隨喜功德品

수희공덕품

妙法蓮華經
第十八 隨喜功德品

一. 수희(隨喜)한 공덕

1. 미륵보살이 묻다

爾時彌勒菩薩摩訶薩이 白佛言하사대 世尊하 若有善男子善女人
이시미륵보살마하살 백불언 세존 약유선남자선여인

이 聞是法華經하고 隨喜者는 得幾所福이닛고 而說偈言하니라
문시법화경 수희자 득기소복 이설게언

世尊滅度後에 其有聞是經하고 若能隨喜者면 爲得幾所福이고
세존멸도후 기유문시경 약능수희자 위득기소복

2. 여래가 비교하여 답하다

爾時佛告彌勒菩薩摩訶薩하사대 阿逸多야 如來滅後에 若比丘比
이시불고미륵보살마하살 아일다 여래멸후 약비구비

丘尼와 優婆塞優婆夷와 及餘智者의 若長若幼가 聞是經隨喜已에
구니 우바새우바이 급여지자 약장약유 문시경수희이

從法會出하야 至於餘處하대 若在僧坊커나 若空閑地어나 若城邑巷
종법회출 지어여처 약재승방 약공한지 약성읍항

陌聚落田里에 如其所聞하야 爲父母宗親과 善友知識하야 隨力演
맥취락전리 여기소문 위부모종친 선우지식 수력연

說_{하니} 是諸人等_이 聞已隨喜_{하고} 復行轉敎_{하며} 餘人聞已_에 亦隨喜
설　　시제인등　　문이수희　　부행전교　　여인문이　　역수희

轉敎_{하야} 如是展轉_{하야} 至第五十_{하니} 阿逸多_야 其第五十_인 善男子
전교　　여시전전　　지제오십　　아일다　기제오십　선남자

善女人_의 隨喜功德_을 我今說之_{호리니} 汝當善聽_{하라} 若四百萬億阿
선여인　수희공덕　아금설지　　여당선청　약사백만억아

僧祇世界六趣四生衆生_에 卵生胎生_과 濕生化生_과 若有形無形_과
승지세계육취사생중생　난생태생　습생화생　약유형무형

有想無想_과 非有想非無想_과 無足二足_과 四足多足_인 如是等在
유상무상　비유상비무상　무족이족　사족다족　여시등재

衆生數者_를 有人求福_{할새} 隨其所欲娛樂之具_{하야} 皆給與之_{하대} 一
중생수자　유인구복　수기소욕오락지구　개급여지　일

一衆生_에 與滿閻浮提_한 金銀瑠璃_와 硨磲瑪瑙_와 珊瑚琥珀_의 諸妙
일중생　여만염부제　금은유리　자거마노　산호호박　제묘

珍寶_와 及象馬車乘_과 七寶所成_인 宮殿樓閣等_{하니} 是大施主_가 如
진보　급상마거승　칠보소성　궁전누각등　시대시주　여

是布施_를 滿八十年已_{하고} 而作是念_{하대} 我已施衆生娛樂之具_{하야}
시보시　만팔십년이　이작시념　아이시중생오락지구

隨意所欲_{이나} 然此衆生_이 皆已衰老_{하고} 年過八十_{이라} 髮白面皺_{하고}
수의소욕　연차중생　개이쇠노　연과팔십　발백면추

將死不久_{하니} 我當以佛法_{으로} 而訓導之_{라하고} 即集此衆生_{하야} 宣布
장사불구　아당이불법　이훈도지　즉집차중생　선포

法化_{하며} 示敎利喜_{하야} 一時_에 皆得須陀洹道_와 斯陀含道_와 阿那含
법화　시교리희　일시　개득수다원도　사다함도　아나함

道_와 阿羅漢道_{하야} 盡諸有漏_{하고} 於深禪定_에 皆得自在_{하야} 具八解
도　아라한도　진제유루　어심선정　개득자재　구팔해

脫_{게하면} 於汝意云何_오 是大施主_의 所得功德_이 寧爲多不_아 彌勒白
탈　어여의운하　시대시주　소득공덕　영위다부　미륵백

佛言_{하사대} 世尊_하 是人功德甚多_{하야} 無量無邊_{이니다} 若是施主_가 但
불언　세존　시인공덕심다　무량무변　약시시주　단

施衆生의 一切樂具라도 功德無量이온데 何況令得阿羅漢果이릿가 佛
시 중 생　　일체낙구　　공덕무량　　　하황영득아라한과　　　불

告彌勒하사대 我今分明語汝호리라 是人以一切樂具로 施於四百萬
고 미 륵　　아금분명어여　　시인이일체낙구　　시어사백만

億阿僧祇世界에 六趣衆生하고 又令得阿羅漢果라도 所得功德은 不
억아승지세계　　육취중생　　우영득아라한과　　소득공덕　불

如是第五十人의 聞法華經一偈하고 隨喜功德이니 百分千分과 百
여시제오십인　　문법화경일게　　수희공덕이니　백분천분　　백

千萬億分에 不及其一이며 乃至算數譬喩로도 所不能知니라 阿逸多
천만억분　불급기일　　내지산수비유　　소불능지　　아일다

야 如是第五十人이 展轉聞法華經하고 隨喜功德도 尙無量無邊阿
　여시제오십인　전전문법화경　　수희공덕　상무량무변아

僧祇거늘 何況最初於會中에서 聞而隨喜者리요 其福復勝하야 無量
승지　하황최초어회중　　문이수희자　　기복부승　　무량

無邊阿僧祇으로 不可得比니라
무변아승지　불가득비

3. 남을 권하여 듣게 한 공덕

又阿逸多야 若人爲是經故로 往詣僧坊하야 若坐若立에 須臾聽
우아일다　약인위시경고　왕예승방　　약좌약립　수유청

受라도 緣是功德하야 轉身所生에 得好上妙한 象馬車乘과 珍寶輦輿
수　　연시공덕　전신소생　득호상묘　상마거승　진보연여

와 及乘天宮하나니라 若復有人이 於講法處坐어든 更有人來에 勸令坐
　급승천궁　　약부유인　어강법처좌　　갱유인래　권령좌

聽하대 若分座令坐하면 是人功德은 轉身에 得帝釋坐處와 若梵王坐
청　약분좌령좌　시인공덕　전신　득제석좌처　약범왕좌

處와 若轉輪聖王所坐之處라라 阿逸多야 若復有人이 語餘人言하대
처　약전륜성왕소좌지처　　아일다　약부유인　어여인언

有經名法華라 可共往聽이라하면 即受其教하야 乃至須臾間聞하면 是
유경명법화　가공왕청　　　즉수기교　　내지수유간문　　시

人功德은 轉身에 得與陀羅尼菩薩로 共生一處리다 利根智慧하야 百
인공덕　전신　득여다라니보살　공생일처　이근지혜　백

千萬世에 終不瘖瘂하고 口氣不臭하며 舌常無病하고 口亦無病하며 齒
천만세　종불음아　구기불취　설상무병　구역무병　치

不垢黑하고 不黃不疎하며 亦不缺落하고 不差不曲하며 脣不下垂하고
불구흑　불황불소　역불결락　불차불곡　순불하수

亦不褰縮하며 不麤澁하고 不瘡疹하며 亦不缺壞하고 亦不喎斜하며 不
역불건축　불추삽　불창진　역불결괴　역불와사　불

厚不大하고 亦不鼍黑하야 無諸可惡하며 鼻不匾䘞하고 亦不曲戾하며 面
후부대　역불리흑　무제가악　비불변제　역불곡려　면

色不黑하고 亦不狹長하며 亦不窊曲하야 無有一切不可喜相하며 脣舌
색불흑　역불협장　역불와곡　무유일체불가희상　순설

牙齒가 悉皆嚴好하며 鼻修高直하고 面貌圓滿하며 眉高而長하고 額廣
아치　실개엄호　비수고직　면모원만　미고이장　액광

平正하야 人相具足하며 世世所生에 見佛聞法하고 信受教誨리라 阿逸
평정　인상구족　세세소생　견불문법　신수교회　아일

多야 汝且觀是勸於一人하야 令往聽法이라도 功德如此어든 何況一
다　여차관시권어일인　영왕청법　공덕여차　하황일

心으로 聽說讀誦하고 而於大衆에 爲人分別하며 如說修行이리요
심　청설독송　이어대중　위인분별　여설수행

二. 게송으로 거듭 설하다

1. 따라 기뻐한 공덕

爾時世尊이 欲重宣此義하사 而說偈言하나라
이시세존　욕중선차의　이설게언

若人於法會에 得聞是經典하대 乃至於一偈하고 隨喜爲他說하며
약 인 어 법 회　　득 문 시 경 전　　내 지 어 일 게　　수 희 위 타 설

如是展轉敎하야 至于第五十하니 最後人獲福을 今當分別之호리라
여 시 전 전 교　　지 우 제 오 십　　최 후 인 획 복　　금 당 분 별 지

如有大施主가 供給無量衆하대 具滿八十歲를 隨意之所欲하고
여 유 대 시 주　　공 급 무 량 중　　구 만 팔 십 세　　수 의 지 소 욕

見彼衰老相의 髮白而面皺와 齒疎形枯竭하고 念其死不久라
견 피 쇠 노 상　　발 백 이 면 추　　치 소 형 고 갈　　염 기 사 불 구

我今應當敎하야 令得於道果라하고 即爲方便說 涅槃眞實法하대
아 금 응 당 교　　영 득 어 도 과　　즉 위 방 편 설　　열 반 진 실 법

世皆不牢固하야 如水沫泡燄이니 汝等咸應當 疾生厭離心하라
세 개 불 뢰 고　　여 수 말 포 염　　여 등 함 응 당　　질 생 염 리 심

諸人聞是法하고 皆得阿羅漢하며 具足六神通과 三明八解脫하여도
제 인 문 시 법　　개 득 아 라 한　　구 족 육 신 통　　삼 명 팔 해 탈

最後第五十이 聞一偈隨喜하면 是人福勝彼하대 不可爲譬喩니라
최 후 제 오 십　　문 일 게 수 희　　시 인 복 승 피　　불 가 위 비 유

如是展轉聞하여도 其福尙無量커늘 何況於法會에 初聞隨喜者리요
여 시 전 전 문　　기 복 상 무 량　　하 황 어 법 회　　초 문 수 희 자

2. 남을 권하여 듣게 한 공덕

若有勸一人하야 將引聽法華하대 言此經深妙하야 千萬劫難遇라하니
약 유 권 일 인　　장 인 청 법 화　　언 차 경 심 묘　　천 만 겁 난 우

即受敎往聽하야 乃至須臾聞하면 斯人之福報를 今當分別說호리라
즉 수 교 왕 청　　내 지 수 유 문　　사 인 지 복 보　　금 당 분 별 설

世世無口患하고 齒不疎黃黑하며 脣不厚褰缺하야 無有可惡相하며
세 세 무 구 환　　치 불 소 황 흑　　순 불 후 건 결　　무 유 가 악 상

舌不乾黑短하고 鼻高修且直하며 額廣而平正하고 面目悉端嚴하야
설 불 건 흑 단　　비 고 수 차 직　　액 광 이 평 정　　면 목 실 단 엄

爲人所喜見이며 口氣無臭穢하고 優鉢華之香이 常從其口出하며
위인소희견　구기무취예　우발화지향　상종기구출

若故詣僧坊하야 欲廳法華經하대 須臾聞歡喜하면 今當說其福호라라
약고예승방　욕청법화경　수유문환희　금당설기복

後生天人中하야 得妙象馬車와 珍寶之輦輿와 及乘天宮殿하며
후생천인중　득묘상마거　진보지연여　급승천궁전

若於講法處에 勸人坐聽經하면 是福因緣得 釋梵轉輪座하나니
약어강법처　권인좌청경　시복인연득　석범전륜좌

何況一心聽하고 解說其義趣하며 如說而修行이리요 其福不可限이니라
하황일심청　해설기의취　여설이수행　기복불가한

第十九

法師功德品

법사공덕품

妙法蓮華經
第十九 法師功德品

一. 육근(六根)의 공덕을 함께 설하다

爾時佛告常精進菩薩摩訶薩_{하사대} 若善男子善女人_이 受持是
이 시 불 고 상 정 진 보 살 마 하 살　　약 선 남 자 선 여 인　　수 지 시

法華經_{하야} 若讀若誦_{커나} 若解說若書寫_{하면} 是人當得八百眼功德
법 화 경　　약 독 약 송　　약 해 설 약 서 사　　시 인 당 득 팔 백 안 공 덕

과 千二百耳功德_과 八百鼻功德_과 千二百舌功德_과 八百身功德
천 이 백 이 공 덕　　팔 백 비 공 덕　　천 이 백 설 공 덕　　팔 백 신 공 덕

과 千二百意功德_{하리니} 以是功德_{으로} 莊嚴六根_{하야} 皆令清淨_{하나라}
천 이 백 의 공 덕　　이 시 공 덕　　장 엄 육 근　　개 령 청 정

二. 안근(眼根)의 공덕

1. 장문으로 설하다

是善男子善女人_이 父母所生清淨肉眼_{으로} 見於三千大千世界
시 선 남 자 선 여 인　　부 모 소 생 청 정 육 안　　견 어 삼 천 대 천 세 계

에 內外所有山林河海_{하대} 下至阿鼻地獄_{하고} 上至有頂_{하며} 亦見其
내 외 소 유 산 림 하 해　　하 지 아 비 지 옥　　상 지 유 정　　역 견 기

中에 一切衆生과 及業因緣과 果報生處하야 悉見悉知니라
중 일체중생 급업인연 과보생처 실견실지

2. 게송으로 거듭 설하다

爾時世尊이 欲重宣此義하사 而說偈言하니라
이시세존 욕중선차의 이설게언

若於大衆中에 以無所畏心으로 說是法華經하면 汝聽其功德하라
약어대중중 이무소외심 설시법화경 여청기공덕

是人得八百 功德殊勝眼이니 以是莊嚴故로 其目甚淸淨이라
시인득팔백 공덕수승안 이시장엄고 기목심청정

父母所生眼으로 悉見三千界의 內外彌樓山과 須彌及鐵圍와
부모소생안 실견삼천계 내외미루산 수미급철위

幷諸餘山林과 大海江河水하대 下至阿鼻獄하고 上至有頂天히
병제여산림 대해강하수 하지아비옥 상지유정천

其中諸衆生을 一切皆悉見하며 雖未得天眼이나 肉眼力如是니라
기중제중생 일체개실견 수미득천안 육안력여시

三. 이근(耳根)의 공덕

1. 장문으로 설하다

復此常精進아 若善男子善女人이 受持此經하야 若讀若誦커나 若
부차상정진 약선남자선여인 수지차경 약독약송 약

解說若書寫하면 得千二百耳功德하나니 以是淸淨耳로 聞三千大千
해설약서사 득천이백이공덕 이시청정이 문삼천대천

世界에 下至阿鼻地獄하고 上至有頂히 其中內外에 種種語言音聲
세계 하지아비지옥 상지유정 기중내외 종종어언음성

하대 象聲馬聲과 牛聲車聲과 啼哭聲愁歎聲과 螺聲鼓聲과 鐘聲鈴
상성마성 우성거성 제곡성수탄성 나성고성 종성영

聲과 笑聲語聲과 男聲女聲과 童子聲童女聲과 法聲非法聲과 苦聲
성 소성어성 남성여성 동자성동녀성 법성비법성 고성

樂聲과 凡夫聲聖人聲과 喜聲不喜聲과 天聲龍聲과 夜叉聲乾闥
낙성 범부성성인성 희성불희성 천성용성 야차성건달

婆聲과 阿修羅聲迦樓羅聲과 緊那羅聲摩睺羅加聲과 火聲水聲
바성 아수라성가루라성 긴나라성마후라가성 화성수성

風聲과 地獄聲畜生聲餓鬼聲과 比丘聲比丘尼聲과 聲聞聲辟支
풍성 지옥성축생성아귀성 비구성비구니성 성문성벽지

佛聲과 菩薩聲佛聲이라 以要言之컨대 三千大千世界中一切內外의
불성 보살성불성 이요언지 삼천대천세계중일체내외

所有諸聲을 雖未得天耳나 以父母所生淸淨常耳로 皆悉聞知하나니
소유제성 수미득천이 이부모소생청정상이 개실문지

如是分別種種音聲하대 而不壞耳根이니라
여시분별종종음성 이불괴이근

2. 게송으로 거듭 설하다

爾時世尊이 欲重宣此義하사 而說偈言하니라
이시세존 욕중선차의 이설게언

父母所生耳는 淸淨無濁穢라 以此常耳聞 三千世界聲하대
부모소생이 청정무탁예 이차상이문 삼천세계성

象馬車牛聲과 鐘鈴螺鼓聲이며 琴瑟箜篌聲과 簫笛之音聲과
상마거우성 종령나고성 금슬공후성 소적지음성

淸淨好歌聲을 聽之而不着하며 無數種人聲을 聞悉能解了하며
청정호가성 청지이불착 무수종인성 문실능해료

又聞諸天聲의 微妙之歌音하며 及聞男女聲과 童子童女聲하며
우문제천성 미묘지가음 급문남녀성 동자동녀성

山川險谷中에 迦陵頻伽聲과 命命等諸鳥를 悉聞其音聲하며
산천험곡중 가릉빈가성 명명등제조 실문기음성

地獄衆苦痛의 種種楚毒聲이며 餓鬼飢渴逼하야 求索飲食聲이며
지옥중고통 종종초독성 아귀기갈핍 구색음식성

諸阿修羅等이 居在大海邊하야 自共言語時에 出于大音聲을
제아수라등 거재대해변 자공언어시 출우대음성

如是說法者가 安住於此間하야 遙聞是衆聲하대 而不壞耳根하며
여시설법자 안주어차간 요문시중성 이불괴이근

十方世界中에 禽獸鳴相呼를 其說法之人이 於此悉聞之하며
시방세계중 금수명상호 기설법지인 어차실문지

其諸梵天上에 光音及徧淨과 乃至有頂天히 言語之音聲을
기제범천상 광음급변정 내지유정천 언어지음성

法師住於此하야 悉皆得聞之하며 一切比丘衆과 及諸比丘尼가
법사주어차 실개득문지 일체비구중 급제비구니

若讀誦經典하며 若爲他人說을 法師住於此하야 悉皆得聞之하며
약독송경전 약위타인설 법사주어차 실개득문지

復有諸菩薩이 讀誦於經法하며 若爲他人說하고 撰集解其義하난
부유제보살 독송어경법 약위타인설 찬집해기의

如是諸音聲을 悉皆得聞之하며 諸佛大聖尊의 敎化衆生者가
여시제음성 실개득문지 제불대성존 교화중생자

於諸大會中에 演說微妙法하니 持此法華者는 悉皆得聞之하며
어제대회중 연설미묘법 지차법화자 실개득문지

三千大千界의 內外諸音聲이며 下至阿鼻獄하고 上至有頂天히
삼천대천계 내외제음성 하지아비옥 상지유정천

皆聞其音聲하대 而不壞耳根이니 其耳聰利故로 悉能分別知라
개문기음성 이불괴이근 기이총리고 실능분별지

持是法華者는 雖未得天耳나 但用所生耳라도 功德已如是니라
지시법화자 수미득천이 단용소생이 공덕이여시

四. 비근(鼻根)의 공덕

1. 장문으로 설하다

復此常精進아 若善男子善女人이 受持是經하야 若讀若誦커니
부차상정진 약선남자선여인 수지시경 약독약송

若解說若書寫하면 成就八百鼻功德하나니 以是淸淨鼻根으로 聞於
약해설약서사 성취팔백비공덕 이시청정비근 문어

三千大千世界에 上下內外의 種種諸香하대 須曼那華香과 闍提華
삼천대천세계 상하내외 종종제향 수만나화향 사제화

香과 末利華香과 蒼蔔華香과 波羅羅華香과 赤蓮華香과 靑蓮華香
향 말리화향 담복화향 바라라화향 적연화향 청연화향

과 白蓮華香과 華樹香菓樹香과 栴檀香沈水香과 多摩羅跋香과 多
백연화향 화수향과수향 전단향침수향 다마라발향 다

伽羅香과 及千萬種和香과 若抹若丸若塗香을 持是經者는 於此
가라향 급천만종화향 약말약환약도향 지시경자 어차

間住하야 悉能分別하며 又復別知衆生之香하대 象香馬香과 牛羊等
간주 실능분별 우부별지중생지향 상향마향 우양등

香과 男香女香과 童子香童女香과 及草木叢林香하대 若近若遠의
향 남향여향 동자향동녀향 급초목총림향 약근약원

所有諸香을 悉皆得聞하야 分別不錯하나니라 持是經者는 雖住於此나
소유제향 실개득문 분별불착 지시경자 수주어차

亦聞天上諸天之香하나니 波利質多羅와 拘韉陀羅樹香과 及曼陀
역문천상제천지향 바리질다라 구비다라수향 급만다

羅華香과 摩訶曼陀羅華香과 曼殊沙華香과 摩訶曼殊沙華香과 栴
라화향 마하만다라화향 만수사화향 마하만수사화향 전

檀沈水와 種種抹香과 諸雜華香인 如是等天香의 和合所出之香을
단침수 종종말향 제잡화향 여시등천향 화합소출지향

無不聞知하며 又聞諸天身香하대 釋提桓因이 在勝殿上하야 五欲娛
무 불 문 지　　　 우 문 제 천 신 향　　　 석 제 환 인　 재 승 전 상　　　 오 욕 오

樂하난 嬉戲時香과 若在妙法堂上하야 爲忉利諸天說法時香과 若
락　　 희 희 시 향　 약 재 묘 법 당 상　　　 위 도 리 제 천 설 법 시 향　　 약

於諸園遊戲時香과 及餘天等男女身香을 皆悉遙聞하대 如是展轉
어 제 원 유 희 시 향　 급 여 천 등 남 녀 신 향　 개 실 요 문　　　 여 시 전 전

하야 乃至梵世하며 上至有頂히 諸天身香을 亦皆聞之하고 幷聞諸天
　　　 내 지 범 세　　 상 지 유 정　 제 천 신 향　 역 개 문 지　　 병 문 제 천

所燒之香하며 及聲聞香辟支佛香과 菩薩香諸佛身香을 亦皆遙聞
소 소 지 향　　 급 성 문 향 벽 지 불 향　 보 살 향 제 불 신 향　 역 개 요 문

하야 知其所在하나니 雖聞此香이나 然於鼻根에 不壞不錯이라 若欲分
　　　 지 기 소 재　　　 수 문 차 향　　 연 어 비 근　 불 괴 불 착　　 약 욕 분

別하야 爲他人說하면 憶念不謬니라
별　　 위 타 인 설　　 억 념 불 류

2. 게송으로 거듭 설하다

爾時世尊이 欲重宣此義하사 而說偈言하사대
이 시 세 존　 욕 중 선 차 의　　 이 설 게 언

是人鼻清淨하야 於此世界中에 若香若臭物을 種種悉聞知하며
시 인 비 청 정　　 어 차 세 계 중　 약 향 약 취 물　 종 종 실 문 지

須曼那闍提와 多摩羅栴檀과 沈水及桂香과 種種華菓香과
수 만 나 사 제　 다 마 라 전 단　 침 수 급 계 향　 종 종 화 과 향

及知衆生香과 男子女人香을 說法者遠住하야 聞香知所在하며
급 지 중 생 향　 남 자 여 인 향　 설 법 자 원 주　 문 향 지 소 재

大勢轉輪王과 小轉輪及子와 群臣諸宮人을 聞香知所在하며
대 세 전 륜 왕　 소 전 륜 급 자　 군 신 제 궁 인　 문 향 지 소 재

身所着珍寶와 及地中寶藏과 轉輪王寶女를 聞香知所在하며
신 소 착 진 보　 급 지 중 보 장　 전 륜 왕 보 녀　 문 향 지 소 재

諸人嚴身具의 衣服及瓔珞과 種種所塗香을 聞香知其身하며
제인엄신구 의복급영락 종종소도향 문향지기신

諸天若行坐와 遊戲及神變을 持是法華者는 聞香悉能知하며
제천약행좌 유희급신변 지시법화자 문향실능지

諸樹華菓實과 及蘇油香氣를 持經者住此하야 悉知其所在하며
제수화과실 급소유향기 지경자주차 실지기소재

諸山深嶮處에 栴檀樹華敷어든 衆生在中者를 聞香悉能知하며
제산심험처 전단수화부 중생재중자 문향실능지

鐵圍山大海와 地中諸衆生을 持經者聞香하고 悉知其所在하며
철위산대해 지중제중생 지경자문향 실지기소재

阿修羅男女와 及其諸眷屬의 鬪諍遊戲時를 聞香皆能知하며
아수라남녀 급기제권속 투쟁유희시 문향개능지

曠野險隘處에 獅子象虎狼과 野牛水牛等을 聞香知所在하며
광야험애처 사자상호랑 야우수우등 문향지소재

若有懷姙者에 未辨其男女와 無根及非人을 聞香悉能知하며
약유회임자 미변기남녀 무근급비인 문향실능지

以聞香力故로 知其初懷姙에 成就不成就와 安樂産福子하며
이문향력고 지기초회임 성취불성취 안락산복자

以聞香力故로 知男女所念인 染欲癡恚心하고 亦知修善者하며
이문향력고 지남녀소념 염욕치에심 역지수선자

地中衆伏藏인 金銀諸珍寶와 銅器之所盛을 聞香悉能知하며
지중중복장 금은제진보 동기지소성 문향실능지

種種諸瓔珞에 無能識其價를 聞香知貴賤과 出處及所在하며
종종제영락 무능식기가 문향지귀천 출처급소재

天上諸華等에 曼陀曼殊沙와 波利質多樹를 聞香悉能知하며
천상제화등 만다만수사 바리질다수 문향실능지

天上諸宮殿에 上中下差別과 衆寶華莊嚴을 聞香悉能知하며
천상제궁전 상중하차별 중보화장엄 문향실능지

天園林勝殿과 諸觀妙法堂에 在中而娛樂을 聞香悉能知하며
천원림승전 제관묘법당 재중이오락 문향실능지

諸天若聽法과 或受五欲時에 來往行坐臥를 聞香悉能知하며
제 천 약 청 법   혹 수 오 욕 시   내 왕 행 좌 와   문 향 실 능 지

天女所着衣에 好華香莊嚴으로 周旋遊戱時를 聞香悉能知하며
천 녀 소 착 의   호 화 향 장 엄   주 선 유 희 시   문 향 실 능 지

如是展轉上하야 乃至於梵天의 入禪出禪者를 聞香悉能知하며
여 시 전 전 상   내 지 어 범 천   입 선 출 선 자   문 향 실 능 지

光音徧淨天하야 乃至于有頂의 初生及退沒을 聞香悉能知하며
광 음 변 정 천   내 지 우 유 정   초 생 급 퇴 몰   문 향 실 능 지

諸比丘衆等이 於法常精進하대 若坐若經行과 及讀誦經典하며
제 비 구 중 등   어 법 상 정 진   약 좌 약 경 행   급 독 송 경 전

或在林樹下하야 專精而坐禪을 持經者聞香하고 悉知其所在하며
혹 재 림 수 하   전 정 이 좌 선   지 경 자 문 향   실 지 기 소 재

菩薩志堅固하야 坐禪若讀誦하며 或爲人說法을 聞香悉能知하며
보 살 지 견 고   좌 선 약 독 송   혹 위 인 설 법   문 향 실 능 지

在在方世尊이 一切所恭敬하야 愍衆而說法을 聞香悉能知하며
재 재 방 세 존   일 체 소 공 경   민 중 이 설 법   문 향 실 능 지

衆生在佛前하야 聞經皆歡喜하고 如法而修行을 聞香悉能知하며
중 생 재 불 전   문 경 개 환 희   여 법 이 수 행   문 향 실 능 지

雖未得菩薩의 無漏法生鼻나 而是持經者는 先得此鼻相이니라
수 미 득 보 살   무 루 법 생 비   이 시 지 경 자   선 득 차 비 상

五. 설근(舌根)의 공덕

1. 장문으로 설하다

復次常精進아 若善男子善女人이 受持是經하대 若讀若誦커나 若
부 차 상 정 진   약 선 남 자 선 여 인   수 지 시 경   약 독 약 송   약

解說若書寫하면 得千二百舌功德하나니 若好若醜와 若美不美와 及
해설약서사　　　득천이백설공덕　　　약호약추　　약미불미　급

諸苦澁物이 在其舌根이면 皆變成上味하대 如天甘露하야 無不美者
제고삽물　재기설근　　개변성상미　　　여천감로　　무불미자

리라 若以舌根으로 於大衆中에 有所演說하면 出深妙聲하야 能入其心
리라　약이설근　어대중중　유소연설　　　출심묘성　　능입기심

하야 皆令歡喜快樂하나니라 又諸天子天女와 釋梵諸天이 聞是深妙
하야　개령환희쾌락　　　우제천자천녀　석범제천　문시심묘

音聲하고 有所演說의 言論次第를 皆悉來聽하며 及諸龍龍女와 夜叉
음성　　유소연설　언론차제　개실내청　　급제용용녀　야차

夜叉女와 乾闥婆乾闥婆女와 阿修羅阿修羅女와 迦樓羅迦樓羅
야차녀　건달바건달바녀　아수라아수라녀　가루라가루라

女와 緊那羅緊那羅女와 摩睺羅伽摩睺羅伽女가 爲聽法故로 皆
녀　긴나라긴나라녀　마후라가마후라가녀　위청법고　개

來親近하고 恭敬供養하며 及比丘比丘尼와 優婆塞優婆夷와 國王
래친근　　공경공양　　급비구비구니　우바새우바이　국왕

王子와 群臣眷屬이며 小轉輪王과 大轉輪王과 七寶千子의 內外眷
왕자　군신권속　　소전륜왕　대전륜왕　칠보천자　내외권

屬이 乘其宮殿하고 俱來聽法하며 以是菩薩의 善說法故로 婆羅門과
속　승기궁전　　구래청법　이시보살　선설법고　바라문

居士와 國內人民이 盡其形壽토록 隨侍供養하며 又諸聲聞辟支佛과
거사　국내인민　진기형수　수시공양　우제성문벽지불

菩薩諸佛이 常樂見之하며 是人所在方面諸佛은 皆向其處說法하니
보살제불　상락견지　시인소재방면제불　개향기처설법

悉能受持一切佛法하며 又能出於深妙法音하나니라
실능수지일체불법　우능출어심묘법음

2. 게송으로 거듭 설하다

爾時世尊이 欲重宣此義하사 而說偈言하니라
이 시 세 존 　 욕 중 선 차 의 　 　 이 설 게 언

是人舌根淨하야 終不受惡味하고 其有所食噉은 悉皆成甘露하며
시 인 설 근 정 　 종 불 수 악 미 　 기 유 소 식 담 　 실 개 성 감 로

以深淨妙聲으로 於大衆說法하며 以諸因緣喩로 引導衆生心하니
이 심 정 묘 성 　 어 대 중 설 법 　 이 제 인 연 유 　 인 도 중 생 심

聞者皆歡喜하야 設諸上供養하며 諸天龍夜叉와 及阿修羅等이
문 자 개 환 희 　 설 제 상 공 양 　 제 천 룡 야 차 　 급 아 수 라 등

皆以恭敬心으로 而共來聽法하며 是說法之人이 若欲以妙音으로
개 이 공 경 심 　 이 공 래 청 법 　 시 설 법 지 인 　 약 욕 이 묘 음

徧滿三千界하니 隨意卽能至하며 大小轉輪王과 及千子眷屬이
변 만 삼 천 계 　 수 의 즉 능 지 　 대 소 전 륜 왕 　 급 천 자 권 속

合掌恭敬心으로 常來聽受法하며 諸天龍夜叉와 羅刹毗舍闍가
합 장 공 경 심 　 상 래 청 수 법 　 제 천 룡 야 차 　 나 찰 비 사 사

亦以歡喜心으로 常樂來供養하며 梵天王魔王과 自在大自在의
역 이 환 희 심 　 상 락 래 공 양 　 범 천 왕 마 왕 　 자 재 대 자 재

如是諸天衆이 常來至其所하며 諸佛及弟子가 聞其說法音하고
여 시 제 천 중 　 상 래 지 기 소 　 제 불 급 제 자 　 문 기 설 법 음

常念而守護하며 或時爲現身하나니라
상 념 이 수 호 　 혹 시 위 현 신

六. 신근(身根)의 공덕

1. 장문으로 설하다

復次常精進아 若善男子善女人이 受持是經하야 若讀若誦若解
부 차 상 정 진 　 약 선 남 자 선 여 인 　 수 지 시 경 　 약 독 약 송 약 해

說若書寫하면 得八百身功德하나니 得淸淨身하대 如淨瑠璃하니 衆生
설약서사　득팔백신공덕　득청정신　여정유리　중생

喜見하며 其身淨故로 三千大千世界衆生의 生時死時와 上下好醜와
희견　기신정고　삼천대천세계중생　생시사시　상하호추

生善處惡處가 悉於中現하며 及鐵圍山과 大鐵圍山과 彌樓山과 摩
생선처악처　실어중현　급철위산　대철위산　미루산　마

訶彌樓山等諸山과 及其中衆生이 悉於中現하며 下至阿鼻地獄하고
하미루산등제산　급기중중생　실어중현　하지아비지옥

上至有頂에 所有及衆生이 悉於中現하며 若聲聞辟支佛과 菩薩諸
상지유정　소유급중생　실어중현　약성문벽지불　보살제

佛說法이 皆於身中에 現其色象하나니라
불설법　개어신중　현기색상

2. 게송으로 거듭 설하다

爾時世尊이 欲重宣此義하사 而說偈言하니라
이시세존　욕중선차의　이설게언

若持法華者는 其身甚淸淨하야 如彼淨瑠璃라 衆生皆喜見이니라
약지법화자　기신심청정　여피정유리　중생개희견

又如淨明鏡에 悉見諸色像하듯하야 菩薩於淨身에 皆見世所有하대
우여정명경　실견제색상　보살어정신　개견세소유

唯獨自明了하고 餘人所不見이니라 三千世界中에 一切諸群萌과
유독자명료　여인소불견　삼천세계중　일체제군맹

天人阿修羅와 地獄鬼畜生의 如是諸色像이 皆於身中現하며
천인아수라　지옥귀축생　여시제색상　개어신중현

諸天等宮殿과 乃至於有頂과 鐵圍及彌樓와 摩訶彌樓山과
제천등궁전　내지어유정　철위급미루　마하미루산

諸大海水等이 皆於身中現하며 諸佛及聲聞과 佛子菩薩等의
제대해수등　개어신중현　제불급성문　불자보살등

若獨若在衆에 說法悉皆現하며 雖未得無漏 法性之妙身이나
약 독 약 재 중　설 법 실 개 현　수 미 득 무 루　법 성 지 묘 신

以淸淨常體에 一切於中現이니라
이 청 정 상 체　일 체 어 중 현

七. 의근(意根)의 공덕

1. 장문으로 설하다

復次常精進아 若善男子善女人이 如來滅後에 受持是經하야 若
부 차 상 정 진　약 선 남 자 선 여 인　여 래 멸 후　수 지 시 경　약

讀若誦커나 若解說若書寫하면 得千二百意功德하나니 以是淸淨意
독 약 송　약 해 설 약 서 사　득 천 이 백 의 공 덕　이 시 청 정 의

根으로 乃至聞一偈一句하고 通達無量無邊之義어던 解是義已하고는 能
근　내 지 문 일 게 일 구　통 달 무 량 무 변 지 의　해 시 의 이　능

演說一句一偈하야 至於一月四月하며 乃至一歲히 諸所說法의 隨
연 설 일 구 일 게　지 어 일 월 사 월　내 지 일 세　제 소 설 법　수

其義趣하야 皆與實相으로 不相違背하며 若說俗間經書와 治世語言
기 의 취　개 여 실 상　불 상 위 배　약 설 속 간 경 서　치 세 어 언

과 資生業等이라도 皆順正法이니라 三千大千世界六趣衆生의 心之
자 생 업 등　개 순 정 법　삼 천 대 천 세 계 육 취 중 생　심 지

所行과 心所動作과 心所戲論을 皆悉知之니 雖未得無漏智慧나 而
소 행　심 소 동 작　심 소 희 론　개 실 지 지　수 미 득 무 루 지 혜　이

其意根이 淸淨如此일새 是人有所思惟와 籌量言說이 皆是佛法이라
기 의 근　청 정 여 차　시 인 유 소 사 유　주 량 언 설　개 시 불 법

無不眞實이며 亦是先佛經中所說이니라
무 부 진 실　역 시 선 불 경 중 소 설

2. 게송으로 거듭 설하다

爾時世尊이 欲重宣此義하사 而說偈言하니라
이 시 세 존   욕 중 선 차 의   이 설 게 언

是人意淸淨하야 明利無濁穢일새 以此妙意根으로 知上中下法하며
시 인 의 청 정   명 리 무 탁 예   이 차 묘 의 근   지 상 중 하 법

乃至聞一偈하고 通達無量義하며 次第如法說하대 月四月至歲하며
내 지 문 일 게   통 달 무 량 의   차 제 여 법 설   월 사 월 지 세

是世界內外   一切諸衆生의 若天龍及人과 夜叉鬼神等이
시 세 계 내 외   일 체 제 중 생   약 천 룡 급 인   야 차 귀 신 등

其在六趣中하야 所念若干種을 持法華之報로 一時皆悉知하며
기 재 육 취 중   소 념 약 간 종   지 법 화 지 보   일 시 개 실 지

十方無數佛이 百福莊嚴相으로 爲衆生說法하니 悉聞能受持하며
시 방 무 수 불   백 복 장 엄 상   위 중 생 설 법   실 문 능 수 지

思惟無量義하고 說法亦無量하대 終始不忘錯은 以持法華故라
사 유 무 량 의   설 법 역 무 량   종 시 불 망 착   이 지 법 화 고

悉知諸法相하고 隨義識次第하며 達名字語言하야 如所知演說하며
실 지 제 법 상   수 의 식 차 제   달 명 자 어 언   여 소 지 연 설

此人有所說은 皆是先佛法이라 以演此法故로 於衆無所畏하며
차 인 유 소 설   개 시 선 불 법   이 연 차 법 고   어 중 무 소 외

持法華經者는 意根淨若斯라 雖未得無漏나 先有如是相이라
지 법 화 경 자   의 근 정 약 사   수 미 득 무 루   선 유 여 시 상

是人持此經하고 安住希有地하야 爲一切衆生의 歡喜而愛敬하며
시 인 지 차 경   안 주 희 유 지   위 일 체 중 생   환 희 이 애 경

能以千萬種   善巧之語言으로 分別而說法하니 持法華經故니라
능 이 천 만 종   선 교 지 어 언   분 별 이 설 법   지 법 화 경 고

第二十
常不輕菩薩品

상불경보살품

妙法蓮華經

第二十 常不輕菩薩品

一. 법화경의 죄와 공덕

爾時佛告得大勢菩薩摩訶薩_{하사대} 汝今當知_{하라} 若比丘比丘尼
이 시 불 고 득 대 세 보 살 마 하 살   여 금 당 지   약 비 구 비 구 니

와 優婆塞優婆夷_의 持法華經者_를 若有惡口_로 罵詈誹謗_{하면} 獲大
우 바 새 우 바 이   지 법 화 경 자   약 유 악 구   매 리 비 방   획 대

罪報_{하대} 如前所說_{하고} 其所得功德_은 如向所說_{하야} 眼耳鼻舌身意
죄 보   여 전 소 설   기 소 득 공 덕   여 향 소 설   안 이 비 설 신 의

清淨_{하리라}
청 정

二. 위음왕여래(威音王如來)

得大勢_야 乃往古昔_에 過無量無邊不可思議阿僧祇劫_{하야} 有佛
득 대 세   내 왕 고 석   과 무 량 무 변 불 가 사 의 아 승 지 겁   유 불

_{하시니} 名威音王如來應供正徧知明行足善逝世間解無上士調御
명 위 음 왕 여 래 응 공 정 변 지 명 행 족 선 서 세 간 해 무 상 사 조 어

丈夫天人師佛世尊_{이라} 劫名離衰_요 國名大成_{이라} 其威音王佛_이
장 부 천 인 사 불 세 존   겁 명 이 쇠   국 명 대 성   기 위 음 왕 불

於彼世中에 爲天人阿修羅說法하대 爲求聲聞者하야 說應四諦法
어피세중 위천인아수라설법 위구성문자 설응사제법

하사 度生老病死하야 究竟涅槃하고 爲求辟支佛者하야 說應十二因
도생로병사 구경열반 위구벽지불자 설응십이인

緣法하며 爲諸菩薩하야 因阿耨多羅三藐三菩提하사 說應六波羅密
연법 위제보살 인아뇩다라삼먁삼보리 설응육바라밀

法하야 究竟佛慧니라 得大勢야 是威音王佛의 壽四十萬億那由他
법 구경불혜 득대세 시위음왕불 수사십만억나유타

恒河沙劫이요 正法住世劫數는 如一閻浮提微塵이며 像法住世劫
항하사겁 정법주세겁수 여일염부제미진 상법주세겁

數는 如四天下微塵이니 其佛饒益衆生已然後滅度하고 正法像法
수 여사천하미진 기불요익중생이연후멸도 정법상법

滅盡之後에 於此國土에 復有佛出하시니 亦號威音王如來應供正
멸진지후 어차국토 부유불출 역호위음왕여래응공정

偏知明行足善逝世間解無上士調御丈夫天人師佛世尊이라 如
변지명행족선서세간해무상사조어장부천인사불세존 여

是次第로 有二萬億佛하대 皆同一號니라
시차제 유이만억불 개동일호

三. 상불경(常不輕)보살

最初威音王如來가 旣已滅度하시고 正法滅後於像法中에 增上慢
최초위음왕여래 기이멸도 정법멸후어상법중 증상만

比丘가 有大勢力터니 爾時有一菩薩比丘하니 名常不輕이라 得大勢
비구 유대세력 이시유일보살비구 명상불경 득대세

야 以何因緣으로 名常不輕고 是比丘가 凡有所見에 若比丘比丘尼와
이하인연 명상불경 시비구 범유소견 약비구비구니

優婆塞優婆夷를 皆悉禮拜讚歎하고 而作是言하대 我深敬汝等
우바새우바이 개실예배찬탄 이작시언 아심경여등

하야 不敢輕慢하노니 所以者何오 汝等皆行菩薩道하야 當得作佛이니라
불감경만 소이자하 여등개행보살도 당득작불

而是比丘는 不專讀誦經典하고 但行禮拜하며 乃至遠見四衆하고 亦
이시비구 부전독송경전 단행예배 내지원견사중 역

復故王하야 禮拜讚歎하고 而作是言하대 我不敢輕於汝等하노니 汝等
부고왕 예배찬탄 이작시언 아불감경어여등 여등

皆當作佛이니라 四衆之中에 有生瞋恚하난 心不淨者하야 惡口罵詈
개당작불 사중지중 유생진에 심부정자 악구매리

言하대 是無智比丘야 從何所來하야 自言我不輕汝라하고 而與我等
언 시무지비구 종하소래 자언아불경여 이여아등

授記하대 當得作佛이어뇨 我等不用如是虛妄授記라하야 如此經歷多
수기 당득작불 아등불용여시허망수기 여차경력다

年에 常被罵詈하대 不生瞋恚하고 常作是言하대 汝當作佛하리라 說是
년 상피매리 불생진에 상작시언 여당작불 설시

語時에 衆人或以杖木瓦石으로 而打擲之어든 避走遠住하야 猶高聲
어시 중인혹이장목와석 이타척지 피주원주 유고성

唱言하대 我不敢輕於汝等하노니 汝等皆當作佛하리라 以其常作是語
창언 아불감경어여등 여등개당작불 이기상작시어

故로 增上慢比丘比丘尼와 優婆塞優婆夷가 號之爲常不輕이라하니라
고 증상만비구비구니 우바새우바이 호지위상불경

四. 법화경을 믿는 사람의 공덕

是比丘臨欲終時하야 於虛空中에 具聞威音王佛의 先所說法華經
시비구임욕종시 어허공중 구문위음왕불 선소설법화경

의 二十千萬億偈하야 悉能受持하고 即得如上眼根淸淨과 耳鼻舌身
이십천만억게　　실능수지　　즉득여상안근청정　　이비설신

意根淸淨하며 得是六根淸淨已하야는 更增壽命하대 二百萬億那由
의근청정　　득시육근청정이　　갱증수명　　이백만억나유

他歲를 廣爲人說是法華經하니라 於是增上慢四衆인 比丘比丘尼와
타세　광위인설시법화경　　어시증상만사중　　비구비구니

優婆塞優婆夷가 輕賤是人하야 爲作不輕名者가 見其得大神通力
우바새우바이　경천시인　　위작불경명자　　견기득대신통력

과 樂說辯力과 大善寂力하며 聞其所說하고 皆信伏隨從하며 是菩薩은
요설변력　대선적력　　문기소설　　개신복수종　　시보살

復化千萬億衆하사 令住阿耨多羅三藐三菩提하니라 命終之後에 得
부화천만억중　　영주아뇩다라삼막삼보리　　명종지후　　득

値二千億佛하니 皆號日月燈明이라 於其法中에 說是法華經하고 以
치이천억불　개호일월등명　　어기법중　　설시법화경　　이

是因緣으로 復値二千億佛하니 同號雲自在燈王이라 於此諸佛法中
시인연　부치이천억불　　동호운자재등왕　　어차제불법중

에 受持讀誦하고 爲諸四衆하야 說此經典故로 得是常眼淸淨하고 耳
수지독송　　위제사중　　설차경전고　　득시상안청정　　이

鼻舌身意諸根淸淨하며 於四衆中說法하야 心無所畏하니라 得大勢야
비설신의제근청정　　어사중중설법　　심무소외　　득대세

是常不輕菩薩摩訶薩이 供養如是若干諸佛하사 恭敬尊重讚歎하야
시상불경보살마하살　공양여시약간제불　　공경존중찬탄

種諸善根하고 於後復値千萬億佛하사 亦於諸佛法中에 說是經典
종제선근　　어후부치천만억불　　역어제불법중　　설시경전

하고 功德成就하야 當得作佛하니라
공덕성취　　당득작불

五. 상불경보살은 석가의 전신

得大勢야 於意云何오 爾時常不輕菩薩이 豈異人乎아 則我身是라
득 대 세 어 의 운 하 이 시 상 불 경 보 살 기 이 인 호 즉 아 신 시

若我於宿世에 不受持讀誦此經하야 爲他人說者면 不能疾得阿耨
약 아 어 숙 세 불 수 지 독 송 차 경 위 타 인 설 자 불 능 질 득 아 녹

多羅三藐三菩提어니와 我於先佛所에 受持讀誦此經하야 爲人說故로
다 라 삼 막 삼 보 리 아 어 선 불 소 수 지 독 송 차 경 위 인 설 고

疾得阿耨多羅三藐三菩提니라
질 득 아 녹 다 라 삼 막 삼 보 리

六. 역연(逆緣)의 공덕

得大勢야 彼時四衆인 比丘比丘尼와 優婆塞優婆夷는 以瞋恚意로
득 대 세 피 시 사 중 비 구 비 구 니 우 바 새 우 바 이 이 진 에 의

輕賤我故로 二百億劫에 常不值佛하고 不聞法不見僧하며 千劫을 於
경 천 아 고 이 백 억 겁 상 불 치 불 불 문 법 불 견 승 천 겁 어

阿鼻地獄에 受大苦惱하고 畢是罪已하야는 復遇常不輕菩薩의 教化
아 비 지 옥 수 대 고 뇌 필 시 죄 이 부 우 상 불 경 보 살 교 화

阿耨多羅三藐三菩提니라 得大勢야 於汝意云何오 爾時四衆에 常
아 녹 다 라 삼 막 삼 보 리 득 대 세 어 여 의 운 하 이 시 사 중 상

輕是菩薩者가 豈異人乎아 今此會中에 跋陀婆羅等五百菩薩과 獅
경 시 보 살 자 기 이 인 호 금 차 회 중 발 타 바 라 등 오 백 보 살 사

子月等五百比丘尼와 思弗等五百優婆塞로 皆於阿耨多羅三藐
자 월 등 오 백 비 구 니 사 불 등 오 백 우 바 새 개 어 아 녹 다 라 삼 막

三菩提에 不退轉者是니라 得大勢當知하라 是法華經은 大饒益諸
삼 보 리 불 퇴 전 자 시 득 대 세 당 지 시 법 화 경 대 요 익 제

菩薩摩訶薩하야 能令至於阿耨多羅三藐三菩提하나니 是故諸菩
보 살 마 하 살　　능 령 지 어 아 뇩 다 라 삼 막 삼 보 리　　시 고 제 보

薩摩訶薩이 於如來滅後에 常應受持讀誦하고 解說書寫是經이니라
살 마 하 살　 어 여 래 멸 후　 상 응 수 지 독 송　 해 설 서 사 시 경

七. 게송으로 거듭 설하다

1. 위음왕여래

爾時世尊이 欲重宣此義하사 而說偈言하니라
이 시 세 존　 욕 중 선 차 의　　이 설 게 언

過去有佛하니　號威音王이라　神智無量하사　將導一切할새
과 거 유 불　　호 위 음 왕　　신 지 무 량　　장 도 일 체

天人龍神의　所共供養이며
천 인 용 신　　소 공 공 양

2. 상불경보살

是佛滅後　　法欲盡時에　　有一菩薩하니　名常不輕이라
시 불 멸 후　　법 욕 진 시　　유 일 보 살　　명 상 불 경

時諸四衆이　計着於法이어늘　不輕菩薩이　往到其所하야
시 제 사 중　　계 착 어 법　　불 경 보 살　　왕 도 기 소

而語之言하대　我不輕汝하니　汝等行道하야　皆當作佛하리라
이 어 지 언　　아 불 경 여　　여 등 행 도　　개 당 작 불

諸人聞已에　輕毁罵詈하대　不輕菩薩이　能忍受之하여
제 인 문 이　　경 훼 매 리　　불 경 보 살　　능 인 수 지

3. 순연(順緣)과 역연(逆緣)의 결과

其罪畢已하고　臨命終時에　得聞此經하고　六根淸淨하며
기 죄 필 이　임 명 종 시　득 문 차 경　육 근 청 정

神通力故로　增益壽命이라　復爲諸人하야　廣說是經하니
신 통 력 고　증 익 수 명　부 위 제 인　광 설 시 경

諸着法衆이　皆蒙菩薩의　敎化成就하야　令住佛道하며
제 착 법 중　개 몽 보 살　교 화 성 취　영 주 불 도

不輕命終에　値無數佛하사　說是經故로　得無量福하고
불 경 명 종　치 무 수 불　설 시 경 고　득 무 량 복

漸具功德하야　疾成佛道하니라　彼時不輕은　即我身是요
점 구 공 덕　질 성 불 도　피 시 불 경　즉 아 신 시

時四部衆에　着法之者가　聞不輕言　汝當作佛하고
시 사 부 중　착 법 지 자　문 불 경 언　여 당 작 불

以是因緣으로　値無數佛하니　此會菩薩　五百之衆과
이 시 인 연　치 무 수 불　차 회 보 살　오 백 지 중

幷及四部　淸信士女로　今於我前에　聽法者是니라
병 급 사 부　청 신 사 녀　금 어 아 전　청 법 자 시

我於前世에　勸是諸人하야　聽受斯經　第一之法하며
아 어 전 세　권 시 제 인　청 수 사 경　제 일 지 법

開示敎人하야　令住涅槃하고　世世受持　如是經典하며
개 시 교 인　영 주 열 반　세 세 수 지　여 시 경 전

4. 법화경 수지(受持)를 권함

億億萬劫에　至不可議토록　時乃得聞　是法華經하며
억 억 만 겁　지 불 가 의　시 내 득 문　시 법 화 경

億億萬劫에　至不可議토록　諸佛世尊이　時說是經하나니
억 억 만 겁　지 불 가 의　제 불 세 존　시 설 시 경

是故行者가　於佛滅後에　聞如是經하고　勿生疑惑하며
시 고 행 자　어 불 멸 후　문 여 시 경　물 생 의 혹

應當一心으로　廣說此經하면　世世值佛하야　疾成佛道하리라
응 당 일 심　광 설 차 경　세 세 치 불　질 성 불 도

第二十一
如來神力品
여래신력품

妙法蓮華經
第二十一 如來神力品

一. 홍경(弘經)을 서원함

爾時千世界微塵等菩薩摩訶薩의 從地涌出者가 皆於佛前에 一
이시천세계미진등보살마하살 　 종지용출자 　 개어불전 　 일

心合掌하고 瞻仰尊顏하사 而白佛言하사대 世尊하 我等於佛滅後世尊
심합장 　 첨앙존안 　 이백불언 　 세존 　 아등어불멸후세존

分身의 所在國土滅度之處에 當廣說此經하리니 所以者何오 我等亦
분신 　 소재국토멸도지처 　 당광설차경 　 소이자하 　 아등역

自欲得是眞淨大法하야 受持讀誦하고 解說書寫하야 而供養之니다
자욕득시진정대법 　 수지독송 　 해설서사 　 이공양지

二. 여래의 신력(神力)

爾時世尊이 於文殊師利等無量百千萬億舊住娑婆世界의 菩
이시세존 　 어문수사리등무량백천만억구주사바세계 　 보

薩摩訶薩과 及諸比丘比丘尼와 優婆塞優婆夷와 天龍夜叉와 乾闥
살마하살 　 급제비구비구니 　 우바새우바이 　 천룡야차 　 건달

婆阿修羅와 迦樓羅緊那羅와 摩睺羅伽人非人等一切衆前에 現
바 아 수 라   가 루 라 긴 나 라   마 후 라 가 인 비 인 등 일 체 중 전   현

大神力하며 出廣長舌하사 上至梵世하며 一切毛孔에 放於無量無數
대 신 력   출 광 장 설   상 지 범 세   일 체 모 공   방 어 무 량 무 수

色光하사 皆悉徧照十方世界하며 衆寶樹下獅子座上에 諸佛亦復
색 광   개 실 변 조 시 방 세 계   중 보 수 하 사 자 좌 상   제 불 역 부

如是하사 出廣長舌하야 放無量光하며 釋迦牟尼佛과 及寶樹下諸佛
여 시   출 광 장 설   방 무 량 광   석 가 모 니 불   급 보 수 하 제 불

이 現神力時를 滿百千歲然後에 還攝舌相하며 一時謦欬하사 俱共彈
현 신 력 시   만 백 천 세 연 후   환 섭 설 상   일 시 경 해   구 공 탄

指하시니 是二音聲이 徧至十方諸佛世界하사 地皆六種震動이러라 其
지   시 이 음 성   변 지 시 방 제 불 세 계   지 개 육 종 진 동   기

中衆生에 天龍夜叉와 乾闥婆阿修羅와 迦樓羅緊那羅와 摩睺羅伽
중 중 생   천 룡 야 차   건 달 바 아 수 라   가 루 라 긴 나 라   마 후 라 가

人非人等이 以佛神力故로 皆見此娑婆世界에 無量無邊인 百千
인 비 인 등   이 불 신 력 고   개 견 차 사 바 세 계   무 량 무 변   백 천

萬億의 衆寶樹下獅子座上諸佛하며 及見釋迦牟尼佛이 共多寶如
만 억   중 보 수 하 사 자 좌 상 제 불   급 견 석 가 모 니 불   공 다 보 여

來로 在寶塔中하사 坐獅子座하며 又見無量無邊인 百千萬億의 菩薩
래   재 보 탑 중   좌 사 자 좌   우 견 무 량 무 변   백 천 만 억   보 살

摩訶薩과 及諸四衆이 恭敬圍繞釋迦牟尼佛하며 旣見是已에 皆大
마 하 살   급 제 사 중   공 경 위 요 석 가 모 니 불   기 견 시 이   개 대

歡喜하야 得未曾有러라 即時諸天이 於虛空中에 高聲唱言하대 過此
환 희   득 미 증 유   즉 시 제 천   어 허 공 중   고 성 창 언   과 차

無量無邊인 百千萬億阿僧祇世界하야 有國名娑婆요 是中有佛하니
무 량 무 변   백 천 만 억 아 승 지 세 계   유 국 명 사 바   시 중 유 불

名釋迦牟尼라 今爲諸菩薩摩訶薩하사 說大乘經하시니 名妙法蓮華라
명 석 가 모 니   금 위 제 보 살 마 하 살   설 대 승 경   명 묘 법 연 화

教菩薩法이며 佛所護念이니라 汝等當深心隨喜하고 亦當禮拜供養
교보살법   불소호념   여등당심심수희   역당예배공양

釋迦牟尼佛이니라 彼諸衆生이 聞虛空中聲已에 合掌向娑婆世界
석가모니불   피제중생이   문허공중성이   합장향사바세계

하사 作如是言하사대 南無釋迦牟尼佛南無釋迦牟尼佛하고 以種種
    작여시언   나무석가모니불나무석가모니불   이종종

華香과 瓔珞幡蓋와 及諸嚴身之具인 珍寶妙物로 皆共遙散娑婆
화향   영락번개   급제엄신지구   진보묘물   개공요산사바

世界하시니 所散諸物이 從十方來하대 譬如雲集이라 變成寶帳하야 徧
세계   소산제물   종시방래   비여운집   변성보장   변

覆此間諸佛之上하니 于時十方世界가 通達無礙하야 如一佛土러라
부차간제불지상   우시시방세계   통달무애   여일불토

三. 법화경 유통을 부촉(付囑)하다

爾時佛告上行等菩薩大衆하사대 諸佛神力이 如是無量無邊不
이시불고상행등보살대중   제불신력   여시무량무변불

可思議라 若我以是神力으로 於無量無邊百千萬億阿僧祇劫에 爲
가사의   약아이시신력   어무량무변백천만억아승지겁   위

囑累故로 說此經功德이라도 猶不能盡이니 以要言之컨대 如來一切
촉루고   설차경공덕   유불능진   이요언지   여래일체

所有之法과 如來一切自在神力과 如來一切秘要之藏과 如來一
소유지법   여래일체자재신력   여래일체비요지장   여래일

切甚深之事를 皆於此經에 宣示顯說이니라 是故汝等이 於如來滅
체심심지사   개어차경   선시현설   시고여등   어여래멸

後에 應一心으로 受持讀誦하고 解說書寫하며 如說修行이니 所在國土
후   응일심   수지독송   해설서사   여설수행   소재국토

에 若有受持讀誦하고 解說書寫하며 如說修行이면 若經卷所住之處
　약유수지독송　　해설서사　　여설수행이면　약경권소주지처

가 若於園中이나 若於林中이나 若於樹下나 若於僧坊이나 若白衣舍
　약어원중　　약어림중　　약어수하　　약어승방　　약백의사

나 若在殿堂이나 若山谷曠野어든 是中皆應起塔供養이리니 所以者
　약재전당　　약산곡광야　　시중개응기탑공양이리니　소이자

何오 當知是處는 卽是道場이라 諸佛於此에 得阿耨多羅三藐三菩
하　당지시처는　즉시도량이라　제불어차에　득아뇩다라삼막삼보

提며 諸佛於此에 轉于法輪이며 諸佛於此에 而般涅槃이니라
리　제불어차에　전우법륜이며　제불어차에　이반열반이니라

四. 게송으로 거듭 설하다

1. 여래의 신력

爾時世尊이 欲重宣此義하사 而說偈言하니라
이시세존이　욕중선차의하사　이설게언하니라

諸佛救世者가 住於大神通하사 爲悅衆生故로 現無量神力하야
제불구세자가　주어대신통하사　위열중생고로　현무량신력하야

舌相至梵天하고 身放無數光하며 爲求佛道者하야 現此希有事하며
설상지범천하고　신방무수광하며　위구불도자하야　현차희유사하며

諸佛謦欬聲과 及彈指之聲이 周聞十方國하고 地皆六種動하며
제불경해성과　급탄지지성이　주문시방국하고　지개육종동하며

以佛滅度後에 能持是經故로 諸佛皆歡喜하사 現無量神力하며
이불멸도후에　능지시경고로　제불개환희하사　현무량신력하며

2. 경전 유통을 부촉하다

囑累是經故로 讚美受持者하대 於無量劫中에 猶故不能盡이니
촉루시경고 찬미수지자 어무량겁중 유고불능진

是人之功德은 無邊無有窮이라 如十方虛空하야 不可得邊際니라
시인지공덕 무변무유궁 여시방허공 불가득변제

能持是經者는 則爲已見我며 亦見多寶佛과 及諸分身者며
능지시경자 즉위이견아 역견다보불 급제분신자

又見我今日에 敎化諸菩薩이라 能持是經者는 令我及分身과
우견아금일 교화제보살 능지시경자 영아급분신

滅度多寶佛의 一切皆歡喜하며 十方現在佛과 幷過去未來에
멸도다보불 일체개환희 시방현재불 병과거미래

亦見亦供養하고 亦令得歡喜니라 諸佛坐道場하사 所得秘要法을
역견역공양 역령득환희 제불좌도량 소득비요법

能持是經者가 不久亦當得이며 能持是經者는 於諸法之義와
능지시경자 불구역당득 능지시경자 어제법지의

名字及言辭에 樂說無窮盡하대 如風於空中에 一切無障礙니라
명자급언사 요설무궁진 여풍어공중 일체무장애

於如來滅後에 知佛所說經하야 因緣及次第를 隨義如實說하대
어여래멸후 지불소설경 인연급차제 수의여실설

如日月光明이 能除諸幽冥하며 斯人行世間하야 能滅衆生闇하고
여일월광명 능제제유명 사인행세간 능멸중생암

敎無量菩薩하야 畢竟住一乘이니 是故有智者는 聞此功德利하고
교무량보살 필경주일승 시고유지자 문차공덕리

於我滅度後에 應受持斯經이니 是人於佛道에 決定無有疑니라
어아멸도후 응수지사경 시인어불도 결정무유의

第二十二
囑累品
촉루품

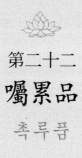

妙法蓮華經
第二十二　囑累品

一. 여래가 유통을 부촉하다

爾時釋迦牟尼佛_이 從法座起_{하사} 現大神力_{하시며} 以右手_로 摩無
이 시 석 가 모 니 불　종 법 좌 기　현 대 신 력　　이 우 수　마 무

量菩薩摩訶薩頂_{하시고} 而作是言_{하사대} 我於無量百千萬億阿僧祇
량 보 살 마 하 살 정　　이 작 시 언　　아 어 무 량 백 천 만 억 아 승 지

劫_에 修習是難得阿耨多羅三藐三菩提法_{하사} 今以付囑汝等_{하노니}
겁　수 습 시 난 득 아 뇩 다 라 삼 먁 삼 보 리 법　금 이 부 촉 여 등

汝等應當一心_{으로} 流布此法_{하야} 廣令增益_{하라} 如是三摩諸菩薩摩
여 등 응 당 일 심　유 포 차 법　광 령 증 익　여 시 삼 마 제 보 살 마

訶薩頂_{하시고} 而作是言_{하대} 我於無量百千萬億阿僧祇劫_에 修習是
하 살 정　　이 작 시 언　　아 어 무 량 백 천 만 억 아 승 지 겁　수 습 시

難得阿耨多羅三藐三菩提法_{하사} 今以付囑汝等_{하노니} 汝等_은 當受
난 득 아 뇩 다 라 삼 먁 삼 보 리 법　금 이 부 촉 여 등　　여 등　당 수

持讀誦_{하야} 廣宣此法_{하야} 令一切衆生_{으로} 普得聞知_{케하라}
지 독 송　광 선 차 법　영 일 체 중 생　보 득 문 지

二. 유통을 부촉하는 까닭

所以者何오 如來有大慈悲하사 無諸慳悋하고 亦無所畏하며 能與
소이자하 여래유대자비 무제간린 역무소외 능여

衆生에 佛之智慧와 如來智慧와 自然智慧니라 如來是一切衆生之
중생 불지지혜 여래지혜 자연지혜 여래시일체중생지

大施主라 汝等亦應隨學如來之法하대 勿生慳悋이니라 於未來世에
대시주 여등역응수학여래지법 물생간린 어미래세

若有善男子善女人이 信如來智慧者는 當爲演說此法華經하야 使
약유선남자선여인 신여래지혜자 당위연설차법화경 사

得聞知니 爲令其人으로 得佛慧故라 若有衆生이 不信受者는 當於
득문지 위령기인 득불혜고 약유중생 불신수자 당어

如來餘深妙法中에 示敎利喜니라 汝等若能如是면 則爲已報諸佛
여래여심묘법중 시교리희 여등약능여시 즉위이보제불

之恩이니라
지 은

三. 보살들이 부촉을 받다

時諸菩薩摩訶薩이 聞佛作是說已하고 皆大歡喜가 徧滿其身하야
시제보살마하살 문불작시설이 개대환희 변만기신

益加恭敬하며 曲躬低頭하사 合掌向佛하야 俱發聲言하대 如世尊勅하사
익가공경 곡궁저두 합장향불 구발성언 여세존칙

當具奉行호리니 唯然世尊하 願不有慮하소서 諸菩薩摩訶薩衆이 如
당구봉행 유연세존 원불유려 제보살마하살중 여

是三反하사 俱發聲言하대 如世尊勅하사 當具奉行호리니 唯然世尊하
시삼반 구발성언 여세존칙 당구봉행 유연세존

願不有慮하소서 爾時釋迦牟尼佛이 令十方來의 諸分身佛로 各還
원불유려　　　　이시석가모니불　영시방래　제분신불　각환

本土케하시고 而作是言하사대 諸佛은 各隨所安하고 多寶佛塔은 還可如
본토　　　이작시언　　제불　각수소안　　다보불탑　환가여

故하소서
고

四. 대중들이 환희하다

說是語時에 十方無量分身諸佛이 坐寶樹下獅子座上者와 及多
설시어시　시방무량분신제불　좌보수하사자좌상자　급다

寶佛과 幷上行等無邊阿僧祇菩薩大衆과 舍利弗等聲聞四衆과
보불　병상행등무변아승지보살대중　사리불등성문사중

及一切世間天人阿修羅等이 聞佛所說하고 皆大歡喜러라
급일체세간천인아수라등　문불소설　개대환희

第二十三
藥王菩薩本事品
약왕보살본사품

妙法蓮華經

第二十三 藥王菩薩本事品

一. 약왕보살

1. 약왕보살에 대하여 묻다

爾時에 宿王華菩薩이 白佛言하사대 世尊하 藥王菩薩이 云何遊於
이 시 수 왕 화 보 살 백 불 언 세 존 약 왕 보 살 운 하 유 어

娑婆世界닛고 世尊하 是藥王菩薩이 有若干百千萬億那由他難行
사 바 세 계 세 존 시 약 왕 보 살 유 약 간 백 천 만 억 나 유 타 난 행

苦行이닛가 善哉世尊하 願少解說하소서 諸天龍神夜叉와 乾闥婆阿修
고 행 선 재 세 존 원 소 해 설 제 천 룡 신 야 차 건 달 바 아 수

羅와 迦樓羅緊那羅와 摩睺羅伽人非人等이며 又他國土諸來菩薩
라 가 루 라 긴 나 라 마 후 라 가 인 비 인 등 우 타 국 토 제 래 보 살

과 及此聲聞衆이 聞皆歡喜리다
급 차 성 문 중 문 개 환 희

2. 여래가 답변하다

1) 일월정명덕여래

爾時佛告宿王華菩薩하사대 乃往過去無量恒河沙劫에 有佛하시니
이 시 불 고 수 왕 화 보 살 내 왕 과 거 무 량 항 하 사 겁 유 불

號日月淨明德如來應供正徧知明行足善逝世間解無上士調御
호일월정명덕여래응공정변지명행족선서세간해무상사조어

丈夫天人師佛世尊이라 其佛有八十億大菩薩摩訶薩과 七十二恒
장부천인사불세존 기불유팔십억대보살마하살 칠십이항

河沙大聲聞衆하시며 佛壽四萬二千劫이요 菩薩壽命亦等이며 彼國
하사대성문중 불수사만이천겁 보살수명역등 피국

無有女人과 地獄餓鬼畜生阿修羅等과 及以諸難하며 地平如掌하야
무유여인 지옥아귀축생아수라등 급이제난 지평여장

瑠璃所成이며 寶樹莊嚴하고 寶帳覆上하며 垂寶華幡하고 寶瓶香爐는
유리소성 보수장엄 보장부상 수보화번 보병향로

周徧國界하며 七寶爲臺하대 一樹一臺며 其樹去臺는 盡一箭道라
주변국계 칠보위대 일수일대 기수거대 진일전도

此諸寶樹에 皆有菩薩聲聞하야 而坐其下하며 諸寶臺上에 各有百
차제보수 개유보살성문 이좌기하 제보대상 각유백

億諸天하야 作天伎樂하고 歌歎於佛하야 以爲供養이러라
억제천 작천기악 가탄어불 이위공양

2) 일체중생희견보살의 삼매

爾時彼佛이 爲一切衆生喜見菩薩과 及衆菩薩諸聲聞衆하야 說
이시피불 위일체중생희견보살 급중보살제성문중 설

法華經이러라 是一切衆生喜見菩薩이 樂習苦行하사 於日月淨明德
법화경 시일체중생희견보살 낙습고행 어일월정명덕

佛法中에 精進經行하야 一心求佛을 滿萬二千歲已하고 得現一切
불법중 정진경행 일심구불 만만이천세이 득현일체

色身三昧하니라 得此三昧已에 心大歡喜하야 即作念言하대 我得現一
색신삼매 득차삼매이 심대환희 즉작념언 아득현일

切色身三昧는 皆是得聞法華經力이라 我今當供養日月淨明德佛
체색신삼매 개시득문법화경력 아금당공양일월정명덕불

과 及法華經호리라하고 卽時入是三昧하니 於虛空中에 雨曼陀羅華와
급 법화경 　　　　즉시입시삼매　어허공중　우만다라화

摩訶曼陀羅華와 細抹堅黑栴檀하야 滿虛空中하사 如雲而下하며 又
마하만다라화　세말견흑전단　만허공중　여운이하　우

雨海此岸栴檀之香하니 此香六銖로대 價値娑婆世界로 以供養佛이
우해차안전단지향　차향육수　가치사바세계　이공양불

러라 作是供養已하시니라
작시공양이

3) 일체중생희견보살의 소신공양

從三昧起하사 而自念言하대 我雖以神力으로 供養於佛이나 不如以
종삼매기　이자념언　아수이신력　공양어불　불여이

身供養이라하고 卽服諸香의 栴檀薰陸과 兜樓婆畢力迦와 沈水膠香
신공양　　즉복제향　전단훈육　도루바필력가　침수교향

하며 又飮薝蔔諸華香油하대 滿千二百歲已에 香油塗身하고 於日月
우음담복제화향유　만천이백세이　향유도신　어일월

淨明德佛前에 以天寶衣로 而自纏身하고 灌諸香油하며 以神通力
정명덕불전　이천보의　이자전신　관제향유　이신통력

願으로 而自然身하야 光明이 徧照八十億恒河沙世界하니 其中諸佛
원　이자연신　광명　변조팔십억항하사세계　기중제불

이 同時讚言하대 善哉善哉라 善男子야 是眞精進이며 是名眞法供養
동시찬언　선재선재　선남자　시진정진　시명진법공양

如來라 若以華香瓔珞과 燒香抹香塗香과 天繪幡蓋와 及海此岸栴
여래　약이화향영락　소향말향도향　천증번개　급해차안전

檀之香인 如是等種種諸物供養으로 所不能及이며 假使國城妻子
단지향　여시등종종제물공양　소불능급　가사국성처자

布施라도 亦所不及이니라 善男子야 是名第一之施라 於諸施中에 最
보시　역소불급　선남자　시명제일지시　어제시중　최

尊最上이니 以法供養諸如來故니라 作是語已하고 而各默然이러라 其
존 최 상   이법공양제여래고   작 시 어 이   이 각 묵 연   기

身火燃千二百歲하고 過是以後에 其身乃盡하니라
신 화 연 천 이 백 세   과 시 이 후   기 신 내 진

4) 보살의 화생(化生)

一切衆生喜見菩薩이 作如是法供養已하고 命終之後에 復生日
일 체 중 생 희 견 보 살   작 여 시 법 공 양 이   명 종 지 후   부 생 일

月淨明德佛國中하야 於淨德王家에 結跏趺坐하고 忽然化生하니라 即
월 정 명 덕 불 국 중   어 정 덕 왕 가   결 가 부 좌   홀 연 화 생   즉

爲其父하야 而說偈言하니라
위 기 부   이 설 게 언

大王今當知하소서 我經行彼處하야 即時得一切 現諸身三昧하고
대 왕 금 당 지   아 경 행 피 처   즉 시 득 일 체   현 제 신 삼 매

勤行大精進하대 捨所愛之身하야 供養於世尊은 爲求無上慧니다
근 행 대 정 진   사 소 애 지 신   공 양 어 세 존   위 구 무 상 혜

說是偈已하고 而白父言하사대 日月淨明德佛이 今故現在하시니 我
설 시 게 이   이 백 부 언   일 월 정 명 덕 불   금 고 현 재   아

先供養佛已에 得解一切衆生語言陀羅尼하고 復聞是法華經의 八
선 공 양 불 이   득 해 일 체 중 생 어 언 다 라 니   부 문 시 법 화 경   팔

百千萬億那由他인 甄迦羅頻婆羅와 阿閦婆等偈호니 大王이여 我
백 천 만 억 나 유 타   견 가 라 빈 바 라   아 촉 바 등 게   대 왕   아

今에 當還供養此佛하리다
금   당 환 공 양 차 불

5) 보살이 부처님을 찬탄하다

白已하고 即坐七寶之臺하사 上昇虛空하대 高七多羅樹하고 往到佛
백이 즉좌칠보지대 상승허공 고칠다라수 왕도불

所하야 頭面禮足하며 合十指爪하고 以偈讚佛하사대
소 두면예족 합십지조 이게찬불

容顏甚奇妙하시며 光明照十方이로다 我適曾供養이러니 今復還親覲이니다
용안심기묘 광명조시방 아적증공양 금부환친근

爾時一切衆生喜見菩薩이 說是偈已하고 而白佛言하사대 世尊하
이시일체중생희견보살 설시게이 이백불언 세존

世尊猶故在世닛가
세존유고재세

6) 여래가 부촉하고 열반에 들다

爾時日月淨明德佛이 告一切衆生喜見菩薩하사대 善男子야 我涅
이시일월정명덕불 고일체중생희견보살 선남자 아열

槃時到하고 滅盡時至하니 汝可安施牀座하라 我於今夜에 當般涅槃
반시도 멸진시지 여가안시상좌 아어금야 당반열반

호리라 又勅一切衆生喜見菩薩하사대 善男子야 我以佛法으로 囑累於
우칙일체중생희견보살 선남자 아이불법 촉루어

汝하며 及諸菩薩大弟子와 幷阿耨多羅三藐三菩提法이며 亦以三
여 급제보살대제자 병아녹다라삼막삼보리법 역이삼

千大千七寶世界에 諸寶樹寶臺와 及給侍諸天을 悉付於汝하노라 我
천대천칠보세계 제보수보대 급급시제천 실부어여 아

滅度後에 所有舍利를 亦付囑汝하노니 當令流布하야 廣設供養하며
멸도후 소유사리 역부촉여 당령유포 광설공양

應起若干千塔이니라 如是日月淨明德佛이 勅一切衆生喜見菩薩
응기약간천탑 여시일월정명덕불 칙일체중생희견보살

已하고는 於夜後分에 入於涅槃하시니라
이   어야후분   입어열반

7) 탑을 세우고 공양하다

爾時一切衆生喜見菩薩이 見佛滅度하고 悲感懊惱하며 戀慕於佛
이 시 일 체 중 생 희 견 보 살　견 불 멸 도　　비 감 오 뇌　　연 모 어 불

하사 即以海此岸栴檀爲積하야 供養佛身하야 而以燒之하며 火滅已
즉 이 해 차 안 전 단 위 적　　공 양 불 신　　이 이 소 지　　화 멸 이

後에 收取舍利하야 作八萬四千寶瓶하사 以起八萬四千塔하대 高三
후　수 취 사 리　　작 팔 만 사 천 보 병　　이 기 팔 만 사 천 탑　　고 삼

世界요 表刹莊嚴하고 垂諸幡蓋하야 懸衆寶鈴하며 爾時一切衆生喜
세 계　표 찰 장 엄　　수 제 번 개　　현 중 보 령　　이 시 일 체 중 생 희

見菩薩이 復自念言하대 我雖作是供養이나 心猶未足일새 我今當更
견 보 살　부 자 념 언　　아 수 작 시 공 양　　심 유 미 족　　아 금 당 갱

供養舍利호리라 便語諸菩薩大弟子와 及天龍夜叉等一切大衆하사대
공 양 사 리　　변 어 제 보 살 대 제 자　급 천 룡 야 차 등 일 체 대 중

汝等當一心으로 念我今供養日月淨明德佛舍利어다 作是語已하고
여 등 당 일 심　　염 아 금 공 양 일 월 정 명 덕 불 사 리　　작 시 어 이

即於八萬四千塔前에 然百福莊嚴臂하대 七萬二千歲를 而以供
즉 어 팔 만 사 천 탑 전　연 백 복 장 엄 비　　칠 만 이 천 세　이 이 공

養하고 令無數求聲聞衆과 無量阿僧祇人으로 發阿耨多羅三藐三
양　영 무 수 구 성 문 중　무 량 아 승 지 인　　발 아 녹 다 라 삼 막 삼

菩提心하야 皆使得住現一切色身三昧하니라 爾時諸菩薩天人阿修
보 리 심　개 사 득 주 현 일 체 색 신 삼 매　　이 시 제 보 살 천 인 아 수

羅等이 見其無臂하고 憂惱悲哀하야 而作是言하대 此一切衆生喜見
라 등　견 기 무 비　　우 뇌 비 애　　이 작 시 언　　차 일 체 중 생 희 견

菩薩은 是我等師로 敎化我者어늘 而今燒臂하고 身不具足이로다 于時
보 살　시 아 등 사　교 화 아 자　　이 금 소 비　　신 불 구 족　　우 시

一切眾生喜見菩薩이 於大衆中에 立此誓言하대 我捨兩臂하고 必
일체중생희견보살 어대중중 입차서언 아사양비 필

當得佛金色之身호리라 若實不虛인댄 令我兩臂로 還復如故하소서 作
당득불금색지신 약실불허 영아양비 환부여고 작

是誓已에 自然還復하니 由斯菩薩의 福德智慧가 淳厚所致니라 當爾
시서이 자연환부 유사보살 복덕지혜 순후소치 당이

之時하야 三千大千世界가 六種震動하고 天雨寶華하며 一切人天이
지시 삼천대천세계 육종진동 천우보화 일체인천

得未曾有니라
득 미 증 유

8) 일체중생희견보살과 약왕보살

佛告宿王華菩薩하사대 於汝意云何오 一切眾生喜見菩薩이 豈異
불고수왕화보살 어여의운하 일체중생희견보살 기이

人乎아 今藥王菩薩是也라 其所捨身布施를 如是無量百千萬億
인호 금약왕보살시야 기소사신보시 여시무량백천만억

那由他數하니라 宿王華야 若有發心하야 欲得阿耨多羅三藐三菩提
나유타수 수왕화 약유발심 욕득아뇩다라삼먁삼보리

者인댄 能燃手指어나 乃至足一指하야 供養佛塔하면 勝以國城妻子와
자 능연수지 내지족일지 공양불탑 승이국성처자

及三千大千國土의 山林河池와 諸珍寶物로 而供養者니라
급삼천대천국토 산림하지 제진보물 이공양자

二. 법화경의 공덕을 찬탄하다

若復有人이 以七寶로 滿三千大千世界하야 供養於佛과 及大菩
약부유인　이칠보　만삼천대천세계　　공양어불　급대보

薩과 辟支佛阿羅漢이라도 是人所得功德이 不如受持此法華經하대
살　벽지불아라한　　시인소득공덕　불여수지차법화경

乃至一四句偈니 其福最多니라
내지일사구게　기복최다

三. 열 가지 비유와 법화경

宿王華야 譬如一切川流江河인 諸水之中에 海爲第一하야 此法
수왕화　비여일체천류강하　제수지중　해위제일　차법

華經도 亦復如是하야 於諸如來所說經中에 最爲深大니라 又如土
화경　역부여시　어제여래소설경중　최위심대　우여토

山黑山과 小鐵圍山大鐵圍山과 及十寶山인 衆山之中에 須彌山이
산흑산　소철위산대철위산　급십보산　중산지중　수미산

爲第一하야 此法華經도 亦復如是하야 於諸經中에 最爲其上이니라 又
위제일　차법화경　역부여시　어제경중　최위기상　우

如衆星之中에 月天子가 最爲第一하야 此法華經도 亦復如是하야 於
여중성지중　월천자　최위제일　차법화경　역부여시　어

千萬億種諸經法中에 最爲照明이니라 又如日天子가 能除諸闇하야
천만억종제경법중　최위조명　우여일천자　능제제암

此經亦復如是하야 能破一切不善之闇이니라 又如諸小王中에 轉
차경역부여시　능파일체불선지암　우여제소왕중　전

輪聖王이 最爲第一하야 此經亦復如是하야 於衆經中에 最爲其尊이
륜성왕　최위제일　차경역부여시　어중경중　최위기존

니라 又如帝釋이 於三十三天中王하야 此經亦復如是하야 諸經中王
우여제석 어삼십삼천중왕 차경역부여시 제경중왕

이니라 又如大梵天王이 一切衆生之父하야 此經亦復如是하야 一切
우여대범천왕 일체중생지부 차경역부여시 일체

賢聖學無學과 及發菩薩心者之父니라 又如一切凡夫人中에 須陀
현성학무학 급발보살심자지부 우여일체범부인중 수다

洹斯陀含과 阿那含阿羅漢에 辟支佛이 爲第一하야 此經亦復如是
원사다함 아나함아라한 벽지불 위제일 차경역부여시

하야 一切如來所說과 若菩薩所說과 若聲聞所說인 諸經法中에 最
일체여래소설 약보살소설 약성문소설 제경법중 최

爲第一이라 有能受持是經典者도 亦復如是하야 於一切衆生中에 亦
위제일 유능수지시경전자 역부여시 어일체중생중 역

爲第一이니라 一切聲聞辟支佛中에 菩薩爲第一이듯 此經亦復如是
위제일 일체성문벽지불중 보살위제일 차경역부여시

하야 於一切諸經法中에 最爲第一이니라 如佛爲諸法王이듯 此經亦
어일체제경법중 최위제일 여불위제법왕 차경역

復如是하야 諸經中王이니라
부여시 제경중왕

四. 법화경의 효력

宿王華야 此經能求一切衆生者며 此經能令一切衆生으로 離諸
수왕화 차경능구일체중생자 차경능령일체중생 이제

苦惱며 此經能大饒益一切衆生하야 充滿其願하나니 如淸凉池하야
고뇌 차경능대요익일체중생 충만기원 여청량지

能滿一切諸渴乏者며 如寒者得火며 如裸者得衣며 如商人得主며
능만일체제갈핍자 여한자득화 여나자득의 여상인득주

如子得母며 如渡得船이며 如病得醫며 如暗得燈이며 如貧得寶며 如
여자득모　여도득선　　여병득의　여암득등　　여빈득보　여

民得王이며 如賈客得海며 如炬除暗이니라 此法華經도 亦復如是하야
민득왕　여고객득해　여거제암　　차법화경　역부여시

能令衆生으로 離一切苦와 一切病痛하고 能解一切生死之縛이니라
능령중생　이일체고　일체병통　　능해일체생사지박

五. 경을 수지하는 공덕

若人得聞此法華經하고 若自書어나 若使人書하면 所得功德은 以
약인득문차법화경　　약자서　　약사인서　　소득공덕　이

佛智慧로 籌量多少하야도 不得其邊이니라 若書是經卷하고 華香瓔珞과
불지혜　주량다소　　　부득기변　　　약서시경권　화향영락

燒香抹香塗香과 幡蓋衣服과 種種之燈인 蘇燈油燈과 諸香油燈과
소향말향도향　번개의복　종종지등　소등유등　제향유등

蕾蔔油燈과 須曼那油燈과 波羅羅油燈과 婆利師迦油燈과 那婆
담복유등　수만나유등　바라라유등　바리사가유등　나바

摩利油燈供養하면 所得功德은 亦復無量이니라
마리유등공양　　소득공덕　역부무량

六. 약왕보살본사품의 공덕

宿王華야 若有人이 聞是藥王菩薩本事品者면 亦得無量無邊功
수왕화　약유인　문시약왕보살본사품자　　역득무량무변공

德하며 若有女人이 聞是藥王菩薩本事品하고 能受持者면 盡是女
덕　　약유여인　문시약왕보살본사품　　능수지자　진시여

身하고 後不復受하며 若如來滅後後五百歲中에 若有女人이 聞是
신 후불부수 약여래멸후후오백세중 약유여인 문시

經典하고 如說修行하면 於此命終하고 即往安樂世界阿彌陀佛의 大
경전 여설수행 어차명종 즉왕안락세계아미타불 대

菩薩衆이 圍繞住處하야 生蓮華中寶座之上하나니라 不復爲貪欲所
보살중 위요주처 생연화중보좌지상 불부위탐욕소

惱하며 亦復不爲瞋恚愚癡所惱며 亦復不爲憍慢嫉妬諸垢의 所惱
뇌 역부불위진에우치소뇌 역부불위교만질투제구 소뇌

니라 得菩薩神通無生法忍하고 得是忍已하야는 眼根淸淨하며 以是淸
득보살신통무생법인 득시인이 안근청정 이시청

淨眼根으로 見七百萬二千億那由他恒河沙等諸佛如來하나니 是
정안근 견칠백만이천억나유타항하사등제불여래 시

時諸佛이 遙共讚言하대 善哉善哉라 善男子야 汝能於釋迦牟尼佛
시제불 요공찬언 선재선재 선남자 여능어석가모니불

法中에 受持讀誦하고 思惟是經하야 爲他人說하면 所得福德은 無量
법중 수지독송 사유시경 위타인설 소득복덕 무량

無邊하야 火不能燒하고 水不能漂라 汝之功德은 千佛共說하야도 不能
무변 화불능소 수불능표 여지공덕 천불공설 불능

令盡이니라 汝今已能破諸魔賊하고 壞生死軍하니 諸餘怨敵은 皆悉
영진 여금이능파제마적 괴생사군 제여원적 개실

摧滅이니라 善男子야 百千諸佛이 以神通力으로 共守護汝하나니 於一
최멸 선남자 백천제불 이신통력 공수호여 어일

切世間天人之中에 無如汝者라 唯除如來하고 其諸聲聞辟支佛과
체세간천인지중 무여여자 유제여래 기제성문벽지불

乃至菩薩과 智慧禪定이라도 無有與汝等者니라 宿王華야 此菩薩이
내지보살 지혜선정 무유여여등자 수왕화 차보살

成就如是功德智慧之力이니라 若有人이 聞是藥王菩薩本事品하고
성취여시공덕지혜지력 약유인 문시약왕보살본사품

能隨喜讚善者면 是人은 現世口中에 常出靑蓮華香하고 身毛孔中
능수희찬선자 시인 현세구중 상출청연화향 신모공중

에 常出牛頭栴檀之香하며 所得功德은 如上所說이니라
　상출우두전단지향　　소득공덕　　여상소설

七. 부촉하여 이어가게 하다

是故宿王華야 以此藥王菩薩本事品으로 囑累於汝하노니 我滅度
시고수왕화　이차약왕보살본사품　　촉루어여　　아멸도

後後五百歲中에 廣宣流布하야 於閻浮提에 無令斷絕하야 惡魔魔
후후오백세중　　광선유포　　어염부제　　무령단절　　악마마

民과 諸天龍夜叉와 鳩槃茶等이 得其便也하라 宿王華야 汝當以神
민　제천룡야차　구반다등　　득기편야　　수왕화　　여당이신

通之力으로 守護是經이니 所以者何오 此經則爲閻浮提人의 病之
통지력　　수호시경　　소이자하　　차경즉위염부제인　병지

良藥이라 若人有病하야 得聞是經하면 病卽消滅하고 不老不死리라 宿
양약　약인유병　　득문시경　　병즉소멸　　불로불사　　수

王華야 汝若見有受持是經者면 應以青蓮華로 盛滿抹香이라 供散
왕화　여약견유수지시경자　응이청연화　　성만말향　　공산

其上이니 散已에 作是念言하대 此人不久에 必當取草하야 坐於道場
기상　산이　작시념언　　차인불구　　필당취초　　좌어도량

하사 破諸魔軍하고 當吹法螺하며 擊大法鼓하고 度脫一切眾生老病
파제마군　당취법라　　격대법고　　도탈일체중생노병

死海하리니 是故求佛道者는 見有受持是經典人하고 應當如是生恭
사해　시고구불도자　견유수지시경전인　　응당여시생공

敬心이니라 說是藥王菩薩本事品時에 八萬四千菩薩이 得解一切
경심　설시약왕보살본사품시　팔만사천보살　득해일체

眾生語言陀羅尼하니라 多寶如來가 於寶塔中에 讚宿王華菩薩言
중생어언다라니　　다보여래　어보탑중　　찬수왕화보살언

하사대 善哉善哉라 宿王華야 汝成就不可思議功德하야 乃能問釋迦
선재선재　수왕화　여성취불가사의공덕　내능문석가

牟尼佛의 如此之事하고 利益無量一切衆生이로다
모니불　여차지사　이익무량일체중생

第二十四

妙音菩薩品

묘음보살품

妙法蓮華經
第二十四 妙音菩薩品

一. 세존의 방광(放光)

1. 광명에 비친 세계

爾時釋迦牟尼佛이 放大人相肉髻光明하며 及放眉間白毫相光
이시석가모니불 방대인상육계광명 급방미간백호상광

하사 徧照東方百八萬億那由他恒河沙等諸佛世界러라 過是數已
변조동방백팔만억나유타항하사등제불세계 과시수이

에 有世界하니 名淨光莊嚴이요 其國有佛하시니 號淨華宿王智如來應
유세계 명정광장엄 기국유불 호정화수왕지여래응

供正徧知明行足善逝世間解無上士調御丈夫天人師佛世尊이라
공정변지명행족선서세간해무상사조어장부천인사불세존

爲無量無邊菩薩大衆의 恭敬圍繞하야 而爲說法이러니 釋迦牟尼佛
위무량무변보살대중 공경위요 이위설법 석가모니불

의 白毫光明이 徧照其國하니라
백호광명 변조기국

2. 묘음보살이 닦은 삼매

爾時一切淨光莊嚴國中에 有一菩薩하니 名曰妙音이라 久已植衆
이시일체정광장엄국중 유일보살 명왈묘음 구이식중

德本하사 供養親近無量百千萬億諸佛하야 而悉成就甚深智慧하고
덕 본　　공양친근무량백천만억제불　　이실성취심심지혜

得妙幢相三昧와 法華三昧와 淨德三昧와 宿王戲三昧와 無緣三
득묘당상삼매　　법화삼매　　정덕삼매　　수왕희삼매　　무연삼

昧와 智印三昧와 解一切衆生語言三昧와 集一切功德三昧와 清
매　　지인삼매　　해일체중생어언삼매　　집일.체공덕삼매　　청

淨三昧와 神通遊戲三昧와 慧炬三昧와 莊嚴王三昧와 淨光明三
정삼매　　신통유희삼매　　혜거삼매　　장엄왕삼매　　정광명삼

昧와 淨藏三昧와 不共三昧와 日旋三昧하사 得如是等百千萬億
매　　정장삼매　　불공삼매　　일선삼매　　득여시등백천만억

恒河沙等諸大三昧러라
항하사등제대삼매

3. 정화수왕지불과 묘음보살

釋迦牟尼佛이 光照其身하니 即白淨華宿王智佛言하사대 世尊하
석가모니불　　광조기신　　즉백정화수왕지불언　　세존

我當往詣娑婆世界하야 禮拜親近하고 供養釋迦牟尼佛하며 及見文
아당왕예사바세계　　예배친근　　공양석가모니불　　급견문

殊師利法王子菩薩과 藥王菩薩과 勇施菩薩과 宿王華菩薩과 上
수사리법왕자보살　　약왕보살　　용시보살　　수왕화보살　　상

行意菩薩과 莊嚴王菩薩과 藥上菩薩하노이다 爾時淨華宿王智佛이
행의보살　　장엄왕보살　　약상보살　　이시정화수왕지불

告妙音菩薩하사대 汝莫輕彼國하야 生下劣想하라 善男子야 彼娑婆
고묘음보살　　여막경피국　　생하열상　　선남자　　피사바

世界는 高下不平하고 土石諸山에 穢惡充滿하며 佛身卑小하고 諸菩
세계　　고하불평　　토석제산　　예악충만　　불신비소　　제보

薩衆도 其形亦小로대 而汝身四萬二千由旬이요 我身六百八十萬
살중　　기형역소　　이여신사만이천유순　　아신육백팔십만

由旬이라 汝身第一端正하고 百千萬福光明殊妙라 是故汝往하대 莫
유순 여신제일단정 백천만복광명수묘 시고여왕 막

輕彼國하야 若佛菩薩과 及國土에 生下劣想이니라 妙音菩薩이 白其
경피국 약불보살 급국토 생하열상 묘음보살 백기

佛言하사대 世尊하 我今詣娑婆世界는 皆是如來之力이며 如來神通
불언 세존 아금예사바세계 개시여래지력 여래신통

遊戲며 如來功德智慧莊嚴이니다
유희 여래공덕지혜장엄

4. 영축산에 핀 팔만사천 연꽃

於是妙音菩薩이 不起于座하사 身不動搖하고 而入三昧하시니 以三
어시묘음보살 불기우좌 신부동요 이입삼매 이삼

昧力으로 於耆闍崛山의 去法座不遠에 化作八萬四千衆寶蓮華하니
매력 어기사굴산 거법좌불원 화작팔만사천중보련화

閻浮檀金爲莖하고 白銀爲葉하며 金剛爲鬚하고 甄叔迦寶로 以爲其
염부단금위경 백은위엽 금강위수 견숙가보 이위기

臺러라 爾時文殊師利法王子가 見是蓮華하고 而白佛言하사대 世尊하
대 이시문수사리법왕자 견시연화 이백불언 세존

是何因緣으로 先現此瑞하대 有若干千萬蓮華에 閻浮檀金爲莖하고
시하인연 선현차서 유약간천만연화 염부단금위경

白銀爲葉하며 金剛爲鬚하고 甄叔迦寶以爲其臺낫고 爾時釋迦牟尼
백은위엽 금강위수 견숙가보이위기대 이시석가모니

佛이 告文殊師利하사대 是妙音菩薩摩訶薩이 欲從淨華宿王智佛
불 고문수사리 시묘음보살마하살 욕종정화수왕지불

國하사 與八萬四千菩薩로 圍繞而來하사 至此娑婆世界하야 供養親
국 여팔만사천보살 위요이래 지차사바세계 공양친

近하고 禮拜於我하며 亦欲供養聽法華經이니라 文殊師利白佛言하사대
근 예배어아 역욕공양청법화경 문수사리백불언

世尊하 是菩薩種何善本이며 修何功德이관대 而能有是大神通力이며
세존 시보살종하선본 수하공덕 이능유시대신통력

行何三昧닛고 願爲我等하사 說是三昧名字하소서 我等亦欲勤修行
행하삼매 원위아등 설시삼매명자 아등역욕근수행

之니다 行此三昧라사 乃能見是菩薩의 色相大小와 威儀進止리니 唯
지 행차삼매 내능견시보살 색상대소 위의진지 유

願世尊하 以神通力하사 彼菩薩來를 令我得見케하소서 爾時釋迦牟
원세존 이신통력 피보살래 영아득견 이시석가모

尼佛이 告文殊師利하사대 此久滅度이신 多寶如來가 當爲汝等하야 而
니불 고문수사리 차구멸도 다보여래 당위여등 이

現其相이니라 時多寶佛이 告彼菩薩하사대 善男子來하라 文殊師利法
현기상 시다보불 고피보살 선남자래 문수사리법

王子가 欲見汝身이니라
왕자 욕견여신

5. 묘음보살이 오는 모습

于時妙音菩薩이 於彼國沒하사 與八萬四千菩薩로 俱共發來할새
우시묘음보살 어피국몰 여팔만사천보살 구공발래

所經諸國에 六種震動하사 皆悉雨於七寶蓮華하며 百千天樂은 不鼓
소경제국 육종진동 개실우어칠보련화 백천천악 불고

自鳴이러라 是菩薩目如廣大青蓮華葉하야 正使和合百千萬月하며
자명 시보살목여광대청연화엽 정사화합백천만월

其面貌端正은 復過於此하고 身眞金色이라 無量百千功德莊嚴하며
기면모단정 부과어차 신진금색 무량백천공덕장엄

威德熾盛하사 光明照耀하며 諸相具足하대 如那羅延堅固之身이러라
위덕치성 광명조요 제상구족 여나라연견고지신

入七寶臺하사 上昇虛空할새 去地七多羅樹며 諸菩薩衆이 恭敬圍
입칠보대 상승허공 거지칠다라수 제보살중 공경위

繞하사 而來詣此娑婆世界者闍堀山할새 到已下七寶臺하야 以價値
요   이래예차사바세계기사굴산   도이하칠보대   이가치

百千瓔珞으로 持至釋迦牟尼佛所하야 頭面禮足하며 奉上瓔珞하고 而
백천영락   지지석가모니불소   두면예족   봉상영락   이

白佛言하사대
백불언

6. 묘음보살이 안부를 전하다

世尊하 淨華宿王智佛이 問訊世尊하사대 少病少惱하시며 起居輕利
세존   정화수왕지불   문신세존   소병소뇌   기거경리

하사 安樂行不잇가 四大調和不잇가 世事可忍不잇가 衆生易度不잇가
안락행부   사대조화부   세사가인부   중생이도부

無多貪欲瞋恚愚癡와 嫉妬慳慢不잇가 無不孝父母하며 不敬沙門
무다탐욕진에우치   질투간만부   무불효부모   불경사문

하며 邪見不善心不잇가 攝五情不잇가 世尊하 衆生能降伏諸魔怨不
사견불선심부   섭오정부   세존   중생능항복제마원부

잇가 久滅度多寶如來가 在七寶塔中하사 來聽法不잇가 又問訊多寶
구멸도다보여래   재칠보탑중   내청법부   우문신다보

如來하대 安隱少惱하사 堪忍久住不잇가 世尊하 我今欲見多寶佛身
여래   안은소뇌   감인구주부   세존   아금욕견다보불신

하노니 唯願世尊은 示我令見케하소서 爾時釋迦牟尼佛이 語多寶佛하사대
유원세존   시아영견   이시석가모니불   어다보불

是妙音菩薩이 欲得相見이니다 時多寶佛이 告妙音言하사대 善哉善哉
시묘음보살   욕득상견   시다보불   고묘음언   선재선재

라 汝能爲供養釋迦牟尼佛하고 及聽法華經하며 幷見文殊師利等
여능위공양석가모니불   급청법화경   병견문수사리등

하야 故來至此로다
고 래 지 차

二. 묘음보살의 교화

1. 묘음보살의 과거 선근공덕

爾時華德菩薩이 白佛言하사대 世尊하 是妙音菩薩이 種何善根하며
이 시 화 덕 보 살　백 불 언　　세 존　시 묘 음 보 살　종 하 선 근

修何功德하야 有是神力이닛고 佛告華德菩薩하사대 過去有佛하니 名
수 하 공 덕　유 시 신 력　　불 고 화 덕 보 살　　과 거 유 불　명

雲雷音王多陀阿伽度阿羅訶三藐三佛陀라 國名現一切世間이요
운 뢰 음 왕 다 타 아 가 도 아 라 하 삼 먁 삼 불 타　국 명 현 일 체 세 간

劫名喜見이러니 妙音菩薩이 於萬二千歲에 以十萬種伎樂으로 供養
겁 명 희 견　묘 음 보 살　어 만 이 천 세　이 십 만 종 기 악　공 양

雲雷音王佛하고 幷奉上八萬四千七寶鉢일새 以是因緣果報로 今
운 뢰 음 왕 불　병 봉 상 팔 만 사 천 칠 보 발　이 시 인 연 과 보　금

生淨華宿王智佛國하사 有是神力이니라 華德아 於汝意云何오 爾時
생 정 화 수 왕 지 불 국　유 시 신 력　화 덕　어 여 의 운 하　이 시

雲雷音王佛所에 妙音菩薩이 伎樂供養하고 奉上寶器者가 豈異人
운 뢰 음 왕 불 소　묘 음 보 살　기 악 공 양　봉 상 보 기 자　기 이 인

乎아 今此妙音菩薩摩訶薩是니라 華德아 是妙音菩薩이 已曾供養
호　금 차 묘 음 보 살 마 하 살 시　화 덕　시 묘 음 보 살　이 증 공 양

親近無量諸佛하사 久植德本하며 又値恒河沙等百千萬億那由他
친 근 무 량 제 불　구 식 덕 본　우 치 항 하 사 등 백 천 만 억 나 유 타

佛이니라
불

2. 묘음보살의 종종변화신

華德아 汝但見妙音菩薩의 其身在此이나 而是菩薩은 現種種身하
화 덕　여 단 견 묘 음 보 살　기 신 재 차　이 시 보 살　현 종 종 신

야 處處爲諸衆生하사 說是經典하나니라 或現梵王身하며 或現帝釋身
처 처 위 제 중 생　　설 시 경 전　　혹 현 범 왕 신　　혹 현 제 석 신

하며 或現自在天身하며 或現大自在天身하며 或現天大將軍身하며 或
혹 현 자 재 천 신　　혹 현 대 자 재 천 신　　혹 현 천 대 장 군 신　　혹

現毘沙門天王身하며 或現轉輪聖王身하며 或現諸小王身하며 或現
현 비 사 문 천 왕 신　　혹 현 전 륜 성 왕 신　　혹 현 제 소 왕 신　　혹 현

長者身하며 或現居士身하며 或現宰官身하며 或現婆羅門身하며 或
장 자 신　　혹 현 거 사 신　　혹 현 재 관 신　　혹 현 바 라 문 신　　혹

現比丘比丘尼와 優婆塞優婆夷身하며 或現長者居士婦女身하며
현 비 구 비 구 니　　우 바 새 우 바 이 신　　혹 현 장 자 거 사 부 녀 신

或現宰官婦女身하며 或現婆羅門婦女身하며 或現童男童女身하며
혹 현 재 관 부 녀 신　　혹 현 바 라 문 부 녀 신　　혹 현 동 남 동 녀 신

或現天龍夜叉와 乾闥婆阿修羅와 迦樓羅緊那羅와 摩睺羅伽人
혹 현 천 룡 야 차　　건 달 바 아 수 라　　가 루 라 긴 나 라　　마 후 라 가 인

非人等身하야 而說是經하며 諸有地獄餓鬼畜生과 及衆難處를 皆
비 인 등 신　　이 설 시 경　　제 유 지 옥 아 귀 축 생　　급 중 난 처　　개

能救濟하며 乃至於王後宮에 變爲女身하야 而說是經하나니 華德아 是
능 구 제　　내 지 어 왕 후 궁　　변 위 여 신　　이 설 시 경　　화 덕 시

妙音菩薩이 能救護娑婆世界諸衆生者니 是妙音菩薩이 如是種
묘 음 보 살　　능 구 호 사 바 세 계 제 중 생 자　　시 묘 음 보 살　　여 시 종

種變化現身하사 在此娑婆國土하야 爲諸衆生하사 說是經典하대 於
종 변 화 현 신　　재 차 사 바 국 토　　위 제 중 생　　설 시 경 전　　어

神通變化智慧에 無所損減이니 是菩薩이 以若干智慧로 明照娑婆
신 통 변 화 지 혜　　무 소 손 감　　시 보 살　　이 약 간 지 혜　　명 조 사 바

世界하사 令一切衆生으로 各得所知하며 於十方恒河沙世界中에 亦
세 계　　영 일 체 중 생　　각 득 소 지　　어 시 방 항 하 사 세 계 중　　역

復如是니라
부 여 시

3. 묘음보살의 신통과 지혜

若應以聲聞形으로 得度者는 現聲聞形하야 而爲說法하며 應以辟
약 응 이 성 문 형　　 득 도 자　 현 성 문 형　　 이 위 설 법　　 응 이 벽

支佛形得度者는 現辟支佛形하야 而爲說法하며 應以菩薩形得度
지 불 형 득 도 자　 현 벽 지 불 형　　 이 위 설 법　　 응 이 보 살 형 득 도

者는 現菩薩形하야 而爲說法하며 應以佛形으로 得度者는 卽現佛形하야
자　 현 보 살 형　　 이 위 설 법　　 응 이 불 형　 득 도 자　 즉 현 불 형

而爲說法하나니 如是種種隨所應度者하야 而爲現形하며 乃至應以
이 위 설 법　　 여 시 종 종 수 소 응 도 자　　 이 위 현 형　　 내 지 응 이

滅度로 而得度者는 示現滅度니라 華德아 妙音菩薩摩訶薩이 成就
멸 도　 이 득 도 자　 시 현 멸 도　　 화 덕　 묘 음 보 살 마 하 살　 성 취

大神通智慧之力은 其事如是니라
대 신 통 지 혜 지 력　 기 사 여 시

4. 묘음보살의 현일체색신(現一切色身)삼매

爾時華德菩薩이 白佛言하사대 世尊하 是妙音菩薩이 深種善根이니다
이 시 화 덕 보 살　 백 불 언　　 세 존　 시 묘 음 보 살　 심 종 선 근

世尊하 是菩薩住何三昧하야 而能如是在所變現하며 度脫衆生이닛고
세 존　 시 보 살 주 하 삼 매　　 이 능 여 시 재 소 변 현　　 도 탈 중 생

佛告華德菩薩하사대 善男子야 其三昧名現一切色身이니 妙音菩薩
불 고 화 덕 보 살　　 선 남 자　 기 삼 매 명 현 일 체 색 신　 묘 음 보 살

이 住是三昧中하야 能如是饒益無量衆生하나니라 說是妙音菩薩品
주 시 삼 매 중　　 능 여 시 요 익 무 량 중 생　　 설 시 묘 음 보 살 품

時에 與妙音菩薩俱來者八萬四千人이 皆得現一切色身三昧하고
시　 여 묘 음 보 살 구 래 자 팔 만 사 천 인　 개 득 현 일 체 색 신 삼 매

此娑婆世界에 無量菩薩도 亦得是三昧와 及陀羅尼하니라
차 사 바 세 계　 무 량 보 살　 역 득 시 삼 매　 급 다 라 니

三. 묘음보살이 본토로 돌아가다

爾時妙音菩薩摩訶薩이 供養釋迦牟尼佛과 及多寶佛塔已에 還
이시묘음보살마하살 공양석가모니불 급다보불탑이 환

歸本土할새 所經諸國에 六種震動하고 雨寶蓮華하며 作百千萬億種
귀본토 소경제국 육종진동 우보련화 작백천만억종

種伎樂이러라 旣到本國하야 與八萬四千菩薩圍繞하고 至淨華宿王
종기악 기도본국 여팔만사천보살위요 지정화수왕

智佛所하야 白佛言하사대 世尊하 我到娑婆世界하야 饒益衆生하며 見
지불소 백불언 세존 아도사바세계 요익중생 견

釋迦牟尼佛하고 及見多寶佛塔하야는 禮拜供養하며 又見文殊師利
석가모니불 급견다보불탑 예배공양 우견문수사리

法王子菩薩하며 及見藥王菩薩과 得勤精進力菩薩과 勇施菩薩等
법왕자보살 급견약왕보살 득근정진력보살 용시보살등

하고 亦令是八萬四千菩薩로 得現一切色身三昧니다하니라 說是妙音
역령시팔만사천보살 득현일체색신삼매 설시묘음

菩薩來往品時에 四萬二千天子는 得無生法忍하고 華德菩薩은 得
보살내왕품시 사만이천천자 득무생법인 화덕보살 득

法華三昧하니라
법화삼매

第二十五
觀世音菩薩普門品
관세음보살보문품

妙法蓮華經
第二十五　觀世音菩薩普門品

一. 관세음보살의 인연

爾時無盡意菩薩이 即從座起하사 偏袒右肩하고 合掌向佛하사 而
이 시 무 진 의 보 살 　즉 종 좌 기 　편 단 우 견 　합 장 향 불 　이

作是言하사대 世尊하 觀世音菩薩은 以何因緣으로 名觀世音이닛고 佛
작 시 언 　세 존 　관 세 음 보 살 　이 하 인 연 　명 관 세 음 　불

告無盡意菩薩하사대 善男子야 若有無量百千萬億衆生이 受諸苦
고 무 진 의 보 살 　선 남 자 　약 유 무 량 백 천 만 억 중 생 　수 제 고

惱하대 聞是觀世音菩薩하고 一心稱名하면 觀世音菩薩이 即時觀其
뇌 　문 시 관 세 음 보 살 　일 심 칭 명 　관 세 음 보 살 　즉 시 관 기

音聲하야 皆得解脫케하나니라
음 성 　개 득 해 탈

二. 칠난(七難)을 구제하다

若有持是觀世音菩薩名者는 設入大火라도 火不能燒하나니 由是
약 유 지 시 관 세 음 보 살 명 자 　설 입 대 화 　화 불 능 소 　유 시

菩薩의 威神力故며 若爲大水所漂라도 稱其名號하면 即得淺處하며
보 살 　위 신 력 고 　약 위 대 수 소 표 　칭 기 명 호 　즉 득 천 처

若有百千萬億衆生이 爲求金銀瑠璃와 硨磲瑪瑙와 珊瑚琥珀眞
약유백천만억중생 위구금은유리 자거마노 산호호박진

珠等寶하야 入於大海할새 假使黑風이 吹其船舫하야 飄墮羅刹鬼國
주등보 입어대해 가사흑풍 취기선방 표타나찰귀국

하니 其中若有乃至一人이라도 稱觀世音菩薩名者면 是諸人等이 皆
기중약유내지일인 칭관세음보살명자 시제인등 개

得解脫羅刹之難하리니 以是因緣으로 名觀世音이니라 若復有人이 臨
득해탈나찰지난 이시인연 명관세음 약부유인 임

當被害하야 稱觀世音菩薩名者면 彼所執刀杖이 尋段段壞하야 而
당피해 칭관세음보살명자 피소집도장 심단단괴 이

得解脫하며 若三千大千國土에 滿中夜叉羅刹이 欲來惱人이라도 聞
득해탈 약삼천대천국토 만중야차나찰 욕래뇌인 문

其稱觀世音菩薩名者면 是諸惡鬼가 尚不能以惡眼視之어니 況復
기칭관세음보살명자 시제악귀 상불능이악안시지 황부

加害리요 設復有人이 若有罪어나 若無罪히 杻械枷鎖가 檢繫其身이라도
가해 설부유인 약유죄 약무죄 추계가쇄 검계기신

稱觀世音菩薩名者면 皆悉斷壞하고 即得解脫하나니라 若三千大千
칭관세음보살명자 개실단괴 즉득해탈 약삼천대천

國土에 滿中怨賊하면 有一商主가 將諸商人하야 齎持重寶하고 經過
국토 만중원적 유일상주 장제상인 재지중보 경과

險路할새 其中一人이 作是唱言하대 諸善男子야 勿得恐怖하고 汝等
험로 기중일인 작시창언 제선남자 물득공포 여등

應當一心으로 稱觀世音菩薩名號하면 是菩薩能以無畏로 施於衆
응당일심 칭관세음보살명호 시보살능이무외 시어중

生하리니 汝等若稱名者면 於此怨賊에 當得解脫이라하니 衆商人聞하고
생 여등약칭명자 어차원적 당득해탈 중상인문

俱發聲言하대 南無觀世音菩薩하면 稱其名故로 即得解脫하나니라 無
구발성언 나무관세음보살 칭기명고 즉득해탈 무

盡意야 觀世音菩薩摩訶薩의 威神之力이 巍巍如是니라
진의 관세음보살마하살 위신지력 외외여시

三. 삼독(三毒)을 구제하다

若有衆生이 多於婬慾이라도 常念恭敬觀世音菩薩하면 便得離慾
약유중생 다어음욕   상념공경관세음보살   변득이욕

하며 若多瞋恚라도 常念恭敬觀世音菩薩하면 便得離瞋하며 若多愚
   약다진에   상념공경관세음보살   변득이진   약다우

癡라도 常念恭敬觀世音菩薩하면 便得離癡하나니 無盡意야 觀世音
치   상념공경관세음보살   변득이치   무진의   관세음

菩薩이 有如是等大威神力하사 多所饒益일새 是故衆生이 常應心
보살   유여시등대위신력   다소요익   시고중생   상응심

念하나니라
념

四. 자녀를 얻다

若有女人이 設欲求男하야 禮拜供養觀世音菩薩하면 便生福德智
약유여인   설욕구남   예배공양관세음보살   변생복덕지

慧之男하고 設欲求女하면 便生端正有相之女하야 宿植德本이라 衆
혜지남   설욕구녀   변생단정유상지녀   숙식덕본   중

人愛敬하리니 無盡意야 觀世音菩薩이 有如是力하나라 若有衆生이 恭
인애경   무진의   관세음보살   유여시력   약유중생   공

敬禮拜觀世音菩薩하면 福不唐捐하나니
경예배관세음보살   복부당연

五. 관세음보살의 명호 공덕

是故衆生이 皆應受持觀世音菩薩名號니라 無盡意야 若有人이
시고중생　개응수지관세음보살명호　　무진의　약유인

受持六十二億恒河沙菩薩名字하고 復盡形토록 供養飮食衣服과
수지육십이억항하사보살명자　　부진형　공양음식의복

臥具醫藥하면 於汝意云何오 是善男子善女人의 功德多不아 無盡
와구의약　어여의운하　시선남자선여인　공덕다부　무진

意言하사대 甚多世尊하 佛言若復有人이 受持觀世音菩薩名號하야
의언　　심다세존　불언약부유인　수지관세음보살명호

乃至一時라도 禮拜供養하면 是二人福이 正等無異하야 於百千萬億
내지일시　예배공양　시이인복　정등무이　어백천만억

劫에 不可窮盡이니라 無盡意야 受持觀世音菩薩名號하면 得如是無
겁　불가궁진　　무진의　수지관세음보살명호　　득여시무

量無邊福德之利하리라
량무변복덕지리

六. 관세음보살의 종종변화신

無盡意菩薩이 白佛言하사대 世尊하 觀世音菩薩이 云何遊此娑婆
무진의보살　백불언　　세존　관세음보살　운하유차사바

世界하며 云何而爲衆生說法이며 方便之力은 其事云何닛고 佛告無
세계　　운하이위중생설법　　방편지력　기사운하　　불고무

盡意菩薩하사대 善男子야 若有國土衆生이 應以佛身得度者는 觀
진의보살　　선남자　약유국토중생　응이불신득도자　관

世音菩薩이 即現佛身하야 而爲說法하며 應以辟支佛身得度者는 即
세음보살　즉현불신　　이위설법　　응이벽지불신득도자　즉

現辟支佛身하야 而爲說法하며 應以聲聞身得度者는 即現聲聞身하야
현벽지불신　이위설법　응이성문신득도자　즉현성문신

而爲說法하며 應以梵王身得度者는 即現梵王身하야 而爲說法하며
이위설법　응이범왕신득도자　즉현범왕신　이위설법

應以帝釋身得度者는 即現帝釋身하야 而爲說法하며 應以自在天
응이제석신득도자　즉현제석신　이위설법　응이자재천

身得度者는 即現自在天身하야 而爲說法하며 應以大自在天身得
신득도자　즉현자재천신　이위설법　응이대자재천신득

度者는 即現大自在天身하야 而爲說法하며 應以天大將軍身得度
도자　즉현대자재천신　이위설법　응이천대장군신득도

者는 即現天大將軍身하야 而爲說法하며 應以毘沙門身得度者는 即
자　즉현천대장군신　이위설법　응이비사문신득도자　즉

現毘沙門身하야 而爲說法하며 應以小王身得度者는 即現小王身하야
현비사문신　이위설법　응이소왕신득도자　즉현소왕신

而爲說法하며 應以長者身得度者는 即現長者身하야 而爲說法하며
이위설법　응이장자신득도자　즉현장자신　이위설법

應以居士身得度者는 即現居士身하야 而爲說法하며 應以宰官身
응이거사신득도자　즉현거사신　이위설법　응이재관신

得度者는 即現宰官身하야 而爲說法하며 應以婆羅門身得度者는 即
득도자　즉현재관신　이위설법　응이바라문신득도자　즉

現婆羅門身하야 而爲說法하며 應以比丘比丘尼와 優婆塞優婆夷
현바라문신　이위설법　응이비구비구니　우바새우바이

身得度者는 即現比丘比丘尼와 優婆塞優婆夷身하야 而爲說法하며
신득도자　즉현비구비구니　우바새우바이신　이위설법

應以長者居士宰官婆羅門婦女身得度者는 即現婦女身하야 而爲
응이장자거사재관바라문부녀신득도자　즉현부녀신　이위

說法하며 應以童男童女身得度者는 即現童男童女身하야 而爲說
설법　응이동남동녀신득도자　즉현동남동녀신　이위설

法하며 應以天龍夜叉와 乾闥婆阿修羅와 迦樓羅緊那羅와 摩睺羅
법　응이천룡야차　건달바아수라　가루라긴나라　마후라

伽人非人等身得度者는 即皆現之하야 而爲說法하며 應以執金剛
가 인 비 인 등 신 득 도 자　즉 개 현 지　　이 위 설 법　　응 이 집 금 강

身得度者는 即現執金剛身하야 而爲說法하나니라 無盡意야 是觀世音
신 득 도 자　즉 현 집 금 강 신　　이 위 설 법　　　무 진 의　시 관 세 음

菩薩이 成就如是功德하야 以種種形으로 遊諸國土하사 度脫衆生하나니라
보 살　성 취 여 시 공 덕　　이 종 종 형　　유 제 국 토　　도 탈 중 생

七. 관세음보살에게 공양하다

是故汝等은 應當一心으로 供養觀世音菩薩이니 是觀世音菩薩摩
시 고 여 등　응 당 일 심　　공 양 관 세 음 보 살　시 관 세 음 보 살 마

訶薩이 於怖畏急難之中에 能施無畏라 是故此娑婆世界가 皆號
하 살　어 포 외 급 난 지 중　능 시 무 외　시 고 차 사 바 세 계　　개 호

之爲施無畏者라하나니라 無盡意菩薩이 白佛言하사대 世尊하 我今當供
지 위 시 무 외 자　　　무 진 의 보 살　백 불 언　　세 존　아 금 당 공

養觀世音菩薩호리다하고 即解頸衆寶珠瓔珞하니 價値百千兩金이라
양 관 세 음 보 살　　　즉 해 경 중 보 주 영 락　　가 치 백 천 냥 금

而以與之하고 作是言하대 仁者受此法施珍寶瓔珞하소서 時觀世音
이 이 여 지　작 시 언　인 자 수 차 법 시 진 보 영 락　　시 관 세 음

菩薩이 不肯受之어늘 無盡意가 復白觀世音菩薩言하사대 仁者愍我
보 살　불 긍 수 지　무 진 의　부 백 관 세 음 보 살 언　　인 자 민 아

等故로 受此瓔珞하소서 爾時佛告觀世音菩薩하사대 當愍此無盡意
등 고　수 차 영 락　　이 시 불 고 관 세 음 보 살　　당 민 차 무 진 의

菩薩과 及四衆天龍夜叉와 乾闥婆阿修羅와 迦樓羅緊那羅와 摩睺
보 살　급 사 중 천 룡 야 차　건 달 바 아 수 라　가 루 라 긴 나 라　마 후

羅伽人非人等故로 受是瓔珞이니라 即時觀世音菩薩이 愍諸四衆과
라 가 인 비 인 등 고　수 시 영 락　　즉 시 관 세 음 보 살　민 제 사 중

及於天龍人非人等하사 受其瓔珞하야 分作二分하대 一分奉釋迦牟
급 어 천 룡 인 비 인 등   수 기 영 락   분 작 이 분   일 분 봉 석 가 모

尼佛하고 一分奉多寶佛塔하니라 無盡意야 觀世音菩薩이 有如是自
니 불   일 분 봉 다 보 불 탑   무 진 의 관 세 음 보 살 유 여 시 자

在神力하사 遊於娑婆世界하나니라
재 신 력   유 어 사 바 세 계

八. 게송을 설하다

爾時無盡意菩薩이 以偈問曰
이 시 무 진 의 보 살 이 게 문 왈

世尊妙相具시여 我今重問彼하노니 佛子何因緣으로 名爲觀世音이잇고
세 존 묘 상 구   아 금 중 문 피   불 자 하 인 연   명 위 관 세 음

具足妙相尊이 偈答無盡意하사대 汝聽觀音行의 善應諸方所하라
구 족 묘 상 존   게 답 무 진 의   여 청 관 음 행   선 응 제 방 소

弘誓深如海하야 歷劫不思議라 侍多千億佛하야 發大淸淨願일새
홍 서 심 여 해   역 겁 부 사 의   시 다 천 억 불   발 대 청 정 원

我爲汝略說하노니 聞名及見身하고 心念不空過하니 能滅諸有苦로다
아 위 여 약 설   문 명 급 견 신   심 념 불 공 과   능 멸 제 유 고

假使興害意하야 推落大火坑이라도 念彼觀音力으로 火坑變成池하며
가 사 흥 해 의   추 락 대 화 갱   염 피 관 음 력   화 갱 변 성 지

或漂流巨海하야 龍魚諸鬼難이라도 念彼觀音力으로 波浪不能沒하며
혹 표 류 거 해   용 어 제 귀 난   염 피 관 음 력   파 랑 불 능 몰

或在須彌峰하야 爲人所推墮라도 念彼觀音力으로 如日虛空住하며
혹 재 수 미 봉   위 인 소 추 타   염 피 관 음 력   여 일 허 공 주

或被惡人逐하야 墮落金剛山이라도 念彼觀音力으로 不能損一毛하며
혹 피 악 인 축   타 락 금 강 산   염 피 관 음 력   불 능 손 일 모

或値怨賊繞하야 各執刀加害라도 念彼觀音力으로 咸即起慈心하며
혹 치 원 적 요 　 각 집 도 가 해 　 염 피 관 음 력 　 함 즉 기 자 심

或遭王難苦하야 臨刑欲壽終이라도 念彼觀音力으로 刀尋段段壞하며
혹 조 왕 난 고 　 임 형 욕 수 종 　 염 피 관 음 력 　 도 심 단 단 괴

或囚禁枷鎖하야 手足被杻械라도 念彼觀音力으로 釋然得解脫하며
혹 수 금 가 쇄 　 수 족 피 추 계 　 염 피 관 음 력 　 석 연 득 해 탈

呪詛諸毒藥으로 所欲害身者라도 念彼觀音力으로 還着於本人하며
주 저 제 독 약 　 소 욕 해 신 자 　 염 피 관 음 력 　 환 착 어 본 인

或遇惡羅刹과 毒龍諸鬼等이라도 念彼觀音力으로 時悉不敢害하며
혹 우 악 나 찰 　 독 룡 제 귀 등 　 염 피 관 음 력 　 시 실 불 감 해

若惡獸圍繞하야 利牙爪可怖라도 念彼觀音力으로 疾走無邊方하며
약 악 수 위 요 　 이 아 조 가 포 　 염 피 관 음 력 　 질 주 무 변 방

蚖蛇及蝮蠍이 氣毒煙火燃이라도 念彼觀音力으로 尋聲自回去하며
원 사 급 복 갈 　 기 독 연 화 연 　 염 피 관 음 력 　 심 성 자 회 거

雲雷鼓掣電하고 降雹澍大雨라도 念彼觀音力으로 應時得消散하며
운 뢰 고 철 전 　 강 박 주 대 우 　 염 피 관 음 력 　 응 시 득 소 산

衆生被困厄하야 無量苦逼身이라도 觀音妙智力이 能救世間苦니라
중 생 피 곤 액 　 무 량 고 핍 신 　 관 음 묘 지 력 　 능 구 세 간 고

具足神通力하고 廣修智方便하야 十方諸國土에 無刹不現身하라
구 족 신 통 력 　 광 수 지 방 편 　 시 방 제 국 토 　 무 찰 불 현 신

種種諸惡趣와 地獄鬼畜生의 生老病死苦를 以漸悉令滅하라
종 종 제 악 취 　 지 옥 귀 축 생 　 생 로 병 사 고 　 이 점 실 영 멸

眞觀淸淨觀하며 廣大智慧觀하며 悲觀及慈觀하니 常願常瞻仰이라
진 관 청 정 관 　 광 대 지 혜 관 　 비 관 급 자 관 　 상 원 상 첨 앙

無垢淸淨光이며 慧日破諸闇이라 能伏災風火하고 普明照世間이라
무 구 청 정 광 　 혜 일 파 제 암 　 능 복 재 풍 화 　 보 명 조 세 간

悲體戒雷震과 慈意妙大雲으로 澍甘露法雨하야 滅除煩惱燄하라
비 체 계 뢰 진 　 자 의 묘 대 운 　 주 감 로 법 우 　 멸 제 번 뇌 염

諍訟經官處와 怖畏軍陣中이라도 念彼觀音力하면 衆怨悉退散하라
쟁 송 경 관 처 　 포 외 군 진 중 　 염 피 관 음 력 　 중 원 실 퇴 산

妙音觀世音과 梵音海潮音이 勝彼世間音이니 是故須常念하대
묘음관세음　범음해조음　승피세간음　시고수상념

念念勿生疑니라 觀世音淨聖이 於苦惱死厄에 能爲作依怙라
염념물생의　관세음정성　어고뇌사액　능위작의호

具一切功德하사 慈眼視衆生하며 福聚海無量일새 是故應頂禮니라
구일체공덕　자안시중생　복취해무량　시고응정례

九. 보문품의 공덕

爾時持地菩薩이 即從座起하야 前白佛言하사대 世尊하 若有衆生이
이시지지보살　즉종좌기　전백불언　　세존　약유중생

聞是觀世音菩薩品自在之業과 普門示現神通力者는 當知是人은
문시관세음보살품자재지업　보문시현신통력자　당지시인

功德不少니다 佛說是普門品時에 衆中八萬四千衆生이 皆發無等
공덕불소　불설시보문품시　중중팔만사천중생　개발무등

等阿耨多羅三藐三菩提心하니라
등아뇩다라삼먁삼보리심

第二十六
陀羅尼品
다라니품

妙法蓮華經
第二十六 陀羅尼品

一. 법화경을 수지(受持)한 공덕

爾時藥王菩薩이 即從座起하야 偏袒右肩하고 合掌向佛하사 而白
이 시 약 왕 보 살　즉 종 좌 기　　편 단 우 견　　합 장 향 불　　이 백

佛言하사대 世尊하 若善男子善女人이 有能受持法華經者하야 若讀
불 언　　세 존　약 선 남 자 선 여 인　유 능 수 지 법 화 경 자　　약 독

誦通利커나 若書寫經卷하면 得幾所福이닛고
송 통 리　　약 서 사 경 권　　득 기 소 복

佛告藥王하사대 若有善男子善女人이 供養八百萬億那由他恒
불 고 약 왕　　　약 유 선 남 자 선 여 인　공 양 팔 백 만 억 나 유 타 항

河沙等諸佛하면 於汝意云何오 其所得福이 寧爲多不아 甚多世尊
하 사 등 제 불　　어 여 의 운 하　기 소 득 복이　영 위 다 부　심 다 세 존

하 佛言하사대 若善男子善女人이 能於是經에 乃至受持一四句偈
하　불 언　　　약 선 남 자 선 여 인　능 어 시 경　　내 지 수 지 일 사 구 게

하야 讀誦解義하고 如說修行하면 功德甚多니라
하야　독 송 해 의　　여 설 수 행　　공 덕 심 다

二. 약왕보살의 주문(呪文)

爾時藥王菩薩이 白佛言하사대 世尊하 我今當與說法者의 陀羅
이시약왕보살　백불언　　세존　아금당여설법자　다라

尼呪하야 以守護之호리다 即說呪曰
니주　이수호지　즉설주왈

安爾一 曼爾二 摩禰三 摩摩禰四 旨隷五 遮梨第六 賖咩七 賖履多
안니　만니　마네　마마네　지례　자리제　샤마　샤리다

瑋八 羶帝九 目帝十 目多履十一 娑履十二 阿瑋娑履十三 桑履十四 娑履十五
위　선데　목데　목다리　사리　아위사리　상리　사리

叉裔十六 阿叉裔十七 阿耆膩十八 羶帝十九 賖履二十 陀羅尼二十一 阿盧伽
사예　아사예　아기니　선데　사리　다라니　아로가

婆娑簸蔗毘叉膩二十二 禰毘梯二十三 阿便哆邏禰履剃二十四 阿亶哆
바사파자비사니　네비데　아번다라네리데　아단다

波隷輸地二十五 歐究隷二十六 牟究隷二十七 阿羅隷二十八 波羅隷二十九
바례수디　구구례　모구례　아라례　바라례

首迦差三十 阿三磨三履三十一 佛陀毘吉利袠帝三十二 達磨波利差帝
수가차　아삼마삼리　붓다비기리질데　달마바리차데

三十三 僧伽涅瞿沙禰三十四 婆舍婆舍輸地三十五 曼哆邏三十六 曼哆邏叉
싱가녈구사네　바사바사수지　만다라　만다라사

夜多三十七 郵樓哆三十八 郵樓哆憍舍略三十九 惡叉邏四十 惡叉冶多冶
야다　우루다　우루다교사략　악사라　악사야다야

四十一 阿婆盧四十二 阿摩若那多夜四十三
아바로　아마야나다야

世尊하 是陀羅尼神呪는 六十二億恒河沙等諸佛所說이라 若有
세존　시다라니신주　육십이억항하사등제불소설　약유

侵毀此法師者면 則爲侵毀是諸佛已니다 時釋迦牟尼佛이 讚藥王
침훼차법사자　즉위침훼시제불이　시석가모니불　찬약왕

菩薩言하사대 善哉善哉라 藥王아 汝愍念擁護此法師故로 說是陀
보살언　　　선재선재　약왕　여민념옹호차법사고　설시다

羅尼하야 於諸衆生에 多所饒益이로다
라니　어제중생　다소요익

三. 용시보살의 주문(呪文)

爾時勇施菩薩이 白佛言하사대 世尊하 我亦爲擁護讀誦受持法華
이시용시보살　백불언　세존　아역위옹호독송수지법화

經者하야 說陀羅尼호리니 若此法師가 得是陀羅尼하면 若夜叉若羅
경자　설다라니　약차법사　득시다라니　약야차약나

刹과 若富單那若吉蔗와 若鳩槃茶若餓鬼等이 伺求其短이라도 無
찰　약부단나약길자　약구반다약아귀등　사구기단　무

能得便하리라 即於佛前에 而說呪曰
능득편　즉어불전　이설주왈

痤隷一 摩訶座隷二 郁枳三 目枳四 阿隷五 阿羅婆第六 涅隷第七 涅
자례　마하자례　욱기　목기　아례　아라바제　널례제　널

隷多婆第八 伊緻柅九 韋緻柅十 旨緻柅十一 涅隷墀柅十二 涅犁墀
례다바제　이디니　위디니　지디니　널례지니　널리지

婆底十三
바디

世尊하 是陀羅尼神呪는 恒河沙等諸佛所說이며 亦皆隨喜니 若
세존　시다라니신주　항하사등제불소설　역개수희　약

有侵毁此法師者면 則爲侵毁是諸佛已니다
유침훼차법사자　즉위침훼시제불이

四. 비사문천왕의 주문(呪文)

爾時毘沙門天王護世者가 白佛言하사대 世尊하 我亦爲愍念衆生
이시비사문천왕호세자 백불언 세존 아역위민념중생

하야 擁護此法師故로 說是陀羅尼호리다 即說呪曰
옹호차법사고 설시다라니 즉설주왈

阿梨₋ 那梨₌ 㝹那梨₃ 阿那盧₄ 那履₅ 拘那履₆
아 리 나 리 노 나 리 아 나 로 나 리 구 나 리

世尊하 以是神呪로 擁護法師하고 我亦自當擁護持是經者하야 令
세존 이시신주 옹호법사 아역자당옹호지시경자 영

百由旬內에 無諸衰患케호리다
백유순내 무제쇠환

五. 지국천왕의 주문(呪文)

爾時持國天王이 在此會中하야 與千萬億那由他乾闥婆衆으로 恭
이시지국천왕 재차회중 여천만억나유타건달바중 공

敬圍繞하고 前詣佛所하야 合掌白佛言하사대 世尊하 我亦以陀羅尼
경위요 전예불소 합장백불언 세존 아역이다라니

神呪로 擁護持法華經者호리다 即說呪曰
신주 옹호지법화경자 즉설주왈

阿伽禰₋ 伽禰₌ 瞿利₃ 乾陀利₄ 旃陀利₅ 摩蹬耆₆ 常求利₇ 浮
아 가 네 가 네 구 리 건 다 리 전 다 리 마 등 기 상 구 리 부

樓莎柅₈ 頞底₉
루 사 니 알 디

世尊하 是陀羅尼神呪는 四十二億諸佛所說이라 若有侵毀此法
세존 시다라니신주 사십이억제불소설 약유침훼차법

師者면 則爲侵毁是諸佛已니다
사자 즉위침훼시제불이

六. 나찰녀의 주문(呪文)

爾時有羅刹女等하니 一名藍婆요 二名毗藍婆요 三名曲齒요 四
이시유나찰녀등 일명남바 이명비남바 삼명곡치 사

名華齒요 五名黑齒요 六名多髮이요 七名無厭足이요 八名持瓔絡
명화치 오명흑치 육명다발 칠명무염족 팔명지영락

이요 九名皐帝요 十名奪一切衆生精氣라 是十羅刹女가 與鬼子母
구명고제 십명탈일체중생정기 시십나찰녀 여귀자모

와 幷其子及眷屬으로 俱詣佛所하야 同聲白佛言하사대 世尊하 我等亦
병기자급권속 구예불소 동성백불언 세존 아등역

欲擁護讀誦受持法華經者하야 除其衰患하리니 若有伺求法師短
욕옹호독송수지법화경자 제기쇠환 약유사구법사단

者면 令不得便케호리다하고 即於佛前에 而說呪曰
자 영부득편 즉어불전 이설주왈

伊提履一 伊提泯二 伊提履三 阿提履四 伊提履五 泥履六 泥履七 泥
이제리 이제민 이제리 아제리 이제리 니리 니리 니

履八 泥履九 泥履十 樓醯十一 樓醯十二 樓醯十三 樓醯十四 多醯十五 多醯
리 니리 니리 루혜 루혜 루혜 루혜 다혜 다혜

十六 多醯十七 兜醯十八 㝹醯十九
다혜 도혜 로혜

寧上我頭上이언정 莫惱於法師니 若夜叉와 若羅刹과 若餓鬼와 若
영상아두상 막뇌어법사 약야차 약나찰 약아귀 약

富單那와 若吉蔗와 若毗陀羅와 若犍馱와 若烏摩勒伽와 若阿跋摩
부단나 약길자 약비타라 약건타 약오마륵가 약아발마

羅와 若夜叉吉蔗와 若人吉蔗와 若熱病인 若一日과 若二日과 若三
라 약야차길자 약인길자 약열병 약일일 약이일 약삼

日若四日乃至七日과 若常熱病의 若男形若女形과 若童男形과 若
일약사일내지칠일 약상열병 약남형약여형 약동남형 약

童女形이 乃至夢中에도 亦復莫惱리다 即於佛前에 而說偈言하사대
동녀형 내지몽중 역부막뇌 즉어불전 이설게언

若不順我呪하고 惱亂說法者면 頭破作七分을 如阿梨樹枝하며
약불순아주 뇌란설법자 두파작칠분 여아리수지

如殺父母罪하고 亦如壓油殃과 斗秤欺誑人과 調達破僧罪호리니
여살부모죄 역여압유앙 두칭기광인 조달파승죄

犯此法師者는 當獲如是殃이니다
범차법사자 당획여시앙

諸羅刹女가 說此偈已하고 白佛言하사대 世尊하 我等亦當身自擁
제나찰녀 설차게이 백불언 세존 아등역당신자옹

護受持讀誦修行是經者하야 令得安隱하며 離諸衰患하고 消衆毒藥
호수지독송수행시경자 영득안은 이제쇠환 소중독약

호리이다 佛告諸羅刹女하사대 善哉善哉라 汝等이 但能擁護受持法華
불고제나찰녀 선재선재 여등 단능옹호수지법화

名者라도 福不可量이온데 何況擁護具足受持하고 供養經卷하대 華香瓔
명자 복불가량 하황옹호구족수지 공양경권 화향영

珞과 抹香塗香燒香과 幡蓋伎樂이며 燃種種燈하대 酥燈油燈과 諸香
락 말향도향소향 번개기악 연종종등 소등유등 제향

油燈과 蘇摩那華油燈과 蒼蔔華油燈과 婆師迦華油燈과 優鉢羅
유등 소마나화유등 담복화유등 바사가화유등 우발라

華油燈의 如是等百千種으로 供養者이리요 皐帝야 汝等及眷屬이 應當擁
화유등 여시등백천종 공양자 고제 여등급권속 응당옹

護如是法師니라 說是陀羅尼品時에 六萬八千人이 得無生法忍하니라
호여시법사 설시다라니품시 육만팔천인 득무생법인

第二十七

妙莊嚴王本事品

묘장엄왕본사품

妙法蓮華經

第二十七　妙莊嚴王本事品

一. 운뢰음수왕화지여래

爾時佛告諸大衆하사대 乃往古世에 過無量無邊不可思議阿僧
이 시 불 고 제 대 중　　　　내 왕 고 세　과 무 량 무 변 불 가 사 의 아 승

祇劫하야 有佛하니 名雲雷音宿王華智多陀阿伽度阿羅訶三藐三
지 겁　　유 불　　명 운 뢰 음 수 왕 화 지 다 타 아 가 도 아 라 하 삼 막 삼

佛陀며 國名光明莊嚴이요 劫名喜見이라
불 타　국 명 광 명 장 엄　　겁 명 희 견

二. 묘장엄왕과 두 아들

1. 두 아들의 수행

彼佛法中에 有王하니 名妙莊嚴이요 其王夫人名曰淨德이며 有二
피 불 법 중　유 왕　　명 묘 장 엄　　기 왕 부 인 명 왈 정 덕　　유 이

子하니 一名淨藏이요 二名淨眼이라 是二子가 有大神力과 福德智慧
자　　일 명 정 장　　이 명 정 안　　시 이 자　유 대 신 력　복 덕 지 혜

하며 久修菩薩所行之道하니 所謂檀波羅密이며 尸羅波羅密이며 羼
구 수 보 살 소 행 지 도　　소 위 단 바 라 밀　　시 라 바 라 밀　　찬

提波羅密_{이며} 毘梨耶波羅密_{이며} 禪波羅密_{이며} 般若波羅密_{이며} 方
제바라밀   비리야바라밀   선바라밀   반야바라밀   방

便波羅密_{이며} 慈悲喜捨_로 乃至三十七品助道法_을 皆悉明了通達
편바라밀   자비희사   내지삼십칠품조도법   개실명료통달

_{이러라} 又得菩薩_의 淨三昧_와 日星宿三昧_와 淨光三昧_와 淨色三昧_와
          우득보살   정삼매   일성수삼매   정광삼매   정색삼매

淨照明三昧_와 長莊嚴三昧_와 大威德藏三昧_{하야} 於此三昧_에 亦悉
정조명삼매   장장엄삼매   대위덕장삼매   어차삼매   역실

通達_{하니라}
통 달

2. 두 아들의 교화방편

爾時彼佛_이 欲引導妙莊嚴王_{하며} 及愍念衆生故_로 說是法華經
이 시 피 불   욕 인 도 묘 장 엄 왕   급 민 념 중 생 고   설 시 법 화 경

_{하니라} 時淨藏淨眼二子_가 到其母所_{하야} 合十指爪掌_{하고} 白言_{하대} 願
          시 정 장 정 안 이 자   도 기 모 소   합 십 지 조 장   백 언   원

母往詣雲雷音宿王華智佛所_{하소서} 我等亦當侍從親近_{하야} 供養
모 왕 예 운 뢰 음 수 왕 화 지 불 소   아 등 역 당 시 종 친 근   공 양

禮拜_{호리니} 所以者何_오 此佛於一切天人衆中_에 說法華經_{하리니} 宜
예 배   소 이 자 하   차 불 어 일 체 천 인 중 중   설 법 화 경   의

應聽受_{니다} 母告子言_{하대} 汝父信受外道_{하야} 深着婆羅門法_{하시니} 汝
응 청 수   모 고 자 언   여 부 신 수 외 도   심 착 바 라 문 법   여

等應往白父_{하야} 與共俱去_{케하라} 淨藏淨眼_이 合十指爪掌_{하고} 白母_{하대}
등 응 왕 백 부   여 공 구 거   정 장 정 안   합 십 지 조 장   백 모

我等是法王子_로 而生此邪見家_{로다} 母告子言_{하대} 汝等當憂念汝
아 등 시 법 왕 자   이 생 차 사 견 가   모 고 자 언   여 등 당 우 념 여

父_{하야} 爲現神變_{이니} 若得見者_면 心必淸淨_{하야} 或聽我等_{하야} 往至佛
부   위 현 신 변   약 득 견 자   심 필 청 정   혹 청 아 등   왕 지 불

所리라 於是二子가 念其父故로 踊在虛空하대 高七多羅樹라 現種種
소   어시이자   염기부고   용재허공   고칠다라수   현종종

神變할새 於虛空中에 行住坐臥하대 身上出水하고 身下出火하며 身下
신변   어허공중   행주좌와   신상출수   신하출화   신하

出水하고 身上出火하며 或現大身하대 滿虛空中타가 而復現小하고 小
출수   신상출화   혹현대신   만허공중   이부현소   소

復現大하며 於空中滅하야 忽然在地하며 立地如水하고 履水如地하야
부현대   어공중멸   홀연재지   입지여수   이수여지

現如是等種種神變하사 令其父王으로 心淨信解러라
현여시등종종신변   영기부왕   심정신해

3. 묘장엄왕의 환희귀의

時父見子神力如是하고 心大歡喜하야 得未曾有하며 合掌向子言
시부견자신력여시   심대환희   득미증유   합장향자언

하대 汝等師爲是誰며 誰之弟子인가 二子白言하대 大王이시여 彼雲雷
여등사위시수   수지제자   이자백언   대왕   피운뢰

音宿王華智佛이 今在七寶菩提樹下法座上坐하사 於一切世間天
음수왕화지불   금재칠보보리수하법좌상좌   어일체세간천

人衆中에 廣說法華經이시니 是我等師요 我是弟子니다 父語子言하대
인중중   광설법화경   시아등사   아시제자   부어자언

我今亦欲見汝等師로니 可共俱往이니라
아금역욕견여등사   가공구왕

4. 두 아들이 출가하다

於是二子가 從空中下하사 到其母所하야 合掌白母하대 父王今已
어시이자   종공중하   도기모소   합장백모   부왕금이

信解하야 堪任發阿耨多羅三藐三菩提心이니다 我等爲父하야 己作
신 해　　감 임 발 아 녹 다 라 삼 먁 삼 보 리 심　　아 등 위 부　　이 작

佛事로니 願母見聽하사 於彼佛所에 出家修道케하소서 爾時二子가 欲
불 사　　원 모 견 청　　어 피 불 소　　출 가 수 도　　　　이 시 이 자　욕

重宣其意하사 以偈白母하나라
중 선 기 의　　이 게 백 모

願母放我等하사 出家作沙門하소서 諸佛甚難値라 我等隨佛學하나이다
원 모 방 아 등　　출 가 작 사 문　　제 불 심 난 치　아 등 수 불 학

如優曇鉢華하야 値佛復難是며 脫諸難亦難이라 願聽我出家하소서
여 우 담 발 화　　치 불 부 난 시　　탈 제 란 역 난　　원 청 아 출 가

母即告言하사대 聽汝出家하노니 所以者何오　佛難値故니라
모 즉 고 언　　청 여 출 가　　소 이 자 하　　불 난 치 고

5. 맹구우목(盲龜遇木)

於是二子白父母言하사대 善哉父母여 願時往詣雲雷音宿王華
어 시 이 자 백 부 모 언　　선 재 부 모　　원 시 왕 예 운 뢰 음 수 왕 화

智佛所하야 親近供養이니 所以者何오 佛難得値는 如優曇鉢羅華
지 불 소　　친 근 공 양　　소 이 자 하　불 난 득 치　여 우 담 발 라 화

하며 又如一眼之龜가 値浮木孔이라 而我等宿福深厚로 生値佛法이니
우 여 일 안 지 구　치 부 목 공　　이 아 등 숙 복 심 후　생 치 불 법

是故父母는 當聽我等하사 令得出家니다 所以者何오 諸佛難値며 時
시 고 부 모　당 청 아 등　　영 득 출 가　　소 이 자 하　제 불 난 치　시

亦難遇니다
역 난 우

彼時妙莊嚴王後宮에 八萬四千人이 皆悉堪任受持是法華經
피 시 묘 장 엄 왕 후 궁　　팔 만 사 천 인　개 실 감 임 수 지 시 법 화 경

하고 淨眼菩薩은 於法華三昧에 久己通達하며 淨藏菩薩은 己於無量
정 안 보 살　어 법 화 삼 매　　구 이 통 달　　정 장 보 살　이 어 무 량

百千萬億劫에 通達離諸惡趣三昧하야 欲令一切衆生으로 離諸惡
백천만억겁 통달이제악취삼매 욕령일체중생 이제악

趣故며 其王夫人은 得諸佛集三昧하야 能知諸佛秘密之藏이러라 二
취고 기왕부인 득제불집삼매 능지제불비밀지장 이

子如是以方便力으로 善化其父하야 令心信解하고 好樂佛法케하니라
자여시이방편력 선화기부 영심신해 호락불법

6. 부처님께 나아가 설법을 듣다

於是妙莊嚴王은 與群臣眷屬俱하고 淨德夫人은 與後宮采女眷
어시묘장엄왕 여군신권속구 정덕부인 여후궁채녀권

屬俱하며 其王二子는 與四萬二千人俱하야 一時共詣佛所하야 到已
속구 기왕이자 여사만이천인구 일시공예불소 도이

頭面禮足하며 繞佛三帀하고 却住一面이러니 爾時彼佛이 爲王說法하사
두면예족 요불삼잡 각주일면 이시피불 위왕설법

示敎利喜하시니 王大歡悅이러라 爾時妙莊嚴王과 及其夫人이 解頸
시교리희 왕대환열 이시묘장엄왕 급기부인 해경

眞珠瓔珞하사 價値百千으로 以散佛上하시니 於虛空中에 化成四柱
진주영락 가치백천 이산불상 어허공중 화성사주

寶臺하고 臺中有大寶牀하야 敷百千萬天衣하며 其上有佛이 結跏趺
보대 대중유대보상 부백천만천의 기상유불 결가부

坐하사 放大光明이러라 爾時妙莊嚴王이 作是念하대 佛身希有하야 端
좌 방대광명 이시묘장엄왕 작시념 불신희유 단

嚴殊特하며 成就第一微妙之色이로다
엄수특 성취제일미묘지색

7. 묘장엄왕이 수기를 받다

時雲雷音宿王華智佛이 告四衆言하사대 汝等見是妙莊嚴王이 於
시운뢰음수왕화지불 고사중언 여등견시묘장엄왕 어

我前合掌立不야 此王於我法中에 作比丘하야 精勤修習하고 助佛
아전합장립부 차왕어아법중 작비구 정근수습 조불

道法이라가 當得作佛하리니 號娑羅樹王이라 國名大光이요 劫名大高
도법 당득작불 호사라수왕 국명대광 겁명대고

王이며 其娑羅樹王佛이 有無量菩薩衆과 及無量聲聞하며 其國平
왕 기사라수왕불 유무량보살중 급무량성문 기국평

正하리니 功德如是니라
정 공덕여시

8. 묘장엄왕이 출가하다

其王即時에 以國付弟하고 與夫人二子와 幷諸眷屬으로 於佛法中
기왕즉시 이국부제 여부인이자 병제권속 어불법중

에 出家修道하며 王出家已에 於八萬四千歲를 常勤精進하야 修行妙
출가수도 왕출가이 어팔만사천세 상근정진 수행묘

法華經하고 過是已後에 得一切淨功德莊嚴三昧하니라
법화경 과시이후 득일체정공덕장엄삼매

9. 아들은 아버지의 선지식

即昇虛空高七多羅樹하야 而白佛言하사대 世尊하 此我二子가 已
즉승허공고칠다라수 이백불언 세존 차아이자 이

作佛事하사 以神通變化로 轉我邪心하야 令得安住於佛法中하고 得
작불사 이신통변화 전아사심 영득안주어불법중 득

見世尊호니 此二子者는 是我善知識이라 爲欲發起宿世善根하야 饒
견세존 차이자자 시아선지식 위욕발기숙세선근 요

益我故로 來生我家니다
익아고   내생아가

10. 두 아들의 소의(所依)경전은 법화경

爾時雲雷音宿王華智佛이 告妙莊嚴王言하사대 如是如是하야 如
이시운뢰음수왕화지불   고묘장엄왕언   여시여시   여

汝所言하니라 若善男子善女人이 種善根故로 世世得善知識하니 其
여소언   약선남자선여인   종선근고   세세득선지식   기

善知識이 能作佛事하야 示敎利喜하야 令入阿耨多羅三藐三菩提니라
선지식   능작불사   시교리희   영입아뇩다라삼먁삼보리

大王當知하라 善知識者는 是大因緣이라 所謂化導하야 令得見佛하고
대왕당지   선지식자   시대인연   소위화도   영득견불

發阿耨多羅三藐三菩提心게하나니라 大王汝見此二子不아 此二子
발아뇩다라삼먁삼보리심   대왕여견차이자부   차이자

已曾供養六十五百千萬億那由他恒河沙諸佛하사 親近恭敬하며
이증공양육십오백천만억나유타항하사제불   친근공경

於諸佛所에 受持法華經하고 愍念邪見衆生하야 令住正見이니라
어제불소   수지법화경   민념사견중생   영주정견

11. 부처님을 찬탄하고 서원을 세우다

妙莊嚴王이 即從虛空中下하사 而白佛言하사대 世尊하 如來甚希
묘장엄왕   즉종허공중하   이백불언   세존하 여래심희

有하사 以功德智慧故로 頂上肉髻에 光明顯照하시며 其眼長廣하사 而
유   이공덕지혜고   정상육계   광명현조   기안장광   이

紺靑色이며 眉間毫相은 白如珂月하시고 齒白齊密하사 常有光明이시며
감청색   미간호상   백여가월   치백제밀   상유광명

脣色赤好는 如頻婆果니다 爾時妙莊嚴王이 讚歎佛의 如是等無量
순색적호　여빈바과　　이시묘장엄왕　찬탄불　여시등무량

百千萬億功德已하시고 於如來前에 一心合掌하사 復白佛言하사대 世
백천만억공덕이　　어여래전　일심합장　　부백불언　　세

尊하 未曾有也로이다 如來之法은 具足成就不可思議微妙功德하사
존　미증유야　　여래지법　구족성취불가사의미묘공덕

教戒所行에 安隱快善이니다 我從今日로 不復自隨心行하고 不生邪
교계소행　안은쾌선　　아종금일　불부자수심행　　불생사

見憍慢瞋恚諸惡之心호리다 說是語已에 禮佛而出이러라
견교만진에제악지심　　설시어이　예불이출

12. 고금(古今)의 인연

佛告大衆하사대 於意云何오 妙莊嚴王이 豈異人乎아 今華德菩薩
불고대중　　어의운하　묘장엄왕　기이인호　금화덕보살

是요 其淨德夫人은 今佛前에 光照莊嚴相菩薩是라 哀愍妙莊嚴
시　기정덕부인　금불전　광조장엄상보살시　애민묘장엄

王과 及諸眷屬故로 於彼中生하고 其二子者는 今藥王菩薩과 藥上
왕　급제권속고　어피중생　기이자자　금약왕보살　약상

菩薩是니라 是藥王藥上菩薩이 成就如此諸大功德已하고 於無量
보살시　시약왕약상보살　성취여차제대공덕이　　어무량

百千萬億諸佛所에 植衆德本하야 成就不可思議諸善功德이니 若
백천만억제불소　식중덕본　성취불가사의제선공덕　　약

有人이 識是二菩薩名字者는 一切世間과 諸天人民이 亦應禮拜
유인　식시이보살명자자　일체세간　제천인민　역응예배

니라 佛說是妙莊嚴王本事品時에 八萬四千人이 遠塵離垢하고 於
니라　불설시묘장엄왕본사품시　팔만사천인　원진이구　　어

諸法中에 得法眼淨하나라
제법중　득법안정

第二十八
普賢菩薩勸發品
보현보살권발품

妙法蓮華經

第二十八 普賢菩薩勸發品

一. 보현보살이 영축산에 오다

爾時普賢菩薩이 以自在神通力과 威德名聞하사 與大菩薩無量
이시보현보살　이자재신통력　위덕명문　　여대보살무량

無邊不可稱數로 從東方來할새 所經諸國이 普皆震動하고 雨寶蓮華
무변불가칭수　종동방래　　소경제국　보개진동　　우보련화

하야 作無量百千萬億種種伎樂하며 又與無數諸天龍夜叉와 乾闥
작무량백천만억종종기악　　우여무수제천룡야차　　건달

婆阿修羅와 迦樓羅緊那羅와 摩睺羅伽人非人等大衆으로 圍繞하며
바아수라　가루라긴나라　마후라가인비인등대중　　위요

各現威德神通之力하사 到娑婆世界者闍崛山中하야 頭面禮釋迦
각현위덕신통지력　　도사바세계기사굴산중　　두면예석가

牟尼佛하사 右繞七帀하니라
모니불　우요칠잡

二. 법화경 얻을 방법을 묻다

白佛言_{하사대} 世尊_하 我於寶威德上王佛國_에 遙聞此娑婆世界說
백 불 언   세 존   아 어 보 위 덕 상 왕 불 국   요 문 차 사 바 세 계 설

法華經_{하고} 與無量無邊百千萬億諸菩薩衆_{으로} 共來聽受_{호니} 唯願
법 화 경   여 무 량 무 변 백 천 만 억 제 보 살 중   공 래 청 수   유 원

世尊_하 當爲說之_{하소서} 若善男子善女人_이 於如來滅後_에 云何能
세 존   당 위 설 지   약 선 남 자 선 여 인   어 여 래 멸 후   운 하 능

得是法華經_{이닛고}
득 시 법 화 경

三. 법화경을 얻을 네 가지 조건

佛告普賢菩薩_{하사대} 若善男子善女人_이 成就四法_{하야사} 於如來滅
불 고 보 현 보 살   약 선 남 자 선 여 인   성 취 사 법   어 여 래 멸

後_에 當得是法華經_{이니} 一者爲諸佛護念_{이요} 二者植衆德本_{이요} 三
후   당 득 시 법 화 경   일 자 위 제 불 호 념   이 자 식 중 덕 본   삼

者入正定聚_요 四者發救一切衆生之心_{이라} 善男子善女人_이 如是
자 입 정 정 취   사 자 발 구 일 체 중 생 지 심   선 남 자 선 여 인   여 시

成就四法_{이라사} 於如來滅後_에 必得是經_{이니라}
성 취 사 법   어 여 래 멸 후   필 득 시 경

四. 법화행자는 보현보살이 수호한다

1. 외난(外難)을 수호하다

爾時普賢菩薩이 白佛言하사대 世尊하 於後五百歲濁惡世中에 其
이 시 보 현 보 살　백 불 언　　세 존 하　어 후 오 백 세 탁 악 세 중　　기

有受持是經典者면 我當守護하야 除其衰患하며 令得安隱하야 使無
유 수 지 시 경 전 자　아 당 수 호　　제 기 쇠 환　　영 득 안 은　　사 무

伺求得其便者하며 若魔若魔子와 若魔女若魔民과 若爲魔所着者
사 구 득 기 편 자　　약 마 약 마 자　약 마 녀 약 마 민　약 위 마 소 착 자

와 若夜叉若羅刹과 若鳩槃茶若毘舍闍와 若吉蔗若富單那와 若
　약 야 차 약 나 찰　약 구 반 다 약 비 사 사　약 길 자 약 부 단 나　약

韋陀羅等諸惱人者는 皆不得便하리다
위 타 라 등 제 뇌 인 자　개 부 득 편

2. 내법(內法)을 수호하다

是人若行若立에 讀誦此經하면 我爾時乘六牙白象王하고 與大菩
시 인 약 행 약 립　독 송 차 경　　아 이 시 승 육 아 백 상 왕　　여 대 보

薩衆으로 俱詣其所하야 而自現身하며 供養守護하야 安慰其心하고 亦
살 중　구 예 기 소　　이 자 현 신　　공 양 수 호　　안 위 기 심　　역

爲供養法華經故로 是人若坐하야 思惟此經이면 爾時我復乘白象
위 공 양 법 화 경 고　시 인 약 좌　　사 유 차 경　　이 시 아 부 승 백 상

王하고 現其人前하며 其人若於法華經에 有所忘失一句一偈하면 我
왕　　현 기 인 전　　기 인 약 어 법 화 경　유 소 망 실 일 구 일 게　　아

當敎之하야 與共讀誦하야 還令通利케호리다 爾時受持讀誦法華經者
당 교 지　　여 공 독 송　　환 령 통 리　　　이 시 수 지 독 송 법 화 경 자

가 得見我身하고 甚大歡喜하야 轉復精進하며 以見我故로 即得三昧와
　득 견 아 신　　심 대 환 희　　전 부 정 진　　이 견 아 고　즉 득 삼 매

及陀羅尼하리니 名爲旋陀羅尼며 百千萬億旋陀羅尼며 法音方便
급다라니　　명위선다라니　백천만억선다라니　법음방편

陀羅尼라 得如是等陀羅尼니다 世尊하 若後世後五百歲濁惡世中
다라니　득여시등다라니　　세존하　약후세후오백세탁악세중

에 比丘比丘尼와 優婆塞優婆夷의 求索者受持者와 讀誦者書寫
비구비구니　우바새우바이　구색자수지자　독송자서사

者로 欲修習是法華經인댄 於三七日中에 應一心精進하야 滿三七
자　욕수습시법화경　어삼칠일중에　응일심정진하야　만삼칠

日已하면 我當乘六牙白象하고 與無量菩薩로 而自圍繞하며 以一切
일이하면　아당승육아백상하고　여무량보살　이자위요하며　이일체

衆生所喜見身으로 現其人前하야 而爲說法하며 示敎利喜하고 亦復
중생소희견신으로　현기인전하야　이위설법하며　시교리희하고　역부

與其陀羅尼呪하며 得是陀羅尼故로 無有非人이 能破壞者하며 亦
여기다라니주하며　득시다라니고로　무유비인이　능파괴자하며　역

不爲女人之所惑亂하고 我身도 亦自常護是人하리라
불위여인지소혹란하고　아신도　역자상호시인하리라

3. 보현보살의 주문

唯願世尊은 聽我說此陀羅尼呪하소서 即於佛前에 而說呪曰
유원세존은　청아설차다라니주하소서　즉어불전에　이설주왈

阿檀地一 檀陀婆地二 檀陀婆帝三 檀陀鳩舍隷四 檀陀修陀隷五
아단디　단다바디　단다바데　단다구사례　단다수다례

修陀隷六 修陀羅婆底七 佛馱波羶禰八 薩婆陀羅尼阿婆多尼九
수다례　수다라바디　붓다바선녜　살바다라니아바다니

薩婆婆沙阿婆多尼十 修阿婆多尼十一 僧伽婆履叉尼十二 僧伽涅
살바바사아바다니　수아바다니　싱가바리사니　싱가녈

伽陀尼十三 阿僧祇十四 僧伽婆伽地十五 帝隷阿惰僧伽兜略阿羅帝
가다니　아승지　싱가바가디　제례아타싱가도략아라제

波羅帝十六　薩婆僧伽地三摩地伽蘭地十七　薩婆達磨修波利刹帝
바 라 제　　　살 바 싱 가 디 삼 마 지 가 란 디　　　살 바 달 마 수 바 리 찰 데

十八　薩婆薩埵樓馱憍舍略阿㝹伽地十九　辛阿毘吉利地帝二十
살 바 살 타 루 다 교 사 략 아 루 가 디　　　신 아 비 기 리 디 데

4. 보현보살의 위신력

世尊하 若有菩薩이 得聞是陀羅尼者면 當知普賢神通之力이며
세 존　　약 유 보 살　　득 문 시 다 라 니 자　　당 지 보 현 신 통 지 력

若法華經이 行閻浮提하야 有受持者면 應作此念하대 皆是普賢威
약 법 화 경　　행 염 부 제　　유 수 지 자　　응 작 차 념　　개 시 보 현 위

神之力이니다 若有受持讀誦正憶念하야 解其義趣하고 如說修行하면
신 지 력　　약 유 수 지 독 송 정 억 념　　해 기 의 취　　여 설 수 행

當知是人은 行普賢行하야 於無量無邊諸佛所에 深種善根이라 爲
당 지 시 인　　행 보 현 행　　어 무 량 무 변 제 불 소　　심 종 선 근　　위

諸如來의 手摩其頭니다
제 여 래　　수 마 기 두

5. 법화행자의 공덕

若但書寫하면 是人命終에 當生忉利天上하리니 是時八萬四千天
약 단 서 사　　시 인 명 종　　당 생 도 리 천 상　　시 시 팔 만 사 천 천

女가 作衆伎樂하고 而來迎之어든 其人即着七寶冠하고 於采女中에 娛
녀　　작 중 기 악　　이 래 영 지　　기 인 즉 착 칠 보 관　　어 채 녀 중　　오

樂快樂이온대 何況受持讀誦正憶念하야 解其義趣하고 如說修行이릿가
락 쾌 락　　하 황 수 지 독 송 정 억 념　　해 기 의 취　　여 설 수 행

若有人受持讀誦하고 解其義趣하면 是人命終에 爲千佛授手하사 令
약 유 인 수 지 독 송　　해 기 의 취　　시 인 명 종　　위 천 불 수 수　　영

不恐怖_{케하며} 不墮惡趣_{하고} 即往兜率天上彌勒菩薩所_{하리다} 彌勒菩
불 공 포　　불 타 악 취　　즉 왕 도 솔 천 상 미 륵 보 살 소　　　미 륵 보

薩_은 有三十二相_한 大菩薩衆_의 所共圍繞_며 有百千萬億天女眷
살　유 삼 십 이 상　 대 보 살 중　 소 공 위 요　유 백 천 만 억 천 녀 권

屬_{하야} 而於中生_에 有如是等功德利益_{이니라} 是故智者_는 應當一心
속　　이 어 중 생　 유 여 시 등 공 덕 이 익　　시 고 지 자　 응 당 일 심

으로 自書_{커나} 若使人書_{하고} 受持讀誦正憶念_{하야} 如說修行_{이니다}
　　 자 서　 약 사 인 서　 수 지 독 송 정 억 념　 여 설 수 행

6. 보현보살의 서원

世尊_하 我今以神通力故_로 守護是經_{하야} 於如來滅後閻浮提內
세 존　 아 금 이 신 통 력 고　 수 호 시 경　 어 여 래 멸 후 염 부 제 내

에 廣令流布_{하야} 使不斷絶_{케하리다}
　 광 령 유 포　 사 부 단 절

7. 세존이 보현보살을 찬탄하다

爾時釋迦牟尼佛_이 讚言善哉善哉_라 普賢_아 汝能護助是經_{하면}
이 시 석 가 모 니 불　 찬 언 선 재 선 재　 보 현　 여 능 호 조 시 경

令多所衆生_{으로} 安樂利益_{이니라} 汝已成就不可思議功德_{하야} 深大
영 다 소 중 생　 안 락 이 익　　여 이 성 취 불 가 사 의 공 덕　 심 대

慈悲_며 從久遠來_로 發阿耨多羅三藐三菩提意_{하고} 而能作是神通
자 비　 종 구 원 래　 발 아 뇩 다 라 삼 먁 삼 보 리 의　 이 능 작 시 신 통

之願_{하야} 守護是經_{이로다} 我當以神通力_{으로} 守護能受持普賢菩薩
지 원　 수 호 시 경　 아 당 이 신 통 력　 수 호 능 수 지 보 현 보 살

名者_{리라}
명 자

五. 법화행자는 곧 세존을 친견한다

普賢아 若有受持讀誦正憶念하야 修習書寫是法華經者면 當知
보현 약유수지독송정억념 수습서사시법화경자 당지

是人은 則見釋迦牟尼佛이며 如從佛口하야 聞此經典이니 當知是人
시인 즉견석가모니불 여종불구 문차경전 당지시인

은 供養釋迦牟尼佛이며 當知是人은 佛讚善哉며 當知是人은 爲釋
공양석가모니불 당지시인 불찬선재 당지시인 위석

迦牟尼佛이 手摩其頭며 當知是人은 爲釋迦牟尼佛의 衣之所覆
가모니불 수마기두 당지시인 위석가모니불 의지소부

니라 如是之人은 不復貪着世樂하며 不好外道經書手筆하며 亦復不
여시지인 불부탐착세락 불호외도경서수필 역부불

喜親近其人과 及諸惡者의 若屠兒와 若畜猪羊鷄狗와 若獵師와 若
희친근기인 급제악자 약도아 약축저양계구 약엽사 약

衒賣女色하고 是人心意質直하야 有正憶念하며 有福德力이라 是人
현매여색 시인심의질직 유정억념 유복덕력 시인

不爲三毒所惱며 亦不爲嫉妬我慢과 邪慢增上慢所惱며 是人少
불위삼독소뇌 역불위질투아만 사만증상만소뇌 시인소

欲知足하야 能修普賢之行이니라
욕지족 능수보현지행

六. 법화행자는 정각을 성취한다

普賢아 若如來滅後後五百歲에 若有人이 見受持讀誦法華經者면
보현 약여래멸후후오백세 약유인 견수지독송법화경자

應作是念하대 此人不久에 當詣道場하야 破諸魔衆하고 得阿耨多羅
응작시념 차인불구 당예도량 파제마중 득아뇩다라

三藐三菩提_{하며} 轉法輪擊法鼓_{하고} 吹法螺雨法雨_{하며} 當坐天人大
삼 먁 삼 보 리　　전 법 륜 격 법 고　　취 법 라 우 법 우　　당 좌 천 인 대

衆中獅子法座上_{하리라}
중 중 사 자 법 좌 상

七. 법화행자는 모든 소원을 성취한다

普賢_아 若於後世_에 受持讀誦是經典者_는 是人_은 不復貪着衣服
보 현　　약 어 후 세　　수 지 독 송 시 경 전 자　　시 인　　불 부 탐 착 의 복

臥具飮食資生之物_{하야도} 所願不虛_{하며} 亦於現世_에 得其福報_{리라}
와 구 음 식 자 생 지 물　　소 원 불 허　　역 어 현 세　　득 기 복 보

八. 비방하지 말고 부처님으로 공경하라

若有人_이 輕毀之言_{하대} 汝狂人耳_라 空作是行_{이요} 終無所獲_{이라하면}
약 유 인　경 훼 지 언　　여 광 인 이　공 작 시 행　　종 무 소 획

如是罪報_는 當世世無眼_{이리라} 若有供養讚歎之者_면 當於今世_에 得
여 시 죄 보　　당 세 세 무 안　　약 유 공 양 찬 탄 지 자　　당 어 금 세　　득

現果報_요 若復見受持是經者_{하고} 出其過惡_의 若實若不實_{하면} 此
현 과 보　약 부 견 수 지 시 경 자　　출 기 과 악　약 실 약 불 실　　차

人現世_에 得白癩病_{이요} 若輕笑之者_는 當世世牙齒疎缺_{하고} 醜脣
인 현 세　득 백 라 병　약 경 소 지 자　　당 세 세 아 치 소 결　　추 순

平鼻_{하며} 手脚繚戾_{하고} 眼目角睐_{하며} 身體臭穢_{하고} 惡瘡膿血_{하며} 水
평 비　수 각 요 려　　안 목 각 래　　신 체 취 예　　악 창 농 혈　　수

服短氣_의 諸惡重病_{하리라} 是故普賢_아 若見受持是經典者_면 當起
복 단 기　제 악 중 병　　시 고 보 현　약 견 수 지 시 경 전 자　　당 기

遠迎하대 當如敬佛이니라
원영　　　당여경불

九. 보현보살권발품의 공덕

說是普賢勸發品時에 恒河沙等無量無邊菩薩은 得百千萬億
설시보현권발품시　　항하사등무량무변보살　득백천만억

旋陀羅尼하고 三千大千世界微塵等諸菩薩은 具普賢道하니라 佛說
선다라니　삼천대천세계미진등제보살　구보현도　　　불설

是經時에 普賢等諸菩薩과 舍利弗等諸聲聞과 及諸天龍人非人
시경시　보현등제보살　사리불등제성문　급제천룡인비인

等一切大會가 皆大歡喜하야 受持佛語하고 作禮而去하니라
등일체대회　개대환희　　수지불어　　작례이거

妙法蓮華經 終
묘법연화경 종

妙法蓮華經
묘법연화경

| 초판 1쇄 발행_ 2017년 5월 26일

| 현토편찬_ 여천 무비(如天 無比)
| 펴낸이_ 오세룡
| 편집_ 박성화 손미숙 손수경 박혜진 이연희
| 기획_ 최은영 김수정 김영주
| 디자인_ 고혜정 김효선 장혜정
| 홍보 마케팅_ 이주하
| 펴낸곳_ 담앤북스
　　　서울특별시 종로구 사직로8길 34 (내수동) 경희궁의 아침 3단지 926호
　　　대표전화 02)765-1251 전송 02)764-1251 전자우편 damnbooks@hanmail.net
　　　출판등록 제300-2011-115호
| ISBN　979-11-87362-79-1 (03220)

값 15,000원